핵발전소 노동자

핵발전소 노동자

테라오 사호 지음 | 박찬호 옮김 | 반핵의사회·사회건강연구소 공동 기획

유바 다카키 弓場清孝

다카하시 나오시 高橋南方司

가와카미 다케시 川上武志

기무라 도시오 木村敏雄

미즈노 도요카즈 水野豊和

다나카 데쓰아키 田中哲明

최근 핵발전소 피폭 노동자들의 현장 증언

건강미디어협동조합

핵발전소 노동자

최근 핵발전소 피폭 노동자들의 현장 증언

초판 1쇄 발행 2019년 8월 14일
지은이 테라오 사호   옮긴이 박찬호
공동 기획 반핵의사회·사회건강연구소
펴낸이 백재중   만든이 조원경   꾸민이 박재원   펴낸곳 건강미디어협동조합
등록 2014년 3월 7일 제2014-23호   주소 서울시 사가정로 49길 53
전화 010-4749-4511   팩스 02-6974-1026
전자우편 healthmediacoop@gmail.com
값 15,000원
ISBN 979-11-87387-12-1 03330

여러분의 참여로 이 책이 태어났습니다.
씨앗과 햇살이 되어주신 분들, 참 고맙습니다.

강윤재 권성실 김미정 김성아 김정은 김지영 김혜준 나지숙
남명희 박지선 박혜경 백재중 송현석 양주희 윤영돈 이명준
이보라 이종훈 정혜경 조계성 조규석 조원경 조윤숙 조혜영
채찬영 황자혜(26명)

―――――
지은이 **테라오 사호**寺尾紗穂

　1981년 도쿄도 출생. 피아노를 치며 토크쇼를 하는 음악가. 2007년 앨범 「몸
onmi」로 음악 활동을 시작했다. 오누키 타에코大貫妙子(뮤지션), 사카모토 류이
치坂本龍一(뮤지션), 호시노 겐星野源(음악가, 배우, 문필가) 등에게서 찬사를 받
았다. 영화 「전학생 너 안녕」(오바야시 노부히코大林宣彦 감독), 「0.5밀리미터」(안
도 모모코安藤桃子 감독), 「나오토 한 사람뿐」(나카무라 마유中村眞夕 감독)등에 주
제가를 제공했다. CM송이나 나레이션, 에세이, 서평 같은 분야에서도 활동. 앨
범으로 「바람은 쌩쌩」, 「사랑의 비밀」, 「낙조」, 「푸른 밤의 안녕」, 「타원의 꿈」등
이 있고, 저서로는 『서평 가와시마 요시코川島芳子』(분게이신쇼文芸新書), 『사랑
스러운 매일』(텐넨분코天然文庫)등이 있다.

―――――
옮긴이 **박찬호**

　한신대학교 기독교교육과를 졸업하고 잡다한 일을 하다 1991년 원진레이온
직업병 투쟁에 참여한 것이 계기가 되어 녹색병원 설립부터 실무자로 참여했
다. 녹색병원과 교류하는 일본의 보건의료운동 단체 전일본민주의료기관연합
회를 소개하는 책과 반핵 문제에 대한 책을 번역하였다. 현재는 녹색병원 사무
처에서 근무 중이며, 한국 반핵의사회 운영위원으로 참여하고 있다.

공동 기획 **반핵의사회**

반핵의사회는 △모든 핵발전의 중단과 재생에너지로의 전환 △ 모든 핵무기의 즉각 폐기 △ 진단용 치료용 방사선 사용 최소화를 위해 노력한다. 반핵의사회는 방사선 인체영향에 대한 학술연구와 핵시설과 방사능 물질의 안전성 검증 등의 역학조사 및 핵발전과 방사선의 위험성을 알리는 교육홍보 활동과, 국내외 반핵단체-환경단체들과 연대활동을 하고 있다.

홈페이지: http://nonukes.or.kr/

공동 기획 **사회건강연구소**

사회건강연구소는 몸, 마음, 사회의 건강을 위한 다학제적 연구와 활동의 공간이다. 건강에 관심 있는 연구자, 현장조직, 일반인이 갖고 있는 자원을 공유하고 대안적인 삶의 방식을 모색하는 비영리민간단체이다.

홈페이지: http://www.ishealth.org/

오래 된 숙제

김 익 중

반핵의사회 운영위원·경주환경운동연합 공동의장
동국대학교 의과대학 교수

　방사선의 위험성을 강조하면서 반핵운동을 해왔지만, 나는 그
동안 피폭 노동에 대해서만큼은 이상하리만치 무관심했었다. 한때
방사능에 피폭된 원전 노동자의 산재 인정을 위하여 노력해본 적
도 있었지만, 이 문제에 관해 관심을 꾸준하게 유지하지 못하였다.
또한 후쿠시마 핵발전소 사고 이후 원전 주변 주민과 전체 일본인
의 피폭 상황을 알기 위해 상당한 노력을 기울였음에도, 정작 가장
심각하게 피폭되고 있을 사후 처리 노동자들의 상황에 대해서는
알려고 노력하지 않았다. 믿을 만한 정보를 구할 자신이 없었던
것도 사실이지만 그것만으로는 나의 회피가 설명되지 않는다. 내
가 왜 그랬을까? 혹시 이 문제와 정면으로 마주하는 일을 두려워
했던 것은 아니었을까?
　이 책은 내가 오랫동안 의식적으로, 혹은 무의식적으로 회피하

고 있던 바로 그 문제, 핵발전과 관련하여 가장 고통스러운 이야기인 피폭 노동을 정면으로 다룬다. 나로서는 읽기 시작하는 데 용기가 필요했다. 그러나 한번 읽기 시작하니 중간에 끊을 수가 없었다. 마치 오랫동안 미뤄둔 숙제를 한꺼번에 밀어내듯 이 책을 읽었다. 그리고 반성했다. 앞으로는 이 문제를 외면하지 않겠다고 다짐하였다.

'핵발전소 노동자에게
이야기를 듣고 싶다'

나에게 강한 인상을 준 책은 히구치 겐지樋口健二¹의 『어둠속에 사라지는 핵발전소 피폭자』라는 르포였다. 1980년대 핵발전소 노동자들을 만나, 자신의 일에 대해 좀처럼 말하지 않으려는 사람들의 무거운 입을 열게 하여 기록한 귀중한 증언집이라 할 수 있다. 하지만 나는 가능하다면 2000년대 이후 핵발전소에서 일했던 사람을 중심으로 최근 핵발전소의 노동 실태를 알고 싶었다. 다행히 히구치가 증언자를 한 사람씩 찾았던 때와는 달리, 지금은 메일이나 블로그, SNS가 발달한 시대다. 증언자를 찾기는 이전만큼 어렵지 않을 것이라고 낙관했다. 그런데 막상 실제 시도해보니 생각보다 간단치 않았다. 증언자의 블로그', '우연', '증언자의 저서에 수록된 메일 주소'를 통해서, '소개'와는 다른 경로를 통해 4명의 증

---

1. 1937년생, 일본의 보도 사진작가. 주로 경제의 고도성장에 따른 공해나 핵발전소 희생자, 피폭 노동자 문제를 집중적으로 취재했다.

언자를 만났지만, 다음 증언자를 발견하기까지 상당한 시간이 걸렸다.

각 지역에 있는 반핵 단체는 핵발전소 노동자와 사실상 연계하지 않은 상태였으며, 여기저기 전화를 해봐도, 실제 노동자와 연락이 닿는 단체는 거의 없었다. 일본 공산당 시의원 등은 지역주민과 밀착해 활동을 하고 있고, 또 지역 여론에 민감할 것이라 생각해 몇 분에게 여쭤봤지만, "연락하는 사람이 없다" "연락하는 사람은 있으나 이야기해 줄 수는 없다"는 답변이 대부분이었다.

생각해보면 많은 노동자에게 핵발전소는 생업의 장소이다. 피폭을 호소하거나 인간다운 대우를 받고 싶은 노동자들조차 입을 다물기 일쑤다. 취재를 하면서 몇 번이나 느낀 현실이다. 일본 핵발전소 재가동을 원하고 있는 핵발전소 추진 찬성파만이 아니라, 대부분의 반대파도 현장의 소리는 제대로 파악하지 못하고 있음을 인정하게 된 계기였다.

도대체 현장에서는 어떤 일이 발생하는가?
일상의 노동이 어떠하며, 노동자들은 무엇을 느끼는가?

지금까지 우리는 우선 귀를 기울여야 할 사람들의 주장을 멀리
한 채 핵발전소에 대한 논의를 진행했다. 많은 사람과 이런 점을
확인하고 현장의 소리를 공유하고 싶은 생각에 이 책을 집필했다.

대체 음악가가 왜 핵발전소에 관심을 갖는가?

사고 이후 4년[2]

2011년 3월 11일 나는 생후 1개월 된 셋째 딸에게 모유를 먹이고 있었다. 그랬던 셋째도 이미 네 살이며, 두 명의 언니를 닮아 수다쟁이가 되고 있다.

동일본 대지진 후 오랜 기간 도쿄에서도 빈번했던 여진마저 최근에는 확실하게 사라졌고, 기저귀가 슈퍼에서 사라져버려 당혹했던 4년 전의 일도 지금에선 먼 옛날처럼 느껴진다. 유일하게 후쿠시마 산 야채나 과일이 다른 지역에서 생산된 것보다 다소 싸다는 점이 현재 내가 사는 지역에서 눈에 띄는 핵발전소 사고의 잔재라고 할 수 있다.

---

2. 이 책의 출판 연도는 2015년이다.

2014년 여름, 인터넷에서는 이토이 시게사토糸井重里[3]가 후쿠시마 산 복숭아를 경계하는 사람들을 트위터에서 비판하여 화제가 되었다. 하지만 우리 애들을 맡기고 있는 어린이집의 다른 어머니들과 이야기를 해보면 방사능에 대한 화제는 당시까지 거의 없었다. 상당히 친한 사람의 집에 마실 가보면 조금 이야기해보는 정도였다. 그 경우에도 의견이 약간 다르다 싶으면 그것으로 이야기는 끝났다. 서로 분위기를 깨는 화제라는 판단이 들면 화제에서 빠졌기 때문이다.

한 신문에 「최종 처리는 현 밖에서」라는 제목으로 게재된 기사가 있었다. 읽어보니 오염토의 중간 보관 시설을 처음 약속과 달리 후쿠시마 현 오쿠마마치大熊町나, 후타바마치双葉町에 건설한다는 내용이었다. 「최종 처리는 현 밖에서」라는 약속이 공수표가 된 것이라 후쿠시마 주민들의 우려도 담고 있었다. 중간 보관 시설 설치로 인한 땅값 하락분을 현이 부담한다는 내용도 문제였지만, 어쨌든 일본 정부 입장에서 오염토의 부지 결정이라는 최대 난제가 해결된 셈이기 때문에, 이후 중간 보관 시설과 관련된 정부 조직은 축소될 예정이었다.

핵발전소를 둘러싼 사람들의 의식도 차차 희박해져 갔다. 2014년 3월에는 히비야日比谷[4]에서 핵발전소 반대 음악 행사가 있었다. 전야제에 모인 청중들은, 이날 출연했던 가토토 기코加藤登紀子[5], 사

---

3. 1948년생. 일본의 카피라이터, 에세이스트.
4. 도쿄 도 찌요다 구에 있는 지역 명칭. 집회로 유명한 히비야 공원이 있다.
5. 1943년생. 일본의 싱어송라이터. 작사가, 작곡가, 배우.

카모토 류이치坂本龍一 두 사람의 대중적 신망에도 불구하고 핵발전소의 정확한 실태를 판단하기엔 무리가 있었다. 사카모토가 "3년이 지난 지금, 핵발전소 문제에 관심을 두지 않는 사람들에게 어떻게 호소해야 할 것인가?"고 탄식한 것도 무리가 아니다.

당일 게재된 신문 기사가 오래된 것으로 느껴질 만큼 인터넷에는 시시각각 정보가 넘쳐흐른다. 정보의 생생함이나 참신함의 측면에서 후쿠시마나 핵발전소라는 키워드는 이미 너무 많이 식상해져 있었다.

아직 거주할 수 있는 땅을 얻지 못한 피난민, 아이 건강에 대한 걱정으로 모자母子만 이주를 결정해야만 했던 가족들의 갈등, 동토벽[6]도 그대로 놔둔 채, 예전엔 볼 수 없었던 오염수 처리, 고선량 방사선이 발생하는 현장에서 매일 피폭하며 작업하는 노동자.

눈을 다른 곳으로 돌리고 싶었던 암울한 현실이 이젠 사라졌다고 생각한 것인가, 혹은 지긋지긋하게 많이 들었거나, 혹은 웬만한 내용에 대해선 대개 알고 있기 때문인가, 이런 사람들의 피로감을 언론은 잘도 반영한다. 전동차 내부에 걸린 광고에서 주간지의 제목을 보더라도 핵발전소나 후쿠시마, 방사능이란 단어는 훨씬 줄어들었다.

---

6. 동토벽은 지난 2011년 동일본대지진 당시 폭발 사고로 원자로의 핵연료가 녹아내린 후쿠시마 제1 핵발전소 건물 주변 1.5km 범위에 1m 간격으로 설치한 길이 20~30m의 냉각 파이프이다. 도쿄전력은 2014년 6월부터 320억 엔(약 3,580억 원)을 들여 동토벽 설치 공사를 시행한다. 2016년 3월 31일부터 본격 가동을 시작했다. 도쿄전력은 동토벽 가동 후 45일 정도 지나면 지하수 유입량이 크게 줄어들 것으로 예상했지만 하루 평균 지하수 유입량은 170톤 정도로 가동 전보다 20톤 줄어드는데 그치고 만다. 전문가들은 사실상 실패했다고 결론내렸다.

핵발전소를 둘러싼 맹점

2014년 여름, 집에서 가장 가까운 역의 역사에 들어선 작은 서점에 가보았다. 입구에 진열된 잡지들이 눈에 들어왔다.『주간포스트』,『주간현대』등 주간지 7개 중에 핵발전소 관련 기사를 게재한 잡지는『주간분슌週刊文春』뿐으로, 이것조차 코피를 묘사해서 소동이 일었던 만화『오이신보美味しんぼ』의 저자가 계속 침묵하고 있다는 아주 간단한 기사였다.[7]『주간아사히』는 이이타테무라飯舘村[8]의 카페를 취재했지만, 사실상 사진 화보 기사였다.

서점 안으로 더 들어가니 두 권의 핵발전소 관련 서적이 놓여 있었다. 사와다 데쓰오澤田哲生가 펴낸『핵발전소, 어떻게 대응할 것인가, 과학자의 대화 2011~14』(新潮新書)와 스즈키 마나미鈴木真奈美의『일본은 왜 핵발전소를 수출하는가』(平凡社新書)이다.

전자는 소위 '어용학자'로 비판받는 과학자들의 몇 가지 대담으로 구성하여, 넓게 보면 반핵운동을 비판하는 책이라고 할 수 있다. 전부 13명의 과학자가 참여하였고, 그중에는 발언 내용에 의문을 느낄 수밖에 없는 사람들도 있었지만, 편자인 사와다 데쓰오

---

7. 오이신보는 '맛의 달인' 정도로 번역할 수 있다.『빅코믹 시리즈』로 쇼가쿠칸小学館 출판사에서 발행한 만화로 일본의 맛집 붐에 기여했다고 평가받는다. 2014년 22·23호 합본호에서『오이신보 제604화 후쿠시마의 진실 22』라는 제목으로 등장인물들이 후쿠시마 제1 핵발전소에서 취재한 후에, 피로감을 느끼고 원인불명의 코피가 나는 등, 몸 상태에 이상을 나타냈으며, 실제 전 후쿠시마 후타바마치의 동장 이토가와 가츠다카井戸川克隆가 "후쿠시마에서는 같은 증상을 보이는 사람이 많습니다. 말하지 않을 뿐입니다."라는 장면이 나온다. 이에 대해 독자들로부터 "뜬소문으로 피해를 조장하는 내용이다."는 비판이 있었다.
8. 이이타테무라飯舘村는 후쿠시마 현 하마토오리浜通り 북부에 있다. 후쿠시마 핵발전소와 가깝다.

가 "반대의견을 말하는 사람도 염두에 두는 것이 소중하며, 이런 자세가 과학 아닌가."라는 장면에서 확실히 핵발전소에 대한 논의를 단순하게 찬성과 반대로만 구별하지 않고, 무언가 새로운 내용의 논의가 필요함을 느끼게 했다. 언제까지 핵발전소에 의존할 것인가라는 점에 대해선 13명 각자 약간의 차이는 있었지만, 핵발전소를 재가동시켜야 한다는 점에선 일치하였다. 여러 주제로 나뉘어 있는 대담이기에, 딱히 규정할 수는 없어도 핵발전소 수출에 대해서도 참가자 대부분 찬성하고 있었다.

한편 『일본은 왜 핵발전소를 수출하는가』라는 책은 일본 핵발전소 수출의 역사를 주로 미국 동향과 함께 풀어내면서, 일본이 핵발전소 수출국 지위를 구축하기 위해 이미 많은 재정을 쏟아붓고 있다는 내용을 담고 있었다. "핵발전소 수출은 우리 한 사람 한 사람 모두와 관련된 문제"라고 주장하는 저자 스즈키는 그린피스에서 핵 문제 연구자로 근무한 경력을 갖고 있으며, 핵에너지 이용에는 부정적이었다. 이와 함께 핵발전소를 둘러싼 정부 방침을 어떻게 평가할 것인가에 대한 문제도 다뤘다. 핵발전소라는 것이 경제적으로 어느 정도 효율적인가, 낭비인가, 혹은 어느 정도 편리한가 혹은 불편한가에 대해 각각 확인할 수 있는 내용을 서술하였다.

그러나 두 책 모두 언급하지 않고 있는 부분이 있다. 바로 현장에서 일하는 사람들이 무엇을 느끼고 있으며, 실제 핵발전소 노동은 어떤 내용인가에 대한 것이다.

예를 들면 『핵발전소, 어떻게 대응할 것인가』라는 책 내용 중에,

사와다 데쓰오(원자핵공학 전문가)와 오카모토 고지岡本孝司(원자력안전공학 전문가)는 현장 노동에 대해 지나가는 식으로 다음과 같이 언급했다.

오카모토　계속 보관 중인 오염수를 안전하게 관리하는 것은 중요하지만, 새는 물의 양이 무시할 정도로 소량이어서, 가령 천 톤이 항만으로 흘러간다 해도, 3년 전 오염도가 높았던 물이 유입되었던 것과 비교하면 천분의 1, 만분의 1 수준의 영향밖에 없다고 할 수 있습니다. 다만 작업자들의 피폭에 대해선 주의해야만 하겠습니다.
사와다　오염수에 포함된 스트론튬에서는 베타(β)선이 나올 위험이 있지만, 공간에서 5~10센티 정도밖에 날아갈 수 없기 때문에, 조금 떨어져 있다면 문제는 없습니다.

"작업자의 피폭에 대해선 주의"해야 한다거나, "조금 떨어져 있다면 문제는 없다"는 식으로 말하는 두 학자는 현장의 구체적 조건을 어디까지 아는가. 과연 고선량 방사선 속에서 오염 처리를 해야 하는 최전선에서 '조금 떨어져 있다면'의 상태가 가능한가. 현재의 작업현장을 '주의해야' 하는 곳, 즉 노동자 몸의 안전을 최우선시하고, 교육이나 감독이 정확하게 시행되는 장소로 실제 확인했는가?

학자뿐 아니라 많은 사람이 이런 질문에 답하기 어려울 것이다.

분명하게 확인된 사실이 많지 않기 때문이다. 비단 후쿠시마 핵발전소에만 국한된 건 아니다. 3·11이 발생하기 전까지는 핵발전소에 대해 막연하게 필요하다거나 혹은 깨끗한 시설이라고 생각하던 경우도 모두 구체적인 상황을 확인하지 못해 발생한 현상이라 볼 수 있다.

'평상시'의 핵발전소 노동에 대해서도 마찬가지다. 많은 사람이 구체적 현장 상황을 모르는 채, 일하는 사람들의 언어로 표현되지 않은 상태에서 핵발전소라는 것을 그냥 아무런 확인도 없이 긍정했다. 3·11에서 4년이 지난 지금, 핵발전소를 재가동할 것인가, 가동하지 않을 것인가, 수출할 것인가, 수출하지 않을 것인가에 대한 논의는 현장과 그곳에서 일하는 사람들과 동떨어진 상태로 진행되었다.

2003년, 산야山谷[9]의 여름 축제

'가수 겸 작곡자가 왜 핵발전소 노동자에 대해 알려고 하죠? 어떤 내용이 궁금해서 그런 거죠?'

이 책을 읽는 사람이 가장 많이 품는 의문일 것이다. 나는 글도

---

9. 도쿄 도의 신야는 오사카의 가마가사키와 함께 일본 내에서 노숙인과 속칭 '노가다'라 불리는 일용 노동자가 많이 거주하는 대표적인 곳이다.

쓰고 있지만 기본적으로 피아노 토크 콘서트를 하는 음악가이지, 핵발전소 반대 운동을 오래 해온 사람은 아니다. 핵발전소에 대해 공부한 적도 없었다. 필자가 핵발전과 핵발전소 노동자에 대해 관심 가진 것은 2010년 무렵에 불과하다. 따라서 위 질문에 답변하기 위해서는 우선 핵발전과는 다른 이야기를 해야만 한다.

나 자신의 음악 활동이라면 '린린페스티발'이라는 콘서트를 6번 주최한 것이다. 콘서트에서는 노숙인 자립 지원을 목적으로 영국에서 탄생한 『빅이슈』라는 잡지를 후원하기 위해 사람들에게 최신호를 배포한다.

『빅이슈』는 한 권 350엔의 판매가격 중에 180엔이 판매원의 수입이 된다. 판매원은 노숙인이다. 최근에는 청년층도 증가해서 '넷카페'[10]에서 생활하는 사람이 많다. 『빅이슈』를 팔아 저금도 하고, 만일 원룸에 입주하면 '졸업'이라 부르는데 이를 활동 목표로 삼는다.

'린린페스티발'에는 보통 음악 팬부터 『빅이슈』판매원들, 그리고 노숙인을 지원하는 사람들, 아이들을 동반한 가족까지 다양한 사람들이 참석한다. 라이브 음악에 접해 볼 기회가 거의 없는 노숙인, 콘서트에 갈 여유가 없는 넷카페에서 생활하는 청년들, 이들을 후원하는 가수를 보기 위해 오는 팬 등 다양한 사람들이 함께 음악을 즐길 수 있는 자리가 있으면 좋겠다는 마음으로 시작한 행사였

---

10. 한국의 피씨방과 유사한 곳이다. 인터넷에 유로로 접속한다. 일본의 경우 젊은 사람들이 이곳에서 지새는 경우가 많아 '넷카페 난민'이라는 말이 생겨났다.

다. 거슬러 올라가 2003년 도쿄 산야의 여름 축제를 방문한 게 계기가 되었다.

내가 다닌 대학의 야간부는 공립이어서 전국에서 가난한 학생들이 모여들었다. 당시 야간부 학생회에서 활동했던 츠지 고지辻浩司(현재 사이타마 현 고시가야越谷 시의원)가 산야 지원 활동에 같이하고 있었다. 나와 츠지는 이시하라 신타로石原慎太郎 지사가 주도하는 '도립 대학 개혁' 추진에 대해 서로 의견을 나누며, 생각을 같이하고 있었다. 이시하라 지사는 '개혁'이라는 미명 아래 야간부 폐지, 문학부 축소를 주요 방향으로 설정하면서, 대학 측과 도쿄 도 대학 관리본부와 협의 과정에서 그동안 합의해 온 내용들을 일방적으로 폐기해 버렸다. 담당 교수나 도쿄 도가 모든 일을 마음대로 하지 못하도록 포함시켜 놓았던 중요한 몇몇 합의 사항들을 백지화한 것이다.

교직원이 타 대학으로 빠져나가기 시작한 와중에 진학하고 싶었던 대학원은 어떻게 될지, 교직원은 남아 있어줄지, 유학가고 싶지만 돌아오면 어떻게 될지 모든 게 혼란스러웠다. 위기감으로 인해 도의회 방청, 도의회에서 성명서 발표, 유인물 배포 등의 활동에 일반 학생들이 참여하고 있었다.

그러던 어느 날, 바람이 불기 시작한 노숙자 지원 활동에 관여하던 츠지가 "산야에서 여름 축제가 있는데 가볼래?"하고 권했다. 일용노동자들이 많이 모이는 곳은 어떤 곳이야 하면서 따라나선 것은 순전히 호기심 때문이었다. 도쿄의 서쪽에서 자란 필자로서는 사실 노숙인도 거의 본 적이 없었다. 어떤 사람들인지 상상할 수도 없었다. 이런 점들이 가보기로 결정하는 계기가 되었다.

사카모토坂本와의 만남

거기서 나는 "당신이 다녔던 대학 건물을 세웠다."고 주장하는 사카모토라는 사람을 만났다. 메구로目黒 구에서[11] 거품 경제 시기에 이전하여 하찌오지八王子[12]에 만들어진 대학 건물은 2000년에 입학했을 때도 매우 아름다웠고, 캠퍼스 안의 풍요로운 자연과 조화도 잘 이뤘다.

학교 건물을 세웠다는 사카모토를 앞에 두고 나는 갑자기 느낄 수 있었다. '참 좋은 시설이구나, 누가 설계했을까?' 그런 생각은 했었지만, 누가 건축 공사에 참여했을 까라는 질문은 전혀 하지 못했다. 마치 학교 건물은 처음부터 그곳에 있었던 것처럼, 거기서 땀을 흘린 사람들에 대해서는 사고에서 완전히 배제하고 있었다.

사카모토는 그림도 그렸다. 한때는 상당히 주목받기도 해서 신문에 기사가 난 적도 있다. 아울러 사카모토는 남방 사투리가 강한 중국어를 말할 수 있었다. 그는 자신의 언어가 중국어 표준어임을 확고하게 믿었다. 일본 국영방송 NHK 라디오의 중국어 강좌에

---

11. 도쿄 도의 특별구의 하나이며 주택지가 대부분이다. 약 27만 명이 거주한다.
12. 도쿄 도의 유일한 쥬가쿠中核 시이다. 도쿄의 외곽에 있는 시로서 인구 약 57만 명. 가나가와 현과 인접해 있다. 전원 주택과 대학이 많이 들어선 지역이다.

정확한 표준어로 방송해달라고 전화하거나, 중국 문학 전공이었던 필자의 중국어에 대해선 '시골뜨기 발음'이라고 놀려댔다.

사카모토가 할 수 있는 외국어는 중국어만이 아니었다. 당시 건축 공사 현장에는 동남아시아에서 온 노동자가 많이 있었다. 사카모토는 휴식시간에 그들과 대화를 하기 위해 노력했으며, 건설 용어를 각국어로 배우면서, 현장을 정리했다고 한다. 나는 초등학생 때부터 영어 교육이나 국제화가 중요하다고 생각하는 일본에서, 건설 현장의 '막 노동자'가 가장 국제화되었다는 기묘한 상황을 인식하였다. 당연하겠지만 사카모토는 영어를 알지 못했다. 그에게 익숙했던 것은 아시아 각국의 언어였다.

사카모토는 작업현장 높은 곳에서 떨어져 허리를 다쳤으며, 생활 보호 대상자로 지정받아 생활하고 있었다. 나는 그의 작은 아파트에서 아크릴 그림 도구와 이쑤시개로 그린 그림을 많이 볼 수 있었다. 그림 그릴 수 있는 도구를 살 수 있다는 사실이 얼마나 소중한지 사카모토는 얘기해 주었다. 먹고 사는 것, 표현하는 것 등등.

이런 면에서 음악 활동하면서 대학원 진학을 고민 중이던, 그러면서도 어딘가 어중간했던 당시의 나로서는 사카모토의 인생이 다른 사람의 일이라고 생각하지 않았다. 사카모토의 말과 그림을 마음속에 담아두었다.

'그들'에서 '당신'으로

2008년 8월, 사카모토는 사망했다. 그는 교통사고를 당해 입원해 있었다. 바로 퇴원한 날 밤이었다고 한다. 입원 중 마실 수 없었던 술을 마신 것이 아닌가, 혹은 입원 중에 상당한 스트레스가 있었나, 주변 사람들의 억측만 남았을 뿐 사카모토는 마치 한여름의 매미가 픽하고 지면에 떨어지듯 갑자기 사망해버렸다.

신주쿠에서 노숙자의 자립 지원과 생활 보호 대상자 신청에 주력하는 NPO 인정 법인 '모야이'[13]의 이나바 쓰요시稻葉剛[14]는 "노숙인들은 괜찮은 음식을 먹지 못하기 때문에 일찍 사망하는 사람이 많다"고 알려줬다.

사카모토를 추모하는 모임에서 노래를 부르기 위해 나는 다시 산야로 갔다. 어느 정도 예상했지만 노래를 부를 수 있는 상황이 아니었으며, 향만 올린 채 모임이 끝났다.

어떤 사람이건 만남에는 뭔가 의미가 있다고 생각한다. 2003년 한순간 나와 사카모토의 인생은 마주쳤다. 뚝 끊겨버린 사카모토의 인생. 사카모토와 왜 만난 것인지 답을 알 수 없는 질문이 머릿

---

13. 모야이는 원래 공동 노동, 혹은 공동 출자를 의미하는 말이다. 홈페이지에 있는 설명에 보면(www.npomoyai.or.jp/aboutmoyai) 모야이는 아파트에서 새롭게 생활을 시작하는 사람들의 생활 기반 조성을 도와주고 있다. 경제적으로 어렵고, 사람들과 연계도 별로 없어 고립된 생활을 하는 사람들, 특히 노숙인이나 노숙인과 유사한 상황에 놓인 사람들에게 자립을 지원하는 역할을 주로 하는 단체이다.

14. 1969년생. 일본의 시민활동가. 일반사단법인 쓰쿠로이 도쿄펀드 대표이사. 주거 빈곤자 대책 활동에 참여하고 있으며, 생활 보호 문제 대책 전국회의 간사역할도 맡는다. 리쿄 대학 立教大学 대학원 21세기 사회디자인 연구특임 준교수이다.

속에 자꾸 떠올랐다.

돌이켜보면 사카모토와의 만남으로, 노숙인들이나 건설 현장 사람들이 다른 사람이라고 생각하지 않게 되었다. 나의 마음속엔 사카모토라는 '막노동꾼'이 '관계없는 사람들 = 그들'에서 '당신'이 되어 있었다. 그리고 『빅이슈』의 존재를 알았다. 읽어보면 재미있었다. 또 보려고 구입했다. 아는 사람들에게 구입을 권하기도 했다. 반응은 다양했다. 주변엔 노숙인이 게으른 사람이라고 생각하는 사람도 있었다. 부모가 편견을 갖고 있어 구입이 어렵다는 사람도 있었다. 『빅이슈』 시스템을 잘 모르는 사람, 종교 잡지라고 생각한 사람, 시스템은 알고 있으나 재미없어 사지 않는다는 사람도 있었다. 그렇다면 사람들이 『빅이슈』와 만날 수 있는 장소를 만들어야겠다, 어떻게 하든 노숙 생활 경험자들과 음악을 함께 즐길 수 있는 장소를 만들어야겠다고 생각했다. 이렇게 해서 『빅이슈』 비용을 티켓 비용에 포함시켜 판매하는 '린린페스티발'이 탄생했다.

핵발전소 노동에 대한 관심

내가 핵발전소에 관심 갖기 시작한 것은 2010년이었다. 그때까지 핵발전소에 대해 사고가 나면 위험하다는 정도의 인식은 있었으나, 어쩔 수 없이 의존할 수밖에 없지 않나 생각했으며 특별히 공부한 적도 없었다. 핵발전소 반대파의 주장을 어딘가에서 읽었거나 들은 적은 있지만 불투명하다고 생각했으며, 뭔가 과장된 내용도 있을지 모른다는 느낌이었다.

내 글을 연재해주던 문화잡지 『퀵 저팬Quick Japan』에서 2006년 당시 편집장이던 모리야마 히로유키森山裕之가 〈정치특집〉을 기획하고, 존경하는 오누끼 다에코大貫妙子[15]가 롯카쇼무라六ヶ所村[16]에 대해 얘기하는 인터뷰를 게재했을 때도 대충 훑어보는 것에 불과했고, 스스로 핵발전소에 이렇다 할 큰 문제는 없다고 생각하며 일상을 보냈다.

변화의 계기는 어느 날 갑자기 찾아왔다.

그날은 문득 이런 생각을 했다. '핵발전소에서 근무하면 피폭한다고 들었는데, 이런 이야기를 당연하게 받아들여야 하나. 실제로는 상당히 심각한 상태 아닐까.' 조사를 해보니 예전에 핵발전소에 근무했던 노동자의 수기를 인터넷 검색을 통해 확인할 수 있었다. 이미 사망한 사람이었다. 노동자가 이야기한 핵발전소 내부 작업은 상상을 초월했다. 오싹했다. 즉각 히구찌 겐지樋口健二의 『어둠 속에 사라지는 핵발전소 피폭자』(산이치쇼보三一書房, 1981년)라는 책을 주문해서 읽었다.

히구찌는 오랜 기간 환경 문제나 공해 문제를 촬영해 온 사회적 사진작가지만, 책에서는 몇 사람의 핵발전소 노동자와 접촉해서

---

15. 뮤지션
16. 롯카쇼무라六ヶ所村는 아오모리青森 현 시모키타下北 반도에서 태평양에 접해 있는 지역에 설치된 원자력 재처리 시설을 말한다. 예를 들면 우라늄 농축 공장, 저준위 방사성폐기물 매설센터, 고준위 방사성폐기물 저장 관리센터 등의 원자력 시설과 함께 석유 비축기지, 풍력 발전기지 등 에너지 관련 시설이 집중해 있다.

그들의 마음을 얻을 수 있을 때까지 자주 찾아가서 사진 촬영과 동시에, 그들의 무거운 입을 열 때까지 기다려 핵발전소 내부의 노동 실태를 밝히는 귀중한 증언을 끌어냈다.

책을 읽으면서 나는 큰 충격을 받지 않을 수 없었다. 증언자 중에 소위 '노가다'일을 주로 경험했던, 산야나 가마가사키[17]같은 쪽방촌 출신 노동자들이 적지 않았기 때문이다.

산동네, 노가다, 날품팔이, 쪽방촌, 그리고 핵발전소.

그곳에서 살아가는 사람들의 인생, 그들이 안고 있는 문제에 대해 더 이상 무관심한 상태로 있을 수는 없었다.

마스크는 잊은 지 오래

"숙박했던 장소는 산야의 '츠바메(제비) 여관'이라는 곳입니다. 거기서 매일 토목 공사 현장으로 출퇴근했습니다. 얇은 이불 하나에 하루 70엔 냈습니다. 집에 생활비를 보내주기 위해서는 이런 곳에서 잘 수밖에 없었습니다."『어둠 속에 사라지는 핵발전소 피폭

---

17. 가마가사키는 오사카의 니시나리 구 신이마미야 역 주변을 일컫는다. 아이린 지구라고도 부른다. 일본의 책 『인간 증발』에서는 매년 10만 명의 사람이 사라지는데 주로 먹고살기 어려운 사람들이 많다고 한다. 이들이 주로 들어가는 지역이 도쿄의 산야, 오사카의 가마가사키, 후지산이 보이는 아타미 온천이다. 가마가사키는 전후에 일본 사회당계 사람이 주로 시장에 당선되면서 부랑자와 빈곤 문제 대책을 중시하였기 때문에, 간사이 지역 부랑자 빈곤층이 차츰 오사카로 모여들었고, 나중엔 가마가사키로 집중했다고 한다. 최근에는 범죄자나 빚쟁이들에게 쫓기는 사람들이 이곳으로 숨어들기도 한다. 핵발전소에 인력을 공급해야 하는 파견 회사에서 가마가사키 사람을 모집하는 경우도 많다.

자』에 나온 후쿠시마 현 후타바마치 출신의 오쿠보 도시미츠大久保
智光의 증언이다.

오쿠보는 종전을 하이난海南 섬[18]에서 맞았으며, 이후에는 암거
래를 하였으나 생활이 되지 않아 농사짓기로 결심한다. 하지만 농
사만으로 식구를 부양할 수 없었다. 나가노의 댐 건설 현장에서 일
하거나, 산야에 갔다 오는 일용 노동을 하기도 했지만 결국 후쿠시
마 제1 핵발전소에서 일하기 시작했다. 취직을 위해 다른 지역에
가는 것은 농가에선 흔했으나, 1971년에 가동하기 시작한 핵발전
소는 시골에서 현금 수입을 얻을 수 있는 아주 좋은 취직자리였다.

그렇지만 핵발전소 노동은 가혹했다. 오쿠보는 "뜨겁고 고통스
러워 참을 수 없을 정도라서, 방독마스크를 벗어던지고 일을 했다.
지금 생각하면 스스로 방사능을 더 많이 마셔버린 셈이 돼 버렸
다!"라고 증언했다. 마스크라는 것은 물론 방사능에 의한 내부 피
폭을 방지하기 위한 것이다. 그러나 실제는 더워서 현장에서는 사
용하지 못했다.

이런 상황은 오쿠보 한 사람만의 체험은 아니다, 노동자로 핵발
전소에 들어가 내부 실태를 묘사한 호리에 구니오堀江邦夫의 『원전
집시』(겐타이쇼칸現代書館, 1979년)[19]에서도 다음과 같이 서술했다.

원자로 건물과 비교해서, 터빈 건물 내부는 그다지 방사선

---

18. 하이난 섬은 중화인민공화국 광둥성 레이저우 반도 남쪽, 하이난 성의 대부분을 차지하
는 섬이다. 면적은 33,210km²로, 세계에서 42번째로 큰 섬이며 중화민국의 관할 아래 있는 타이완을 제외하면 중국에서 가장 큰 섬이다.
19. 한국어 번역본도 출판된 상태이다.

량이 높지 않다. 알람도 울리지 않는다. 그만큼 작업 시간은 길어진다. 마스크는 쓰고 있어야 한다. 숨쉬기가 괴롭다. 머리도 아파 온다. 맨 처음에는 성실하게 마스크를 착용했다. 그러나 대부분 노동자는 마스크를 목에 걸고 있을 뿐이다. 나도 의식하지 못한 상태에서 동료 노동자들처럼 되는 경우가 많았다. '내부 피폭'에 대한 불안보다도 현장에서의 육체적 고통에서 도망가고 싶은 생각이 더 강했다.

일하는 노동자가 얼마나 가혹한 상황인지 전혀 고려하지 않은 상태에서 마스크 착용해야 하는 외에도, 현장에서는 작업에 대한 설명 등을 이유로 동료 노동자와 소통을 해야 할 필요성이 많이 발생한다. 그러나 마스크를 착용하고 있으면 전혀 들을 수도 없고, 의사소통 자체가 불가능해진다. 결국 마스크를 벗어버리고 작업하는 경우가 발생할 수밖에 없다.

일상화된 경보기 무시

방사선 경보기는 작업 개시할 때 방사선량에 대한 상한선을 세팅해 놓고, 상한선에 도달하면 알람이 울리는 장치이지만, 오쿠보는 방사능에 대해 충분하게 교육을 받지 못했기 때문에, "경보기가 울리면 업무를 중단해야 좋지만, 그런 경우 업무 자체가 되지 않기 때문에, 계속할 수밖에 없었다."라고 증언했다. 원칙적으로는 방사 선량이 높으면 높을수록 작업 가능한 시간이 제한될 수밖에 없다. 그러나 현장업무를 완수하기 위한 경보기 무시가 횡행하고 있었 다. 작업을 중단시키는 것은 방사선 관리자(약칭 방관)의 업무다. 『어 둠 속에 사라지는 핵발전소 피폭자』에서는 쓰루가敦賀 핵발전소에 서 일했던 노동자의 증언도 게재하였다.

정확히 '방관'이 말하는 대로 업무를 하면, 업무 자체가 전 혀 진행되지 않는다. 방사능을 무시하고 업무를 진행해야만 예정된 시간 내에 끝낼 수 있다. 엄격하게 한다면 업무가 끝나 지도 않고, 돈은 돈대로 지출해야만 한다. 정기검사도 2개월 단위로 끝나지 않고 오랜 시간이 걸릴 수밖에 없다. 몇 개월에 서 1년 정도는 충분히 걸리는 것이다. 하지만 공사는 일정 기 간 내에 완성하도록 이미 결정된 상태다. 시운전에 들어가기 까지 무슨 일이 있어도 완성해야 한다. 원청에서 위험하니 천 천히 하라고 요구한다는 것은 있을 수도 없다.

제조업체인 히다찌日立나 도시바東芝 소속 '방관'이 까다롭 게 말을 해도 하청 회사 '방관'은 업무 우선주의라서, 안전이 소홀해지는 것은 필연이다.

도대체 알 수 없는 내용뿐이다. 충격 자체다. 핵발전소가 클린에 너지라고 떠들어댔던 사람들은 노동 현장의 이런 어두운 실태를 얼마만큼이나 알고 있었을까.

　나중에 조사해 봤더니, 핵발전소의 원료 우라늄 채굴 현장에서도 폐암이 많이 발생하고 인근 지역에 예전부터 살던 사람들은 방사능이나 유해 화학물질로 고생하고 있다고 한다. 내가 가장 놀랐던 것은 이런 사실을 모르면서 아무렇지도 않게 전기를 사용하고, 일산화탄소를 배출하지 않아 화력발전소 보다는 좋은 시설이라고 생각했다는 점이다. 또한 태양광이나 풍력은 어쨌거나 주요 발전 시설이지만 불안정한 부분도 있어서 현재로선 원자력만이 대안 아닌가 하고 별로 공부도 하지 않은 상태에서 결론지었던 나 자신의 한심함이다.

　부끄러우면서도 한편으론 화가 치밀어 올랐다. 사람이 사람을 짓밟고 살아가는 셈이다. 사람이 사람을 먹는다고 중국의 작가 노신은 세상을 깨우치는 말을 남겼지만, 사람의 건강을 갉아먹고, 때론 생명마저 앗아가는 전기로 나 자신이 살고 있다. 피로 물든 시스템을 어느 날 갑자기 깨닫고 난 두려움. 다만 무지하기 때문에, 무감각하게 전기를 사용해 온 것에 대한 두려움.

　노동자의 일상적인 피폭이나 안전을 무시한 대가로 예의 '깨끗한' 핵발전소가 가동되고 있으며, 전력을 공급하고 있다. 앞으로도 이런 식으로 전기를 조달하고, 심지어 정부에서는 핵발전소를 수출마저 하려는 상황이라 세계 속에서 핵발전소 피폭자가 증가하겠구나 생각하면 현기증이 일어난다.

하청 시스템

안경 너머 쏘아보는 듯한 눈빛. 슬픔이 가득한 눈동자에 불신이 배어 있다. 병실 침상에서 앞가슴을 드러낸 초로의 남성이 사진에 담겨 있다.

『핵발전소 1973~1995년 히구치 겐지 사진집』을 열면, 일본 최초의 핵발전소 피폭 문제를 소송을 통해 제기한 '이와사 소송岩佐訴訟'의 원고 이와사 가주유키岩佐嘉寿幸를 찍은 사진이 이채로운 힘을 낸다. 이와사는 고선량의 원자로 건물 안에서 여러 시간 작업을 하여 피폭했다. 오사카 대학 병원에서 '방사선피부염 의심'이라는 진단도 받았지만, 소송은 대법원에서 기각되어 산재 인정도 받지 못했다. "일본에는 민주주의도 인권에 대한 존중도 없다고 뼈저리게 느꼈습니다."라고 이와사는 말한다. 1971년에 발병, 74년에 소송을 제기하였으나, 인정받지 못한 채, 29년간의 투병 생활 끝에 2000년 77세로 사망했다.

히구찌의 저서를 읽어보면 이와사와 같이 피해 입고 법원에 소송을 제기하는 경우는 극히 드문 경우라는 점을 알 수 있다. 대개는 사고나 부상 자체를 흐지부지 처리해 버린다. 왜 그런가? 도쿄전력의 은폐 때문이라는 주장은 반은 맞고 반은 틀린 이야기다. 실제로는 은폐하고 싶은 도쿄전력의 뜻을, 그 이상 충실하게 이행하려는 하청업체 대표가 있기 때문이다. 도쿄전력이 감추기 전에 도쿄전력에 보고조차 하지 않는 사례가 많다고 이야기할 수 있다.

『원전 집시』의 호리에 구니오는 후쿠시마 제1 원전의 터빈 건물에서 추락 사고를 당했을 때, 회사 소장에게 다음과 같은 이야기를 들었다고 서술하였다.

"좋은 게 좋은 거라고 호리에. 산재로 인정받아 봐야 하루 일당의 60%밖에 못 받잖아. 만약에 산재 신청하지 않으면 회사에서 일당 전액을 줄게. 이게 더 좋은 거 아냐?" 돈 많이 받는 것과 적게 받는 것, 어느 것이 좋은가 - 막노동꾼이 아니어도 보통의 사람들은 '돈 많은 것이 좋다'고 답변할 것이다. 안전 책임자에게서 "산재로 인정받으면, 도쿄전력에 발각되기 때문에……"라는 말을 들었다. 도쿄전력이나 회사에 지장을 주면서 산재 인정을 받아야 한다면 과연 하청업체 노동자가 신청할 수 있을까?

핵발전소 노동자는 도쿄전력에 고용되어 있다는 것이 아니다. 재하청, 그 밑에 또 재하청이라는 다단계 하청 구조에서 가장 말단에 피폭 노동에 종사하는 노동자가 묶여 있다.

다단계 하청 구조는 단순히 '착취'만이 문제가 아니다. 늘 발주업체의 눈치를 살펴야 하는 상황에서 좋지 않은 정보는 감춘다는 의미이며, 결국엔 노동자의 근무 환경에 악영향을 끼친다. 외부에서 보면 어처구니가 없는 마스크의 근본적 결함이나, 경보기 무시 실태를 개선하지 않고, 온존시켜 버리는 상황이 쉽게 상상이 간다.

3·11 후에도 납 차폐로 인해 방사선량의 눈속임이 밝혀진 것은 기억에 새롭다.[20]

30년간의 공백

그러나 예를 들면 동일본 대지진이 발생하기 직전 후쿠시마 핵발전소 내부 노동 실태가 어떠했는지 상세한 내용에 대해 알 수 없다. 예컨대 히구찌의 저서, 호리에 구니오의 『원전 집시』, 핵발전소 청소회사 사원 모리에 신森江信의 『원자로 피폭 일기』, 쓰루가 핵발전소에서 근무했던 아들을 잃은 마츠모토 나오지松本直治의 『핵발전소에서의 죽음』 등 핵발전소 노동 실태를 파헤친 작품은 대부분이 1979년부터 1980년대 초반에 걸쳐 발행되었다. 따라서 이 시기 이후의 핵발전소 노동 실태에 대해 상세하게 알 수 있는 책은 상당히 드물다. 1996년에 유일하게 이와나미岩波 출판사에서 후지다 유코藤田祐幸가 『알려지지 않은 핵발전소 피폭 노동』을 냈으며, 하마오카浜岡 핵발전소에서 피폭으로 사망한 노동자의 사례를 다룬 것 외에는 반핵 단체가 만든 자료 등으로 제한이 있다.

즉 1980년 이전 핵발전소 내부 노동 실태에 대해서는 어느 정도 알 수 있지만, 이후 30년 이상에 걸쳐 핵발전소 노동에 대해

---

20. 후쿠시마 제1 핵발전소에서 작업자가 부착하는 방사선 계측기에 피폭량을 속이기 위해 납 뚜껑을 덮도록 지시한 사건이다. 하청회사 임원이 위장작업을 지시하고 작업자 9명이 납 뚜껑을 사용했다고 한다.

상세히 알 수 있는 저작은 나오지 않았다. 예를 들면 헤세(平成, 1989~2019) 이후의 핵발전소, 2000년대의 핵발전소의 노동 실태는 충분히 밝혀지지 않았다.

물론 하청, 재하청, 6차 하청, 7차 하청을 시행하다 보면 상하구조 자체가 아주 멀게만 느껴지는 가운데, 핵발전소 내의 노동이 급격하게 변할 수 있는 것도 아니다. 오히려 구태의연하고, 비인도적인 노동은 계속되고 있을 것이다. 이런 정도의 추측밖에 할 수 없다.

한편 최근 30년간 과학기술은 상당히 발전했다. 컴퓨터만 보더라도 한 사람당 한 대씩 갖고 있는 것이 당연한 시대가 되었다. 기술에 대한 사람들의 신뢰가 크게 떨어진 것도 아니고, 스리마일 섬 사고[21]도 강 건너 불 보듯 해서, 겉으로 포장된 핵발전소의 이미지인 '공해가 없다'는 선입관은 계속 유지되어 왔다. 또 핵발전소의

---

21. 스리마일 섬 핵발전소 사고Three Mile Island accident는 1979년 3월 28일 미국 펜실베이니아 주 해리스버그 시에서 16km 떨어진 도핀 카운티의 서스퀘해나 강 가운데 있는 스리마일 섬 핵발전소 2호기(TMI.2)에서 일어난 노심 용융meltdown 사고로 미국 상업 원자력산업 역사상 가장 심각한 사고이다. 1978년 4월에 전기 생산을 시작하여 1978년 12월 30일부터 상업 운전을 시작하였다. 상업 운전을 시작한 지 4개월째 되던 1979년 3월 28일 새벽 4시, 정격 출력의 97%로 출력 운전 중 자동 밸브 장치에 이상이 생겨 원자로 중심에서 순환하는 물로부터 열을 전도시키는 장치인 열 교환기에 물 공급이 중단되었다. 게다가 운전원의 실수로 한동안 긴급 노심 냉각장치가 작동하지 않았다. 결국 냉각수 온도를 낮추지 못하자 냉각수가 증발되면서 증기 압력이 높아져 파이프가 파괴되었고, 마침내 터빈과 원자로가 자동으로 정지되었다. 불과 몇 시간 사이에 원자로의 1차 계통이 파괴되어 냉각수가 유출되었으며 온도가 5,000도 이상 올라갔다. 원자로는 온도가 급상승해 핵 연료봉이 녹아내리고 급기야 원자로 용기까지도 파괴되었으며, 건물 내 방사능 수치는 정상치보다 1,000배나 높아졌다. 사고가 커지는 동안에도 기술자들은 원인을 밝혀내지 못하고 갈팡질팡했다. 이후 스틴글라스 박사의 권유로 피해를 우려한 주 정부는 도핀 카운티의 임산부와 어린이들을 대피시켰고, 주민들은 공황 상태에 빠져 10만여 명이 일시에 도망치듯 빠져나갔다. 조사 보고서에 따르면 1m 두께의 격납 용기 덕분에 사고 기간 중 발전소 부근에서 받은 공중의 피폭선량은, 자연 방사선량인 100mR에도 못 미치는 양으로 반경 16km 이내 주민들의 방사능 노출 수준은 흉부 X선 촬영을 2~3번 한 정도였다. 큰 피해는 발생하지 않아, 국제 원자력사건 등급(INES) 체계상 등급 5로 분류되었다.

중앙통제실에서 사람이 기계를 관리하고 있다는 이미지는 오히려 강화된다는 느낌이다. 이러한 위장된 이미지에 의문을 제기하지 않는 것은 사실상 공허한 안전 신화에 기여하는 역할을 하는 셈이다. "설마 사고 제로 시대에 핵발전소 내부에서 그렇게 끔찍한 노동이 있는 줄은 정말 몰랐어요. 새로운 기계를 도입하면 인간의 부담은 줄어드는 것이 아닐까요. 로봇이 작업에 투입될 테니까요." 핵발전소에 대해 아무것도 모르면 이런 식의 생각도 낯설지 않다. 시험 삼아 경제산업성経産省에서 만든 〈그렇구나! 원자력 A to Z〉라는 사이트(2013년 1월 시점에서 홈페이지 개선 중, 현재 이 글은 삭제 상태)를 확인해 봤다. 핵발전소가 얼마나 안전한 시설인가에 대해 원자로 건물, 원자로 격납용기[22], 원자로 압력용기[23], 핵연료 피복관被覆管[24], 핵연료 펠렛[25]이라는 5개의 안전벽이 있고[26], 이것이 작동되지 않을 경우는 저 장치로, 저 장치가 작동되지 않을 경우 또 다른 장

---

22. 연료가 담긴 원자로 등 핵심 장비를 덮고 있는 용기이다. 냉각재 상실 등의 상황 발생 시에 압력장벽이 되면서 동시에 방사성 물질 확산의 장벽을 형성하기 위한 시설이다. 대개 개량형 철근 콘크리트를 주요 재료로 제작한다.

23. 원자로 내부에 들어가 있는 장치로서, 내부의 고온고압을 유지하면서 외부의 냉각재를 유통시키는 원추형의 철강 구조물이다. 압력용기의 역할에는 원자로의 5중 장벽의 하나로서 노심에서 발생한 방사성 물질이나 방사선이 노심 밖으로 누출되지 않도록 외부와 차단하는 차폐역할도 포함한다. 원자로 용기라고 부르기도 한다.

24. 원자로의 핵물질이 외부로 누출되지 않도록 막고 있는 다중 방호 장치의 하나이다. 피복관 안에 핵연료 펠렛을 겹쳐 쌓아놓고 삽입시킨 것을 연료봉이라고 한다. 피복관은 원자로 내부의 높은 온도를 견뎌내고, 냉각수로도 부식되지 않도록 합금을 이용한다. 주로 알루미늄 합금, 마그네슘합금, 스텐레스 합금, 지르코늄합금이 사용된다.

25. 핵연료 펠렛은 우라늄을 2~5% 정도 농축한 것을 고압으로 압축, 열처리를 통해 덩어리로 만들어진 자기 물질이다. 방사성 물질을 최대한 자기 안에 가둬 두면서 누출을 방지하기 위한 장치라고 할 수 있다.

치가 작동한다는 식으로 몇 겹의 방호 장치로 안전을 확보하고 있다고 서술하였다.

실제로는 이런 장치들이 제대로 작동하지 않았으며, 긴박한 상황 속에서 작동 여부에 대한 확인이나 판단조차 정확하게 할 수 없었던 것은 이미 3·11 사태 때 현장에서 애를 쓴 요시다吉田 소장의[27] 조서를 봐도 분명하다.

핵발전소에 대한 안전 설명에서 중앙통제실 외에 핵발전소 내부에서 일하는 사람에 대해선 설명이 거의 나오지 않는다. 마치 핵

---

26. 그림 원자로 5중 방호벽

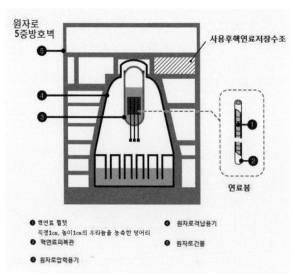

27. 1955년 오사카 출생. 요시다 마사오吉田昌郎는 도쿄대를 졸업하고 1979년 도쿄전력에 입사했다. 사고 당시 후쿠시마 핵발전소 소장이었으며, 현장에서 수습 활동에 참여했다. 2011년 11월 식도암 수술을 위해 입원하고, 2013년 7월 9일 식도암으로 사망했다. 도쿄전력에서는 그의 피폭선량이 70밀리시버트로 피폭과는 무관하다고 주장했다. 한편 2012년에는 후쿠시마 현민들이 업무상과실치사와 공해 범죄로 도쿄전력 임원 33명을 형사고소 하였는데, 그중에 요시다도 포함된다.

발전소의 모든 것을 기계로 작동하고 있는 것처럼 서술했다. 그러나 원래 그런 것인가. 적어도 1980년대까지 일련의 저작이 알려주는 핵발전소의 노동 실태는 핵발전 찬성파의 선전 내용과는 거리가 멀다.

그렇다면 현재도 예전과 비슷하다고 당연히 추정할 수 있다. 아울러 고민을 이 정도 수준에서 중단하고, 핵발전소에 대해 비판을 계속할 수도 있다. 하지만 1990년대나 2000년대 핵발전소의 실태를 구체성도 확보하지 않고 애매한 상태로서 이해한다면, 1980년대 일련의 핵발전소 비판서를 출판했다 하더라도, 우리 사회가 여전히 무지에 빠져 있는 꼴과 마찬가지인 셈이다. 30년간의 세월의 변화를 그에 걸맞게 이해하지 못하는 것이다. 3·11 이전 30년간의 핵발전소. 그곳에는 1980년 이전에는 볼 수 없었던 다른 문제가 발생하고 있었는지도 모른다.

평상시 핵발전소 노동 실태를 알자

나는 여기까지 생각하고 히구찌가 자신의 책을 쓰기 위해 해야 했던 일들을 생각해본다. 좀처럼 입을 열지 않는 핵발전소 노동자들을 방문하고, 처음에는 중단하려 했다가도 다시 몇 번을 방문해서 이야기를 들었다. 결국 사진을 찍어주기도 하고 아주 친밀한 관계를 형성하면서 『어둠 속에 사라지는 핵발전소 피폭자』라는 책으로 결실을 맺었다. 노동자들의 고생을 담은 책이지만 사람의 마음을 울리고, 저자의 성의가 스며들어 있는 작품이다. 동시에 몇 사람 노동자들의 이야기에 귀를 기울이는 것으로 그들이 살아온 시대나 그들의 반평생을 담아냈다. 히구찌가 생전에 노동자들에게 진심으로 전해 들은 사실들을 그대로, 2010년대 중반에도 핵발전소 노동자의 현상으로서 인용하고자 하는 게 아니다. 나는 히구찌의 뒤를 이어 핵발전소 노동자의 이야기를 듣고 전달하고 싶다.

결국 드러나는 사실은 어쩌면 구태의연한 상태로 남아있는 핵발전소의 노동 실태인지도 모르겠다. 그래도 그것은 더욱 정확한 하나의 정보가 될 것이다. 눈앞의 노동자 아저씨가 경험하거나 느낀 것에 참여해보고 싶었다. 하나하나 적어가면서, 구체적인 사실을 앞에 놓다 보면 핵발전소 노동이 시대를 관통해서 전달하는 무엇인가가 있지 않을까. 나는 그렇게 핵발전소를 생각하고 싶었다.

일본에 지진이 많아서, 또 쓰나미가 있어서가 아니다. 안전 기준을 믿을 수 없기 때문에, 혹은 방사능이 새고 있다는 두려움 때문만도 아니다. 오히려 체르노빌이나 후쿠시마와 같은 대형 사고가 발생한 핵발전소에 초점을 두기 보다는 평상시 핵발전소에서 일하는 모습, 일상적인 정기 검사나 고장을 보수하는 사람들을 상세하게 그려보고 싶었다. 노동 현장으로서 핵발전소, 노동자의 핵발전소라는 각도에서 핵발전소를 이해하자는 것이다. 히구찌가 노력해서 달성했던 중요한 성과를 미력하나마 계승해야 하지 않을까, 그런 생각에서 이 책이 출발한다. 히구찌의 책을 읽은 날부터 막연하

게나마 그런 생각을 하고 있었으나, 전혀 활동하지 않던 중에 3·11
이 나를 세차게 떠밀어 버렸다.

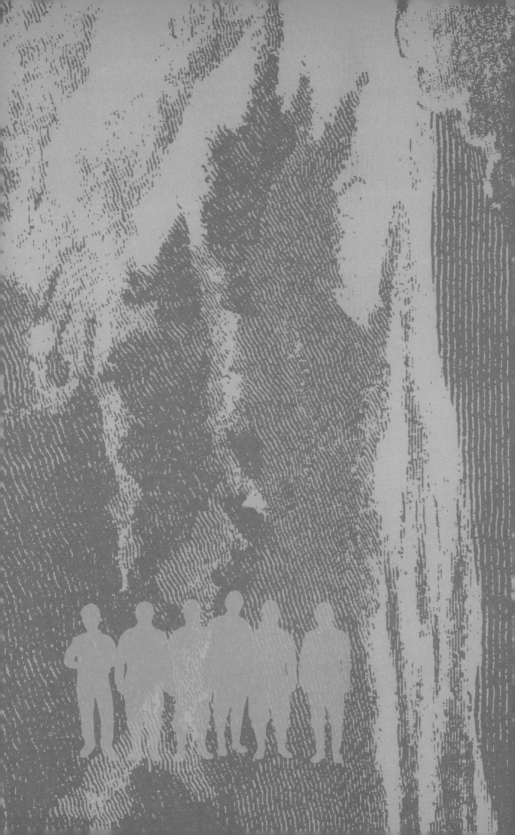

제1장
사고는 겉으로 드러나지 않는다
———
유바 다카키요르場淸孝의 경험

유바 다카키요弓場清孝

땜질 작업

아직 늦더위가 심했던 2011년 9월 29일. 후나바시船橋 역[28] 구내 꽃가게 앞에서 머리에 두건을 쓰고 있는 작은 체구의 유바弓場가 기다리고 있었다. "어디 커피숍에라도 갈까요?"하며 말을 거는데, 목소리도 잠겨 있고, 또 사람들 앞이라 이야기하기가 거북하다 해서 버스 정거장의 벤치를 선택하기로 했다. 그곳에서 우리는 몇 대의 버스를 그냥 보내고 흐르는 땀을 바람에 말려가며 이야기를 해야 했다.

유바 다카키요, 1951년 출생. 취재 당시는 60세. 히로시마의 정규 야간 고등학교를 졸업하고, 신문 판매나 전기통신 관련 업무에

---

28. 치바 현의 후나바시 시를 말한다.

종사했다. 25년 전에 전기기사 자격증을 따고 제품의 유지보수를 위해 필리핀에 출장 갔던 유바는, 필리핀 여성과 만나 현지에서 결혼했다. 이후 두 사람은 같이 일본으로 귀국하여 생활했으나, 부인이 암에 걸려 고향 필리핀으로 다시 돌아갔다. 혼자 남게 된 유바는 2007년부터 2009년까지 "순전히 생활하기 위해" 가시와자키카리와柏崎刈'핵발전소[29]에서 일을 했다.

유바가 가시와자키카리와 핵발전소에 입사한 것은 2007년 7월 주에츠오끼中越沖 지진[30] 이후였다.

---

29. 니가타新潟 현 가시와자키柏崎 시와 카리와제羽 군 카리와 무라에 걸쳐 있는 도쿄전력이 운영하는 발전소이다. 총 7호기의 원자로가 있으며, 합계 전력 821만 7천 킬로와트로, 세계 최대의 핵발전소이다.
그림. 가시와자키카리와 핵발전소 배치도

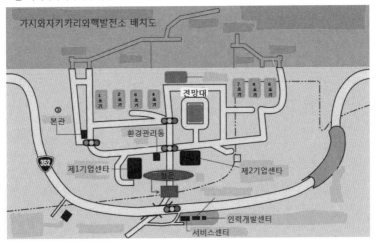

30. 2007년 7월 16일 니이가타 현 주에츠에서 발생한 진도 6.8의 지진이다. 이로 인하여 가시와자키카리와 핵발전소 3호기의 변압기에서 화재가 발생했으며, 현장에 있던 소화용 배관의 고장, 전화 불통 등으로 2시간이 지난 후에야 불을 끌 수 있었다. 도쿄전력은 초기 진화의 실패를 인정할 수밖에 없었다.

전기기사였던 유바의 주요 업무는 각 원자로 건물과 연결된 지하통로의 굵은 케이블을 교체하는 작업이었다. 각 터빈 건물에서 만들어 낸 전기를 주변압기를 거쳐 '50만 볼트 개폐소'까지 운반하기 위한 케이블 관로의 업무로, 원자로 작업과 비교한다면 피폭의 가능성은 거의 없는 방사선 관리구역 밖 보전구역의 업무였다. 그러나 지진 직후 핵발전소 업무는 피폭과 무관하지는 않았다고 유바는 생각했다.

"1호기 원자로에서 7호기 원자로까지 모든 건물에 지하관로가 있지만, 지진 후에는 5, 6호기의 원자로 내에 있는 물이 관로 안으로 들어와 버렸어요. 그 물을 처리하는 작업이었습니다. 5호기에서 변전소까지 주에츠오끼 지진이 있었을 때 엉망이 돼 버렸지만, 케이블을 끌어낼 수는 없었기 때문에 양동이로 퍼내거나 손으로 관로를 흔들어 물을 빼내야 했습니다."

가시와자키카리와 핵발전소의 관로 도면을 보면, 서쪽의 4호기 부근부터 견학자용 전망대 밑을 연결하는 동쪽 5~7호기 쪽으로 길게 연결해 있다. 6호기가 1번 관로와 접근해 있었으나, 5호기와 6호기 부근의 지하를 지나는 관로에서도 많은 곳은 15센티 정도 물이 차 있었다.

6호기는 주에츠오끼 지진으로 사용 후 핵연료 봉을 보관하고 있던 4층에서 물이 넘쳐, 3층을 경유하여 배수 탱크로 흘러들었고, 바다로 방출되었다. 6호기만이 아니다. 1~7호기까지 모든 원자로에 있던 상당한 양의 물이 넘쳐흘렀다. 1~3호기는 원자로 내 수위가 낮아지는 현상이 나타나, 수위 저하 경보가 울리기도 했다. 1~7호기에서 넘쳐흐른 물은 회수 가능한 양만 8.5톤을 넘었다. 이 같은 사실은 도쿄전력이 공식적으로 인정해서 홈페이지에도 게재하고 있었다.

관로의 물이 지진으로 넘쳐 원자로에 있던 물이라고 백 퍼센트 확신할 수 없을지 모른다. 그러나 물고임 현상이 발생한 곳은 6호기에 가장 접근해 있던 관로였다. 5~7호기는 옆으로 나란히 놓여 있었지만, 이들 세 군데에서만 3.5톤의 물이 넘친 것이다. 배수 탱크가 지하로 연결된 것임을 감안하면 탱크나 벽의 균열로 인하여 오염된 원자로 물이 서서히 배어 나왔을지도 모른다. 실제로 유바는 관로가 있는 안쪽 벽의 균열을 몇 곳에서 확인했으며, 이 때문에 신경이 쓰였다고 말했다.

현장의 반장 지시로 유바를 포함한 3명이 관로의 물고임을 해결했다. 방사성 물질을 포함하고 있을 가능성이 있는 물이었다. 당연히 관로 밖으로 빼냈을 것이다.

"아니, 관로에 또 물이 고였나요?"

결국 알게 된 사실은 물고임 해소가 케이블을 연장하는 작업에서 요구된 땜질 작업이라는 점이었다. 핵발전소 내에서는 방사능에 대해 얘기하지 않는다. 작업 중에 오염 가능성이 있던 물도 다만 평범한 물로 볼뿐이다.

방사선 관리 수첩이 없다

인터뷰 시작 후에 가장 먼저 밝혀진 사실은 매우 충격적이었다. 이것이 2007년 핵발전소 노동 실태였다. 피폭의 가능성을 전혀 고려하지 않고, 완전히 임시 땜질 작업에 노동자가 종사한다. 조악한 작업 방식에 대해 반쯤은 예상했지만, 할 말을 잃게 만든다.

유바는 다음 해에 고혈압에 걸려 후두부의 머리가 빠지고, 2010년 6월부터는 왼쪽 귀가 전혀 들리지 않았고, 오른쪽 귀도 난청 증상이 있었다. 골수염이 의심된다고 진단받았다. "그뿐이었습니다. 의사에겐 가지 않았습니다. 원래는 가야만 했죠. 생각하면 후회스럽고 기분도 우울해집니다. 등뼈 위쪽, 목의 끝부분. 혈압이 올라가면 통증이 있었죠. 특히 추운 날."

실은 유바의 경우 중요한 문제를 안고 있다. 피폭 가능성이 심각하다 해도, 방사선 관리 수첩이 없어 피폭선량 측정조차 할 수 없다는 점이다. 관로 업무는 방사선 관리구역 외 작업이기 때문에 피폭 가능성을 상정하지 않는다. 그러나 원자로 물이 넘친 것은 사실이다. 지진 대국인 일본의 핵발전소가 흔들린다면 시간 차이가 있을지라도 같은 상황이 발생할 수 있을 것이다. 상당히 심각한 피폭이어도 수첩이 없어 아무런 조치도 할 수 없는 노동자가 다시 나올 가능성이 있다.

유바와의 만남

가마가야다이부쯔鎌ヶ谷大仏[31] 행 버스가 오고, 정류장에서 버스를 기다리던 사람들이 계속 이야기를 하는 우리 두 사람을 곁눈질하면서 버스에 올라탄다.

"후나바시船橋 시도 선량이 높은 지점이 있겠군요."

"그렇습니다. 북쪽이 높았습니다. 고무로小室[32]의 유치원에서는 모래를 교체했다는 말도 들었어요. 그대로라는 건 말뿐인거죠. 히가시후나바시東船橋의 학교는 교장의 판단인지는 몰라도, 학생들이 운동장에서 놀지 못하도록 주의를 줬다는 말도 들었습니다. 지금 확인해 보면 운동장 사용금지를 내린 곳은 그 초등학교뿐이었지만, 특히 선량이 높았나 봅니다."

유바는 2011년 지진 후에 후나바시 시에서 고선량 지역의 모습을 직접 눈으로 보기 위해 가보거나 상황 파악을 위해 노력했다. 이렇게 파악한 내용은 핵발전소에서의 자신의 노동 경험과 같이 블로그나 트위터로 정보를 내보내고 있었다. 내가 핵발전소 노동을 알고 싶어 구체적으로 접촉했던 것도 이 블로그가 처음이었다. 블로그를 통해서 취재 의뢰 메일을 보냈는데, 아주 예의 바른 답장 메일이 왔고, 취재에 응하겠다는 내용과 함께, 취재이기 때문에 사례 선물 등도 일절 받지 않겠다고 적혀 있었다. 성실하고 정직하다

---

31. 지바千葉 현 가마가야鎌ヶ谷 시에 있는 석가여래 불상이다.
32. 후나바시의 동 이름

는 인상을 받았다.

블로그에서 유바는 지진 전인 2010년에 자신의 핵발전소 노동 경험을 서술하기 시작했다. 지진 후 유바는 블로그에서 핵발전소 노동을 이야기하는 소수의 경험자로서 주목받았으며 몇 개의 언론 사와 인터뷰하기도 했다.

유바가 가시와자키카리와 핵발전소에서 일했을 때 많게는 만 명이나 있었다. 40대 이상이 많았으나 다른 지역에서 온 고졸 정도의 젊은 무리도 회사 연수원에서 숙박했다. 유바가 소속되어 있던 M이라는 회사는 원래 건설회사에 인력을 공급하는 일을 주로 하는 파견회사였다. 유바는 후나바시 영업소에 소속되어 있으면서 맨홀 안에 있는 낡은 케이블을 빼내 교체하는 공사를 했다.

일본계 브라질 출신의 핵발전소 노동자

가시와자키카리와 핵발전소에는 일본계 브라질 사람도 있었다.

"브라질 사람인데 외국인 등록은 하지 않았어요. 일본계라고만 알려지고. 일본 이름이 있어 입사가 된 것 같습니다. 얼굴은 전혀 차이가 없으니까 들어왔죠. 말을 해보면 억양에서 차이가 있었습니다."

전에 하마오카나 쓰루가敦賀에서 근무했다고 말하는 사람도 있었다고 했다. 일본계 브라질 사람이라고 하면 아이치愛知의 도요타 같은 도카이東海 지방[33]의 제조업 이미지가 강했다. 어쩌면 그런 곳에서 직업을 잃은 사람일지도 모른다. 리먼 쇼크로 인해 아이치에서 해고자 수는 상당히 많았다. 정리 해고된 사람이거나 아니면 일본에 돈을 벌 목적으로 입국했거나, 어쨌든 기대했던 일자리를 찾지 못해 핵발전소로 흘러들어 왔으리라.

일본의 공장에서 일하는 일본계 브라질 사람은 많았고, 이들은 대개 아이들을 데리고 일본에 온 사람들이다. 연령별로 '학년제'가 적용되는 일본 학교 체제에서 일본어 수준에 상관없이 자동으로 학년을 배정받아 수업에 참여할 수도 없고, 그런 와중에 자퇴하는 아이들도 많이 있다. 대학 수업에서 이런 사실을 알았을 때도 충격을 받았다. 초등학교나 중학교조차 만족스럽게 졸업하지 못한 외국인이 감당해야 할 업무는 도대체 어떤 수준이어야 할 것인가?

소수자가 핵발전소에 입사하는 것은 오히려 자연스러운 현상일지도 모른다. 나카무라 마유中村真夕 · 쯔무라 기미히로津村公博 감독이 제작했던 「고독한 제비들 − 객지에서 태어난 아이들 −」(2011년)[34]이라는 일본계 브라질 아이들을 주제로 한 다큐멘터리 영화가 생각난다. 자신을 표현하는 방식으로 길거리 춤을 추던 모습이 인

---

33. 혼슈本州 중앙부에 위치하며 태평양에 접한 지역이다. 아이치愛知 현, 기후 岐阜 현, 미애三重 현, 시즈오카静岡 현의 4개 현, 혹은 아이치, 기후, 미애 3개 현을 말하기도 한다. 구별을 위해 전자를 도카이 4현, 혹은 시즈오카를 포함한 도카이 지방이라고 하며, 후자를 도카이 3현이라 할 수 있다. 일본의 대표적인 자동차, 중공업 회사들의 공장이 많이 자리 잡고 있다.
34. 요코하마에 살고 있는 일본계 브라질 청소년 5명의 생활을 따라간 영화이다. 이들은 대부분 브라질계 아버지와 일본계 어머니 사이에 태어난 사람들이며, 일본과 브라질을 오고 가는 생활을 해왔다. 대개 어머니가 일본에서 생활비를 마련하기 위해 이주하기 시작하면서 일본 생활을 시작했다. 이들은 외국인이라서 의무교육 대상에서 제외되며 대체로 중학교를 중퇴하고 공장에서 일하고 있었다. 영화는 이들의 생활, 주장, 문화를 담담하게 그려내고 있다.

상적이었다. 영화에 등장하는 아이들 중 몇 명은 아마도 핵발전소 노동에 발을 들여놓는 사람이 될 것이다.

겉으로 드러나지 않는 사고

핵발전소 노동자에게 우선 들어볼 수 있는 내용은 부상이나 사고의 유무였다. 왜냐하면 이런 사실은 호리에 구니오의 『원전 집시』를 읽어보면 알 수 있듯이, 일하는 노동자의 작업 안전성이나 편의성을 결여한 핵발전소 내부의 설계가 분명해질 뿐만 아니라, 산재 문제나 아니면 몇 차례의 다단계 하청이라는 구조적인 문제까지 포함하기 때문이다.

"작업하는 사람의 실수도 있고, 기계가 원인인 경우도 있는지 모르겠지만, 발화성 기체를 빈번하게 사용하기 때문에 불이 난 것인지, 아무튼 화재 소동이 3, 4건 있었어요. 사람이 사망해도 언론에 알리진 않았습니다. 조회 때 발표해도 언론에 나간 적은 없었기 때문에 알 수 있습니다. 원자로 건물 안에서 46세의 작업자가 떨어져 버린 사건이 있었습니다. 보통의 바닥과 다른 바닥이 많은 곳이니까요. 철망 같은 것으로 되어 있는데, 군데군데 개구부가 있거든요. 그곳으로 떨어졌다고 들었습니다.(그리고 이런 사고도) 모든 것을 도쿄전력이 손댈 수 없게 만들어 버립니다."

핵발전은 화력발전보다도 위험이 적다고, 사람이 죽지 않고 해결된다고 소위 핵발전 찬성파들이 주장한다. 그러나 산야나 가마가사키 등 일용 노동자들이 많이 거주하는 지역의 인력 시장에서 데려오는 사람들은 친척도 없이 혼자 사는 노동자들이 대부분이다. 말하자면 핵발전소 노동자들의 죽음은 아무에게도 알려지지 않은 채 장례를 치를 가능성이 농후하다. 이런 상황이 발생해도 누구도 불평할 수 없으니, 전력회사의 입장에서는 아주 좋은 조건인 셈이다.

또한 내부 피폭의 영향은 다양한 질병이나 건강 장애로 나타나는데, 뒤에 나오겠지만 많은 경우 노동자가 업무를 중단하고 수년 후에 백혈병이나 암이 발병해서 사망해도 수치상으로는 핵발전소 노동자의 사망에 포함되지 않는다.

방사선을 너무 많이 쪼이거나 혈압이 너무 오르면 현장에는 나갈 수 없어 해고되지만, 질병이 드러나는 것은 대체로 그 후의 일이다. 전에 했던 업무를 계속하는 것도 아니어서 "사람이 죽지 않고 업무를 할 수 있다"고 주장하는 것은 너무 단순한 발상이다. 유족이 소송해서 산재로 인정받는 경우도 있지만, 극히 드문 사례이다. 산재 심사의 불공평한 실태에 대해서는 뒤에서 다시 서술할 예정이다.

이미 얘기한 바와 같이 원료인 우라늄 광산에서 폐암이 많이 발생하거나 인근 주민의 건강 피해가 있음을 고려한다면 핵발전이 결코 화력발전에 비해 위험이 적다고 단정할 수 없음은 분명하다.

부상을 당해도 보고할 수 없다

유바 자신은 케이블을 연결한 관로의 중간에 있는 브리지 개구부에서 오른발을 헛디뎌, 발목뼈에 금이 가 업무를 1주간 쉴 수밖에 없었다. 유바가 운반했던 케이블은 직경 30센티미터 정도 되는데 그것을 4~5킬로미터나 운반하는 업무로 순서에 맞게 기록한다면 다음과 같은 공정이 포함되어 있다.

- 일본해운의 배로 운반해온 직경 5미터짜리 드럼통을 트럭으로 변전소 인근 터널 입구 개폐소까지 운반.
- 터널 입구에 놓인 드럼통에 높은 작업대를 설치
- 드럼통에 말려있는 케이블을 풀어가면서 원자로 건물에서 터빈 건물까지 지하 터널에 있는 관로 속으로 4~5킬로미터 운반한다.

"터널 속에는 상상할 수 없을 만큼 여러 가지 물건이 있습니다. 걷는 곳은 딱 한 사람만 지날 수 있을 만큼 좁아서 사람이라도 만나면 어느 한쪽이 바닥에 바싹 엎드리지 않으면 오도 가도 못할 정도입니다. 양쪽으로 두꺼운 케이블이 연결되어 있고, 위로는 광케이블 통신선이 있고, 또 중앙통제실로 가는 전선도 있고, 바다에서 냉각수를 퍼 올리는 배관도 있습니다. 걸어가는 곳은 어디나 다 이런 식으로 되어 있습니다."

이렇게 이야기한 유바는 양손을 30센티미터 정도 벌린다. 관로 안은 약간 어두워, 10미터에 하나씩 20와트짜리 형광등이 달려 있을 뿐이어서, 헤드라이트가 필수이다. 유바가 발을 헛디딘 곳은 브리지라고 부르는 다리 중간의 개구부였다. 왜 터널 중간에 다리가 있는 것인지 이해할 수 없었지만, 요컨대 다양한 배관이 들어와 있는 통로이기 때문에, 자동 계기판이 있어서 다리를 설치하지 않으면 다닐 수 없는 개소가 있는 것 같다. 구멍이 열려 있는 것은 유사시에 그것을 고치기 위한 용도일 것이다.

"보통은 뚜껑을 덮어 놓지만 그때는 없었습니다. 이런 식의 관리 소홀로 인한 사고는 늘 있기 마련이죠. 한쪽 발이 빠져버려 갑자기 밑으로 추락하는 데 중간에 배관과 배관 사이에 발이 부딪히면서 금이 간 것이죠. 세게 부딪히고, 또 아주 좁았기 때문에 발목에 금이 갔습니다. 매일 터널에 들어갈 때 빠지지 않도록 뚜껑을 임시로 만들어 운반합니다. 후쿠시마 제1 핵발전소도 배관은 모두 가설 배관입니다. 비가 새면 점점 누수가 많아집니다."

만일 후쿠시마 제1 핵발전소에서 가설로 설치하고 있는 관을 스테인리스로 만든다면, 물이 새는 것에 대한 대응을 완벽하게 할 수 있고 안전성도 높아진다. 그러나 "수습 했다"고 강조하는 정부 방침[35]으로 예산은 계속해서 삭감되고 가설 배관은 그대로이다.

유바가 가시와자키카리와 핵발전소에서 만들고 있는 가설물은

---

35. 2011년 12월 16일 당시 일본의 민주당 노다野田 총리가 후쿠시마 핵발전소 사고에 대하여 기자회견을 열고 "전문가에 의한 엄밀한 검증을 거치고 냉각수가 안정적으로 순환하고 있으며, 원자로 바닥과 격납 용기 내의 온도가 100도 이하로 유지되고 있어 만일 어떤 장애

케이블을 적재해서 운반하기 위한 전동운반대의 설치였다. 1미터마다 기계를 고정 설치하고 케이블을 운반한 후에는 그것을 떼어내는 것이 주 임무였다. 케이블은 길이가 1.5미터로 무게가 100킬로이기 때문에 상당히 주의해야 하는 업무다. 자재를 운반하던 유바는 브리지 개구부에서 발을 헛디뎌 빠지고 또 부상당하면서 발이 땡땡하게 부어올랐으나, 업무를 마칠 때까지 참고 버텼다.

"잠깐 사이에 상해사고가 발생해 버렸어요. 부상을 당해도 보고조차 할 수 없어서……"

"보고할 수 없다고요?"

"보고하면 집에 돌아가라는 말을 듣기 때문에요."

내일부터 나오지 말라는 통보입니까? 라고 물어보니 유바는 고개를 끄덕였다.

원래대로라면 현장에서 다른 동료의 과실로 인한 부상이니 1주 정도 쉬면서 치료해야 하며, 경상이라고 해도 당연히 산재보험을 적용해야 하는 사례이다. 그러나 핵발전소에서 산재 청구는 거의 발생하지 않는다. 이런 걱정과 위축이 노동 현장에 만연하게 된 것은 핵발전소의 하청 구조 때문이다. 참을만한 것은 참으면서 현장을 지켜야 한다. 일자리를 잃지 않기 위해서는 울며 겨자 먹기로 참을 수밖에 없다.

가 발생해도 발전소 부지 외의 지역에선 방사선량이 충분히 낮게 유지할 수 있다는 점을 기술적으로 확인했다."고 주장하면서 "이것으로 1단계 수습이 이루어졌다..."고 선언하였다. 이에 대해 후쿠시마 현 지사는 반발하면서 아직 수습되지 않았다고 주장했다. 노다 총리의 이런 선언은 핵발전소 사고 국면에서 빨리 벗어나기 위해 무리수를 둔 당시 민주당 정부의 오판이었다는 평가가 대부분이었다.

정기 점검 기간의 단축

유바에 의하면, 부상이 가장 많이 발생하는 때는 시간에 쫓겨 초조할 때라고 한다.

"먼저 공사 기한이 있습니다. 지금까지 잘 해줬다고 이야기는 합니다. 그리고선 오늘 중으로 끝내야 한다고 강조합니다. 마지막 당부는 일하는 사람들에게 부담감을 백배 느끼도록 하는 것이죠."

공사 기한은 핵발전소의 정기 점검(이하'정검') 기간 내에 끝내야 한다는 작업 기간을 의미하지만, '정검' 기간 자체를 1980년대 이후 완만하게 단축해왔다는 사실을 간과할 수는 없다. 1990년대 후반부터 2000년대에 걸쳐 지속적으로 추진해온 전력 자유화로 인해 이런 경향은 가속화된다.

일본의 핵발전소 전체의 '정검' 일수 평균 추이를 본다면 1990년에는 180일에 조금 못 미쳤지만, 2002년에는 100일 수준에 불과했다.(일본원자력산업협회 작성「설비 이용률 및 정기검사 정지일 수의 한미일 비교」에서)

이전에는 반년 가까운 기간이 걸렸는데, 3개월 수준으로 끝낸다는 것은 어떤 의미인가?

표면적으로는 '정검'의 효율화를 추진하고 노후화되기 어려운 신소재 등으로 개선했기 때문에, 예전처럼 '정검'이나 교환에 시간이 걸리지 않는다는 점이다. 그러나 금이 가는 것을 방지하던 저탄소 스테인리스 소재도 무언가의 충격으로 변형이 발생하거나,

열이 가해질 경우 금이 가는 속도가 빨라진다. 실제 도쿄전력의 핵발전소를 중심으로 많은 발전소에서 균열이 발생한 사실을 은폐해 왔다.

이 외에도 금속의 부식이 진행되면서 발생한 사고만 하더라도 미하마美浜 2호기(1991년)[36], 몬쥬(1995년)[37], 쓰루가 2호기(1999년)[38], 미하마 3호기(2004년)로 이어지고 있고, 결국 2004년 사고에서는 5명이 사망하는 참사[39]가 벌어지고 말았다. 결코 '정검'을 게을리할 수 없음은 분명하다. 2012년 이후 몬쥬에서 약 1만 4천 건의 '정검' 누수가 발각된 사실은 기억에 새롭다.

원래 '정검'은 원자로를 중단시키고 해야 하는 작업이다. 때문에 전력 수요가 적은 봄, 가을에 집중한다. 일본의 핵발전소 증가도 자연스럽게 한 곳의 '정검'을 단기간에 끝내야 하는 필요성으로 이어진다. 다만 '정검'일수는 1990년 이후 2002년까지 완만하게 감

---

36. 후쿠이福井 현 미카타三方 군 미하마美浜 초에 소재하는 간사이전력 핵발전소이다. 총 3호기가 가동 중이며, 합계 출력 166.6만 킬로와트이다. 2호기는 가압수형 경수로이며, 1972년 7월에 운전을 시작하여, 2015년 공식적으로 폐로를 결정하고 중단했다.
37. 몬쥬는 일본원자력개발기구의 고속증식로이다. 연구용 원자로라서 상업용과는 달리 문부과학성에서 관리한다. 일본 정부가 핵연료의 재활용을 위해 설립한 기구로서 일반적인 원자로보다 더 많은 양의 핵물질이 발생한다. 몬쥬라는 것은 불교의 문수보살을 지칭한다. 1995년 이후 여러 번의 누출 사고가 있고 또 은폐도 있어 2016년 폐로를 결정했다.
38. 후쿠이 현 쓰루가 시 묘진明神 초에 소재하는 니혼 원자력발전의 발전소이다. 쓰루가 반도라는 곳의 북부 지역이다. 총 7호기가 있으며, 특히 1호기의 원자로는 일본에서 처음 세워진 비등수형 경수로였다. 1호기는 2015년 폐로를 결정했다. 쓰루가 발전소 20킬로 권역 안에는 앞에서 소개한 고속증식로 '몬쥬'와 미하마 핵발전소가 인접해 있다.
39. 2004년 8월 9일 발생한 간사이전력 미하마 핵발전소 3호기에서 발생한 사고이다. 터빈 배관에서 정기점검 중이던 간사이전력 하청업체 노동자들이 섭씨 140도의 뜨거운 증기가 새는 바람에 5명이 사망하고, 6명이 부상했다. 보다 자세한 내용은 참조 http://energyjustice. kr/zbxe/energydata/20683

소해 왔으나, 2003년 이후부터는 이전과 같은 일률적 감소 경향이 지속하지는 않았다. 노후화가 각 핵발전소마다 심해지고 있는 데에 원인이 있을 것이다. 어떤 해의 경우엔 180일을 넘어 200일이 걸린 경우도 있다.

이런 이유에서 한국이나 미국과 비교하면 설비 이용률은 낮아질 수밖에 없다. 경제효율을 높여 미국 수준으로 따라 가지 않고서는 운영이 어렵다는 점이 핵발전소 업계의 초조함을 증가시킨다. '정검'일수 단축을 시급한 과제로 인식하는 것이다. 앞으로 '정검'일수가 줄어드는 곳은 아무래도 늘어날 수밖에 없겠지만, 노후화하는 핵발전소에 대해 경제효율 우선의 '정검' 단축 추진은 현장의 안전 확보에 심각한 문제를 남길 수밖에 없다.

'정검'기간이 긴가, 짧은가 하는 문제는 핵발전소 노동의 질과 관련된 중요한 포인트이기 때문에 전력 자유화 문제와 함께 뒤에서 다시 한번 언급하고자 한다. 특히 검사 기간 단축으로 작업하는 사람의 긴장과 초조함이 강해질 수밖에 없고, 부상이 발생하는 경우도 늘어난다. 유바가 일했던 관로만이 아니라, 원자로 안이나 방사선량이 높은 현장에서 부상이나 실수는 참사로 이어진다. 언제 빠질지 모르는 발판의 덮개가 누군가의 부주의로 정확하게 닫혀있지 않을 경우, 작업하는 다른 사람이 사고를 당하는 '큰 위험을 잉태한 작은 사고'인 것이다. 현재 일본의 핵발전소 어딘가에서 발생하고 있다고 생각한다.

몸을 웅크리지 않으면 들어갈 수 없는 좁은 오염 장소를 닦기 위한 청소 작업에서, 방사선량이 떨어지지 않은 상태로 몇 번을 반복해야 하는 장면도 『원전 집시』에서 읽은 기억이 있다. 노동자의 안전을 확보하기 위해 설계하거나 안전관리 체제를 구축하는 것은 불가능한 것인가. 히구찌의 저서를 읽는 중에 현장에 만연한 불합리와 노동자의 안전을 생각하지 않는 설계 미비, 심각한 작업환경을 알게 된 나로서는 3·11 이전이었다 해도 핵발전소를 유지하려면 그곳이 우선 달라져야 한다고 생각했다. 적어도 노동자의 위험을 줄여야 했다.(비효율적인 작업 내용이나 도구 개선은 '개선 제안'이라는 프로그램으로 진행하고 있다. 다만 개선되지 않을 위험도 있는 것이다. 상세한 것은 뒤에서 다시 언급한다)

이에 대해서 간 나오토菅直人[40]의 비서로 근무했던 선배에게 문의한 바, 선거에서 표가 되지 않는다고 말을 얼버무릴 뿐이었다. 생각해보면 세상 물정 모르는 촌스러운 질문이었다. 도쿄대학교에서 원자력공학을 전공한 지인에게도 같은 질문을 했으나, 현장에서 부상당하거나 건강 피해를 입는 것은 핵발전소만 해당하는 내용이 아니라며 어쩔 수 없는 일이라고 답변했다. 블루칼라에 대한 화이트칼라의 상상력 결여를 확실하게 보여준 듯해서 말도 안 나왔다.

---

40. 1946년 오카야마 출생. 일본의 정치인. 2009년 일본에서 처음으로 정권 교체가 이루어진 후, 2010년 총리에 임명. 2011년 후쿠시마 핵발전소 사고 당시 총리였다.

영화 상영 운동과 필리핀의 티볼리족 지원

유바가 화장실에서 돌아왔을 때 화제는 영화로 옮겨졌다. "「내일이 사라진다. 어떻게 해야 하나 핵발전소?」는 22년 전의 작품이라고는 생각할 수 없을 만큼 상당히 괜찮은 내용인 데, 혹시 보셨나요? 보시겠다면 보내드릴게요."

내가 아직 보지 못한 히라카타 노리야쓰平形則安[41]가 제작한 1989년 다큐 영화였다. 들리는 바에 의하면 이 영화는 유바가 후나바시 시 의회의 아사쿠라 미키하루朝倉幹晴로부터 영화 상영 운동을 제안받아 기획했다고 한다. 아사쿠라는 도쿄대 농학부를 졸업하고, 약해藥害 에이즈[42] 시민운동에서 활동해 온 사람으로, 지역에서는 지방자치 의회에 의원을 배출하기도 하는 '생활하는 사람의 네트워크'계열의 '시민사회네트워크'에 소속한 시의원이다. 후쿠시마에서 피난 생활을 하는 아이들의 공부를 돕는 활동도 하고 있다.

---

41. 1955년 군마 현 출생. 니혼대학 예술학부 재학 중 자유롭게 영화를 제작하고 상영했다. 1978년 근대영화협회 입사. 프로듀서로서 여러 영상 제작에 관여했다. 1999년 픽쳐스네트워크를 설립, 대표이사를 맡고 있다. 제작한 작품은 900개 이상. 2008년 영화 「육지에 올라온 군함」으로 제27회 후지모토 신인상 수상.「내일이 사라진다. 어떻게 해야 하나 핵발전소?」는 체르노빌 사고 3년 후인 1989년 세계가 핵발전소에 대한 불안을 안고 있는 중에 후쿠시마 제1 핵발전소를 촬영한 다큐멘터리 영화다. 후쿠시마 제1 핵발전소의 정기 검사 등에 종사했던 52세의 남편이 골수암으로 사망하자 센다이 시에 거주하는 주부가 신문 투고를 하고, 이를 계기로 만들어진 영화다. 일본의 핵발전소에서 일하는 노동자, 피폭 위험성을 해명하기 위해 애쓰는 의사, 후쿠시마 제1 핵발전소 4호기의 설계에 참여했던 사람의 증언 등을 수록했다. 후쿠시마 핵발전소 사고가 발생한 2011년에 처음으로 극장에서 상영했다.

42. 혈우병 치료 약으로 인하여 에이즈에 감염된 사건을 말한다. 1995년 3월 일본의 청년 가와다 류헤이川田龍平가 약해 에이즈 피해자라고 밝히면서 소송을 시작했다. 이 사건은 일본 사회에 큰 충격을 주었으며, 많은 시민이 재판을 지원하는 대열에 합류하였다. 결국 1996년 2월 26일 '사과하라 후생성'이라는 운동 확산 과정에서 결국 간 나오토菅直人 후생성 장관이 국가의 책임을 인정하고 사과했다.

유바는 뒷날 「내일이 사라진다. 어떻게 해야 하나 핵발전소?」의 DVD를 보내 왔다. 마지막 장면에서 "도쿄에서 에어컨 바람을 쐬며 TV를 보고 쾌적한 생활을 하는 대가로 전기를 생산하기 위해 사람이 죽어가고 있다는 사실을 좀 더 알리고 싶다. 우리가 전기를 아무 생각 없이 즐기는 사이에 사람이 죽어가는 것"이라면서 핵발전소 노동자를 남편으로 둔 여성의 말에 무게를 두고 싶은 작품이었다.

상영 활동 자체는 홍보 시간도 거의 없었고, 많이 모일 수 있는 장소도 구할 수 없어 성공적이진 못했다. 다만 유바가 상영 운동을 기획했던 것은 이번이 처음이 아니었다. 과거에는 필리핀 거리의 아이들을 담아낸 노자와 가즈유키野澤和之[43] 감독의 「마리아의 배꼽」(2007년) 상영 운동도 기획한 적이 있다. 사정이 있어 상영 자체는 하지 못했으나, 마리안 델레오 감독 「체르노빌 하트」(2002년)[44]의 상영 운동도 다시 하고 있다.

유바가 영화 상영을 시작한 계기는 「마리아의 배꼽」이었는데, DVD로도 나와 있고, 지금도 각 지역에서 계속 상영이 이어지고 있

43. 1954년 니이가타 현 출신. 릿쿄 대학立教大學과 대학원에서 문화인류학을 전공하고, 유학 생활. 기록·문화 영화의 조감독을 거쳐 주로 TV 보도 영역을 담당하다가 TV 다큐멘터리 제작 활동을 시작했다. 2004년 공개한 다큐멘터리 영화 「하루코」는 재일조선인 1세의 반평생을 그린 작품으로 일본 전국에서 상영되었다. 「마리아의 배꼽」은 필리핀에서 촬영한 것으로 마닐라 거리의 아이들이 길거리에서 생활하는 것을 담았다.
44. 「체르노빌 하트Chernobyl Heart」는 2003년 제작된 다큐멘터리 영화이다. 2004년 아카데미상 단편 다큐멘터리 영화상을 수상했다. 2006년 4월 28일에는 유엔 총회에서도 상영한 바 있다. 감독 마리안 델레오는 '체르노빌 피해 어린이 지원 국제프로젝트Chernobyl Children's Project International'를 설립하고, 아일랜드 인 아디 로슈Adi Patricia Roche와 함께 우크라이나와 벨라루시를 방문했다. 체르노빌 핵발전소 사고로 인한 어린이의 건강 피해를 필름에 담았다. '체르노빌 하트'라는 것은 이 지역의 아이들이 태어날 때부터 선천적으로 앓게 되는 방사선 피해에 의한 심장질환을 의미한다.

다. 「마리아의 배꼽」과 유바를 연결한 것은 부인의 고향 필리핀이었다. 영화 상영 기획은 부인의 희망이기도 했다. 필리핀이라면 민다나오 섬에서 2012년 12월에 큰 태풍 피해가 있었던 게 기억 난다.

"남쪽 지역은 도움을 받았지만, 티볼리[45] 쪽은 큰일이었습니다. 민다나오 섬 제일 남쪽에 제네럴 산토스라는 마을이 있는데, 여기서부터 차로 30분 정도 위쪽에 티볼리족이라는 산악 민족이 살고 있어요. 거기 아이들의 지원을 지금도 해주고 있습니다. 4년 정도 됐습니다."

지원을 시작했을 때에는 9살이었던 수양딸 아이가 이제 초등학교 4학년이 되었다고 한다. 크리스마스 카드나 성적표도 보내준다. 아키하바라秋葉原에 사무국이 있는 '티볼리 국제 양부모협회'로부터 3·11 전에도 필리핀 행을 권유받기도 해서 3·11이 없었다면 아마 가 봤을 것이라고 한다.

순간, 예전 핵발전소에서 근무했던 노동자가 필리핀 티볼리족 아이의 양부모라는 것을 어떻게 받아들여야 좋은지 잘 모르는 채 그저 놀라기만 했다. 일단 부인과 만나기도 했지만, 티볼리는 유바에게 가장 친근한, 늘 마음이 머무는 장소라고 생각했다. 생활이 넉넉하지 않은 상황에서 필리핀의 소수 민족을 지원하고 있는 유바에게 경의를 표하고 싶다. 그러나 그의 봉사 정신은 거기서 끝나

---

45. 티볼리족은 민다나오 끝 티루레이라는 고지대 지역에 살고 있다고 알려졌다. 일반적인 부족과는 달리 마을 공동체를 형성하지 않고 있으며, 고지대 산마루에 서로 떨어진 집에서 거주한다. 일부일처제이나 재산이 많으면 일부다처제도 용인한다. 여인들은 장식품에 열정이 있어 빗, 귀고리 등등으로 온몸을 치장한다. '카얍'이라는 터번도 쓴다.

지 않았다. 유바는 3·11 이후, 미나미소마南相馬 시[46]에 가서 봉사 활동을 여러 차례 하고 있었다.

미나미소마에서의 봉사

유바는 쓰나미로 쓰레기가 뒤범벅된 미나미소마에서 청소 봉사 활동에 참가했다. 봉사센터의 하나였던 사회복지협의회의 뒤뜰에서 10명 정도의 인원이 물로 씻고, 쓰레기를 치웠다. 이것을 각 지역의 전시장에 보내, 도와줄 사람을 기다린다. 도착하는 봉사자들의 짐 내리기도 도와주었다.

"젊은 봉사자들도 오는데, 20세 정도의 젊은 여성도 옵니다. 여기는 미나미소마라고 말을 해도(방사선 피해 지역이라는 의미), 그때는 모두 신경 쓰지 않았습니다. 자원봉사자도 젊은 여성도 마스크는 하지 않은 채 일을 해서 걱정했습니다. 경계구역에서 100킬로미터 정도였기 때문이죠."

사고 후 현장에서의 작업으로 고혈압과 탈모도 경험했다. 그런 공포를 아는 유바는 젊은 사람의 피폭에 대한 무방비에 신경이 쓰였을 것이다. 첫날은 마스크나 장갑 착용에 관해 얘기하지 않았다고 했다. 영화 상영 활동에서도 엿볼 수 있듯이 가시와자키카리와

---

46. 핵발전소 사고 난 후쿠시마 현에 있다. 2011년 사고 당시 쓰나미가 십여 미터 높이의 방조제를 뛰어넘어 해안선에서 약 2킬로미터까지의 지역을 집어삼켰다.

핵발전소를 떠나 3·11을 경험한 유바의 입장은 핵발전소 반대다. 하지만 입장이 다른 사람도 물론 있다.

"미나미소마는 지금도 어렵습니다. 가서 누군가와 이야기하면 싸움이 나는 경우도 있어요. (2011년) 8월에는 가게에 들어가서 피난민 상황에 관해 물어보려 했습니다. 그러자 '그런 이야기하기 싫어요. 어디서 왔는지는 모르지만, 쓸데없는 소리 하지 마세요.'하면서 갑자기 화를 냈습니다. 봉사자분들도 생각이 모두 달랐습니다."

지바千葉에서 버스로 자원봉사를 위해 참여했을 때는 주최가 핵발전소 찬성파였으나, 이곳의 참가자도 거의 비슷했다고 한다. 절대로 살지 않겠다는 사람과, 다시 돌아가야 하지 않겠나 생각하는 사람들이 후쿠시마에서 함께 봉사 활동을 했다. 얼핏 이상해 보이지만, 이는 후쿠시마 사람들이나 현재의 일본인을 크게 양분하는 문제일 것이다. 말하자면 저선량 피폭을 어떻게 생각할 것인가에 대한 문제이다. 정부 발표를 믿는가 믿지 못하는가, 우선 이 지점에서 균열이 발생한다.

당사자는 이야기를 많이 하지 않는다

2015년 4월에 공개된 나카무라 마유中村真夕 감독의 「나오토 혼자뿐」이라는 영화에, 나는 '미찌유키道行(길을 감)'라는 곡을 제공했다. 이 영화는 사고 이후에도 후쿠시마 현 도미오카마치富岡町의 경계 구역에서 동물들에게 계속해서 먹이를 주었고, 나중엔 도쿄 인근의 가스미가세키霞力關까지 소를 데리고 와 화제가 되었던 마츠무라 나오토松村直登에게 밀착해서 촬영한 다큐멘터리다.

'나오토'는 이질에 걸려 몸 상태가 나빠져 죽어가는 소들을 돌보면서도, 남은 소들이 장차 유용한 자료를 제공해줄 것으로 생각했다. 눈앞의 생명을 구할 뿐만 아니라, 미래에 도움이 될 수 있는 데이터를 얻는다. 다시 말해 저선량 피폭을 수치로 보여줄 것이다. 피폭을 두려워하지 않고 남아있는 사람, 피폭이 두려워 떠난 사람, 피폭이 두려워도 활동하지 않는 사람 등 다양한 선택 과정에서 '나오토'는 토미오카마치에 남았다. 자신도 병에 걸릴지 모르고 저선량 피폭도 두려웠지만, 십여 년을 살아온 고향의 미래를 걱정하는 모습이 인상적이었다. 영화에는 "잘 모릅니다."는 말이 넘쳐난다. 후쿠시마나 핵발전소를 외부에서 이야기하는 사람들은 입장을 불문하고, 무엇인가 열정적으로 이야기한다. 이런 모습과는 대조적으로 사고 지역주민 당사자들 마음은 항상 흔들리고, 불안하고, 말이 많지 않았다.

유바에게 후쿠시마로 이사할까 고민 중이라는 이야기를 들었을 때도, 온전히 자신이 판단한 것인지 의문이 들었다. 게다가 유바에게는 필리핀에서 결혼을 준비 중인 스무 살 난 아들이 있었다.

"아들이 금년에는 결혼을 할 것 같아서, 농사를 지으려고 마닐라에 토지를 구입할까 생각 중입니다. 그곳으로 갈 것인가, 사실 지금 가도 상관없지만, 좀 더 여기서 자리 잡은 후에 가겠다고 말했습니다. 후쿠시마 사고가 없었다면 아마 올해 갔을 겁니다."

나도 모르게 질문이 이어졌다.

"보통의 경우 지진 후에 거처할 곳도 없고, 일도 없는 상태에서 방사능 오염이 있는 일본을 떠나 아들이 있는 필리핀으로 가시잖아요?"

무엇이 유바를 일본에 남게 했는지 알고 싶어 다시 한번 물었다.

"오히려 뭘 정리한 후에 필리핀에 가실 생각이시네요?"

음, 하면서 유바는 잠시 침묵했다. 나는 눈앞의 전직 핵발전소 노동자의 마음속에 있는 후쿠시마에 대한 생각, 핵발전소에 대한 생각을 알아내기 위해 유바를 가만히 지켜봤다. 도대체 어떤 생각일까.

"음…… 후쿠시마 핵발전소를 끝까지 지켜보면서, 어떻게 될까 확인하고 싶습니다. 피난한 사람들이 어떻게 될지 확인하고 싶은 생각이 있습니다."

후쿠시마 제1 핵발전소의 J빌리지[47]에는 유바와 가시와자키柏崎에서 함께 케이블을 설치했던 동료도 있다. 상영회를 하면서 핵발전소 반대 모임에 적극적으로 참여하지만, 한편에선 자신만 안전지대로 빠져나온 행위가 떳떳하지 못하다고 느끼는지도 모른다. 아니 어쩌면 자신과 마찬가지로 피폭의 두려움과 맞서 싸울 수밖

---

47. J빌리지는 1997년에 개설된 스포츠 시설이다. 후쿠시마 현 하마토오리 남부에 있다. 2011년 3월 11일 후쿠시마 핵발전소 사고가 발생한 후 동월 15일부터 2013년 6월 30일까지 스포츠 시설로서는 운영을 중단하고 일본 정부가 관리하는 핵발전소 사고 대응 거점 역할을 담당했다.

에 없게 된 사람들을 향한 공감과 걱정일 수도 있다. 이들의 두려움은 예전 자신이 일했던 핵발전소가 초래한 공포라는 뒤틀린 심정일 수도 있다.

유바가 미나미소마의 자원봉사에 7회나 참여하게 되었던 것도, 진실로 좌불안석으로 살아가는 것도, 몇 가지 사실이 뒤얽혀 유바의 생각 속에 있었기 때문인지 모르겠다.

유바는 후쿠시마로 이사한다면 미나미소마가 좋다고 말했다.

"거기가 좋죠. 잡초가 무성해도."

60세가 된 사람이 이사를 생각할 때, 많건 적건 생을 마무리할 수 있는 집을 찾는다는 통상적인 생각도 있을 것이다. 방사능이 주위를 둘러싸도, 핵발전소 사고가 수습되어 가는 과정을 지켜보면서, 미나미소마의 사람들과 남은 생을 보내고 싶다는 강한 바람이 없다면, 미나미소마로 이사한다는 말은 나오지 않는다. 아들이 있는 필리핀에서의 노후와 비교한다면 전혀 다른 방향을 선택하는 유바의 모습을 나는 그저 지켜볼 수밖에 없었다.

과학적 접근의 한계

유바는 소위 피폭 위험이 높은 방사선 관리구역의 업무를 맡고 있었을 뿐만 아니라, 보전구역[48] 케이블 선로에서 케이블을 운반하

---

48. 일본의 경우 핵발전소 시설을 관리하기 위해 크게 3개의 구역으로 구분한다. 1) 방사성

는 작업에도 관여했다. 그러나 운 나쁘게도 주에츠오키中越沖 지진 직후에는 방사능 오염 가능성이 있는 케이블 통로 안에서 작업에 종사하였고 다음 해 대량으로 머리가 빠졌다. 고혈압이나 청력 상실, 두통 등으로 현재도 고생하고 있지만, 방사선 관리 수첩은 없으며, 피폭선량을 알지 못했다.

오랜만에 메일을 보냈더니, 2014년 2월에 호흡곤란으로 심근경색증을 진단받았다고 근황을 설명했다. 호흡기 계통을 포함하여 8종류의 약을 처방받았으나, 다시 호흡곤란이 재발해 현재는 3개의 약을 더 늘렸지만, 의사도 어떻게 설명해야 좋은지 알지 못하는 것 같다고 말을 흐렸다.

종래 저선량이 아닌 '중·고선량'에서 피폭과 암과의 관계는 분명하게 밝혀져 있었으나, 최근엔 유바와 같이 암 이외의 심혈관계 질환에 대해서도 '중·고선량'의 위험 증가가 확인되었고, 아울러 면역체계에 대한 영향도 밝혀지고 있다. 그러나 유바가 방사선에 오염된 상태 여부를 확인하지 못한 물을 처리했던 것은 한 번뿐이었다. 이것만으로 중증 증상이 나타난다면 아마도 고선량의 방사선을 함유한 물이었을 것이고, 피부 장애가 발생해야 했다. 유바에게는 그런 증상이 없었다. 그렇다고 유바의 증상이 피폭과 전혀 관계없는 것일까?

물질을 다루고 피폭 관리나 오염 관리를 필요로 하는 관리구역, 2) 시설을 보전하기 위한 보전구역, 3) 일반인의 불필요한 출입을 제한하는 주변감시구역 등이다. 주변감시구역은 사실상 울타리 밖의 제한구역이라서 핵발전소 내부의 구역은 1)과 2) 두 가지라고 할 수 있다. 요컨대 보전구역은 원자력시설의 보전을 위해 관리가 필요한 장소로써, 관리구역 이외의 구역을 지칭한다. 보전구역의 경계를 위해 울타리를 치고 출입 시에는 관리자의 허가가 필요하다.

유바는 뒷날 메일을 주고받는 중에 자신의 피폭에 대해 오염된 물에 접촉했던 가능성 외에도, 관로에 설치되어 있던 송풍기로 인해 먼지를 흡입했던 상황을 이야기했다. 송풍기는 지진으로 방사성물질을 내보내고 있던 7호기 앞의 관로에 있었고, 고농도의 외부 먼지가 송풍기로 관로에 들어왔던 것은 아닌가 생각했다. 유바의 심장질환이 피폭에 의한 것이라고 한다면 장기간에 걸쳐 관로 안의 먼지 흡인으로 인한 저선량 피폭 때문이라는 견해는 타당할지도 모른다. 하지만 현재로서는 유바의 심장질환이 피폭 때문이라는 점을 증명할 수가 없다. 마찬가지로 그렇지 않다고도 단정적으로 이야기할 수 없다.

저선량 피폭에 관한 몇몇 연구 결과가 이제 막 주목받기 시작했지만, LNT 모델(Linear Non Threshold, 방사선 피폭에 최저기준은 없다. 즉 일정수치 이하의 선량이라면 건강에 영향을 주지 않는다는 한계치가 존재하지 않고, 아무리 저선량이라도 위험하다는 관점)은 비판을 받으면서도 방사선 방호라는 의미에서 국제방사선방호위원회ICRP[49]나 유엔과학위원회, 전미과학아카데미 등에서 지지하고 있다.(프랑스과학 의학 아카데미는 LNT 모델을 비판)

---

49. 국제방사선방호위원회ICRP는 미국의 방사선방호위원회NCRP가 중심이 되고, 국제엑스선및라듐방호자문위원회IXRPC를 모태로 1950년 탄생했다. ICRP는 그 이전까지 방사선 피폭 관련 기준이었던 소위 '내용선량'耐用線量을 허용선량許容線量으로 바꾸면서 방사선 피폭은 미량이라도 인체에 영향을 미친다는 논리를 제기하였다. 당시까지 방사선 피폭의 기준이었던 내용선량은 다른 말로 바꾸면 안전선량으로서 일정한 수치 이하의 방사선 피폭은 인체에 영향이 없다는 관점을 갖고 있었으나, 히로시마와 나가사키의 원폭 투하로 인한 국제적인 여론의 악화, 방사선 관련 직종에서의 피폭자가 다량 발생하고, 특히 유전학계에서 방사선 피폭에 안전선량은 없다고 주장하면서 비판받았다. ICRP로서는 악화된 여론을 일정 부분 반영하면서 과학적 기준이라기보다는 사회 경제적 관점에 의한 타협책을 제시하였다. 그것

방사선의학종합연구소의 고故 도이 마사히로土居雅広[50]는 저선량 피폭에 대하여 "과학적 근거의 불확실성이 크다는 것은 과학적인 접근의 한계이다." "방사선 방호 체계는 객관적이지 않으며, 과학이라고는 할 수 없다."라는 말을 남겼다.

그래도 저선량 피폭의 위험은 무시할 수 없다

미지의 영역에 걸쳐 있는 저선량 피폭의 영향에 대한 관점은 과학계를 양분하였으며, 피폭 노동자에게는 저선량 피폭이 갖는 불확실성이 큰 장벽으로 남아있다. 다양한 증상이나 건강 불량으로 나타날 수 있는 저선량 피폭의 영향을 흡연이나 식생활 등의 생활습관, 스트레스, 유전이나 체질로 병의 원인을 돌린다고 많은 노동자가 불만을 토로한다. 그러나 2007년에 '100밀리시버트 이하에

이 바로 허용선량이었다. 허용선량은 '당시 ICRP의 정신 자체'라고 평가받는다. 이것은 감수성이 예민한 사람에게 영향이 있더라도, 평균적인 보통의 개인에게 별다른 영향을 주지 않는 선량으로서 '자연방사선과 유해하다고 인정된 높은 선량의 중간에 해당'한다. 최저기준은 비록 설정하지 않고, 일정한 피폭의 위험은 있지만, 어디까지나 일반적인 보통 어른이 아닌 경우에만 해당하는 것으로써 방사선 개발로 인한 혜택을 고려할 때 충분히 상쇄된다는 논리를 제기하였다. 그러나 ICRP는 1977년 권고부터 허용선량 개념마저도 포기하고 '실효선량당량' 개념으로 전환하였으며, 정당화, 최적화, 선량한도라는 3대 체계를 적용하면서 대량피폭을 인정하였다. 이러한 권고내용은 1973년 채택한 알라라(ALALA)원칙과 함께 지금까지 ICRP 권고내용의 핵심을 이룬다. 자세한 내용은 나카가와 야스오中川保雄의 저서 『방사선 피폭의 역사』(放射線被曝の歴史, 明石書店 발행) 혹은 역자후기 참조

50. 독립행정법인 방사선의학종합연구소 규제과학종합연구 그룹 리더. 나고야 대학 공학부 대학원 원자핵공학 전공 수료 후, 1986년 오사카 부립 방사선중앙연구소에 입사. 1988년부터 방사선의학종합연구소에서 라돈과 트론의 선량 측정이나 건강영향평가, 방사선의 생태계에 미치는 영향 평가 모델 구축 등에 종사하면서 규제과학이라는 신연구 분야를 개척했다. 국제방사선방호위원회 제5위원회 위원. 2006년 사망.

서는 암이 증가하지 않는다.'는 권고를 내면서 핵발전소 찬성파가 위원으로 추가된 국제방사선방호위원회조차도 저선량 피폭의 위험을 고려하여 최저기준을 상정하지 않은 모델을 채택한 것도 저선량 피폭의 위험을 무시할 수 없는 분명한 근거이다. 아울러 위의 권고 내용 자체를 부정하는 연구 결과도 계속해서 나오고 있다. 2005년에는 세계보건기구WHO 국제암연구소IARC가 역학조사를 진행하여 저선량 피폭이어도 암 사망이 증가할 위험은 적지만 존재한다는 점을 보고하였고, 같은 해 미국의 과학 아카데미가 방사선 암의 유발에 대해 최저기준은 존재할 수 없다는 내용의 BEIR-VII 보고서[51]를 제출하였다.

2007년의 국제방사선방호위원회 권고 후에도 암 연구 현장에서는 최저기준이 대개 제로이고, 피폭의 경우엔 아주 적은 양으로도 암 사망률이 증가한다는 연구 결과가 나와 있다.(2007년 프레스틴 논문, 2012년 小笹 논문)

오랜 기간 피폭자를 진료해 온 히다 슌타로肥田舜太郎[52]나 고찌 히데오鄕地秀夫[53]와 같이 현장을 알고 있는 의사들은 예전부터 저

---

51. 한글어 번역본 : http://www.chsc.or.kr/?post_type=reference&p=3867
52. 일본의 피폭자 치료에 일생을 바친 의사이다. 1944년 군의관으로서 히로시마 육군병원에 부임. 다음 해 1945년 8월 6일 원폭 투하로 인하여 자신도 피폭을 경험하면서도 곧바로 치료 활동에 임했다. 6,000명 이상의 피폭자 치료 경험을 바탕으로, '부라부라병'으로 불리는 증상이나, 내부 피폭의 영향에 관해 연구하고 발언했다. 또한 피폭의 실상을 알리고, 핵무기 폐지를 호소하는 활동에도 참여했다. 2011년 3월 11일 이후에도 다양한 매체를 통해 발언하는 것 외에도, 자신의 경험이나 내부 피폭에 대해, 또한 생명을 살리는 방법 등에 대해 전국에서 강연하고 있다. 저서가 여러 권 있으나 『생명을 살리는 반핵』(박찬호 번역, 건강미디어협동조합)이 한국어로 출판된 바 있다.
53. 전일본민주의료기관연합회 소속 히가시고베 진료소의 방사선과 의사이다. 30년 이상 피폭자 의료에 참여했으며, 핵발전소 사고로 후쿠시마에서 피난한 사람들을 대상으로 건강 상

선량 피폭에 대한 위험을 인식해 왔지만, 이러한 관점은 의학·과학계에서는 아직도 소수 의견이다. 의사 고찌조차, 실제 환자를 볼 때까지 교과서적인 지식에 묶여 있었던 자신을 "교과서가 만들어 낸 가상공간·매트릭스에서 조종되고 있었다."(작가 이와카미 야쓰미 岩上安身의 인터뷰 기사)로 반성하고 있지만[54], 피폭자와 접점이 없는 대다수 의사나 과학자에게 이런 관점을 기대하는 것은 역시 어려운 일일 것이다.

다단계 하청 구조만이 아니라, 저선량 피폭의 위험에 대한 불확정성으로도 핵발전소는 경영자 쪽에 유리하게 운영해 온 것이다.

피폭 대책이 없는 현장

핵발전소에서는 없었던 여러 증상, 그리고 의사가 설명하기 어려운 질병 상태. 다량의 약을 복용하면서 유바는 '피폭의 영향'을 실감했다. 2013년 4월에 번역 출판된 체르노빌에 대한 포괄적 보고, 알렉세이 V. 야브로코프 외 『체르노빌 피해 전모』를 읽었던 유바는 자신의 블로그에 발췌한 영상을 게재했다.[55]

담에 참여했다. 2천 명의 피폭자를 치료한 의사의 입장에서 핵발전소나 방사능 오염에 대해 경종을 울리는 강연을 많이 하고 있다. 현재도 저선량 피폭의 과학적 근거를 찾기 위해 활동하고 있다.

54. https://iwj.co.jp/wj/open/archives/156902 참조

55. 이에 대해서는 한글판도 나와 있다. 한글판에 대해서는 http://byenuketranslate.blogspot.kr/ 참조.

'방사능 오염 지역의 리그비다따르Ликвидатор에게 기관지·폐 질환의 유병률이 상승했다.'(Kogan, 1998 ; Provotvorov and Romashnov, 1997 ; Trakhtenberg and Chissov, 2001 ; Yakushin and Smirnova, 2002 ; Tseloval'nylova et al., 2003 ; 기타)

'리그비다따르에게 기관지·폐 질환의 유병률이 급속하게 상승했다.'고 적힌 부분에 유바는 밑줄을 그었다. 리그비다따르는 러시아어로 사고 처리 작업자를 지칭한다. 유바가 일했던 쥬에츠오키 지진 후의 가시와자키카리와 핵발전소의 케이블 관로도 정말 사고 현장이었다고 말할 수 있지만, 마스크나 장갑 등 본래 있어야 할 피폭 대책은 아무것도 없었다. 방사선에 의한 직업병 인정기준의 경우 심근경색은 대상 질병으로 포함하지 않았으나, 원폭증 인정에서는 심근경색의 방사선 기인성을 인정하고 있다.

지진 대국 일본에서 지진은 일상의 연장으로 봐야 한다. 그리고 핵발전소 내부에서는 원래 피해나 사고를 위에 잘 보고하지 않는다는 관행도 있다. 노동자의 안전을 생각해서라도 용기 안의 물이 새거나 관로에 누수가 생긴 경우, 선량을 조사해서 방사성물질이 나오면 송풍기 부근이나 공기가 흐른 관로 내부의 선량도 조사해야 한다. 그러나 그런 배려를 하는 사람도 지시하는 사람도 없는 현장이 대부분이었다.

피폭 대책이 충분하지 않은 상태에서 보전구역의 노동자가 통상 작업의 연장으로 피폭의 위험이 있는 후처리에 종사한다. 유바의 경우에서 볼 수 있는 것은 어느 핵발전소에서든 언제 비극이 닥

칠지 모른다는 게 현실 아니겠는가?

유바를 일본에 머물게 한 것

몸의 상태가 나빠져 고생하면서도 정보를 수집하고 발신하는 전직 핵발전소 노동자 유바. 그러나 심근경색이 발병하기 전에도 유바는 실로 활력 있게 살아온 활동적인 사람이었다. 영화 상영 활동, 생활이 어려운 중에도 계속했던 필리핀의 티볼리족 지원, 그리고 미나미소마의 자원봉사.

원래는 주오센엔센中央線沿線[56]에서 살았던 유바는 3·11후에는 후나바시 시를 거점으로 한 영화 상영 활동에 참가하여 적극적으로 핵발전소 반대 집회에도 참가했지만, 그러는 과정에서 살고 있는 집에 누군가 병을 투척 당한 경험도 했다.

내가 갖고 다녔던 IC 녹음기를 보며 "이것 참 편리하네요."라고 관심을 보인 유바는 원래는 전기기술자였고, 이공계출신이었으며, 전술한 바와 같이 블로그나 트위터, 페이스북에 자신의 경험이나 생각을 게재한 사람이기도 했다. 이런 점들이 작용해서 핵발전소 찬성파로부터 미움을 받은 것인지도 모르지만, 현재는 없었던 일로 치부하고 있다.

유바를 일본에 머물게 하고, 미나미소마로 이끈 이유에 대해서,

---

56. 중앙선을 따라 형성된 도쿄의 서민 지역이다.

유바는 "끝까지 지켜보고 싶었습니다."는 대답을 했다. 그곳에서 전에 자신이 일했던 핵발전소에 대한 분노, 근무자였다는 책임감, 자신과 똑같이 피폭을 경험한 사람들을 향한 걱정, 몸을 사리지 않고 일했던 이전 동료들에 대한 미안함 등 다양한 감정이 뒤섞여 있는지도 모른다.

자신을 내던지면서 다른 사람의 삶에 관여하려는 유바의 자세는 중간에 월급을 떼이고, 또 위험을 감수하면서 피폭 노동에 종사한 핵발전소 노동자라는 수동적이고 우울한 기성세대의 이미지와 달리 정열과 성실함이 넘친다. 동시에 핵발전소 사고를 계기로 피해자를 생각하고, 스스로 삶 속에서 부딪혀 보겠다는 유바의 고민은, 전기를 만드는 한편에서 피폭 노동을 낳고 사고가 나면 피해자이면서도 수습해야 하는 핵발전소 노동자이며, 가족을 포함하여 많은 사람의 인생을 망쳐버리는 핵발전소의 죄악도 상징한다. 말할 필요도 없이 이것은 유바라는 전직 핵발전소 노동자 한 사람이 짊어지고 가야 할 원죄가 아니다.

히구치 겐지樋口健二 · 와타나베 히로유키渡辺博之 · 사이토 세이지斉藤征二 공저『최첨단 기술을 모두 적용한 핵발전소를 지탱하는 노동』(가큐슈노토모学習の友, 2012년)에서는 후쿠시마 핵발전소 사고 직후, 솔선해서 현장에 들어간 중년 노동자들의 모습을 게재했다.

"저 자신 핵발전소를 가동해 온 사람이자, 추진해 온 사람으로서 사고 책임 때문에 죽음을 각오하고 사고 직후부터 후쿠시마 제1 핵발전소에서 일했습니다."

"우리는 핵발전소를 만들어 온 사람들이라서, 사고 수습 작업을 누군가가 해야만 한다면 우리처럼 나이 먹은 장년층이 좋다고 생각합니다. 젊은 사람들은 가능한 한 방사능을 쪼이는 업무는 하지 말아야 합니다."

핵발전소 찬성, 반대를 불문하고 그곳에서 생산한 전기를 사용해 온 사람이 먼저 해야만 하는 일은, 그들을 국가 영웅으로 칭송할 것이 아니라 진짜로'핵발전소를 가동해 온'사람은 누구인가 진지하게 생각해보고, 고개를 숙여야 하는 것은 아닐까? 유바라는 한 사람의 전직 핵발전소 노동자의 이야기를 어떻게 알릴까를 고민하기 전에 우선 그 점을 제기할 수 있어야 한다고 생각했다.

제 2 장

필수 비용을 줄여버린 합리화 물결

―――

다카하시 나오시高橋南方司의 경험

다카하시 나오시高橋南方司

"사고 당시 후쿠시마
핵발전소에서 일했습니다"

2012년 1월 15일, 긴자銀座의 오래된 바bar인 타루TARU에서 나의 '토크&라이브' 공연이 있었다. 주최는 '이미지 후쿠시마.' 주최 측의 설명에 따르면 '후쿠시마에 대해, 후쿠시마 이후의 미래에 대해 의견을 나누고, 이미지를 공유할 목적으로 영화 상영이나 토크쇼를 하는 프로젝트'다. 각지에서 핵발전소를 그린 신·구 영화 상영이나 토크쇼를 개최한다.

내가 이런 이벤트의 단골손님이 된 것은, 「나는 알 수 없어요」[57] 라는 곡 때문이다. '도시의 밤에서는 언제나 무시당하며 피폭으로

---

57. 유투브에서 들을 수 있다. https://www.youtube.com/watch?v=_bD0NWIuqYw

약해져 가는 핵발전소 노동자'라는 가사가 있는 이 곡[58]은 이미 언급한 바 있는 2010년 히구치 겐지의 『어둠 속에 사라지는 원전 피폭자』를 읽고 난 충격에서 탄생했다.

신주쿠 알타 빌딩 앞 핵발전소 반대 시위에서 내가 노래를 부르게 된 것도 이 노래의 영향이 컸다. 시위에 대해선 후쿠시마 사람들이나, 핵발전소에서 생산한 전기를 사용해 온 도쿄 사람들이나 '지금 와서 새삼스럽게 무엇을 할 수 있는가?'라는 의견이 있는 것도 잘 알고 있었다. 핵발전소 노동자 중에 피폭으로 고생하는 사람도 다수파가 아닐지 모른다. 하지만 희생을 겪고 있는 다양한 핵발전소 노동자들을 소개한 책을 읽고 난 이후, 나는 이들을 절대 간과해선 안 된다고 느꼈다.

2010년, 히구치의 책을 처음 봤을 때의 충격, 자신의 무지에 정말 울고 싶은 심정의 동요를 느꼈던 경험을 생각하면서, 2011년 9월 시위대의 차 위에서 마이크를 잡았다. 긴자의 이벤트에서는 원래 토크 상대자로 쓰나미 이후 미나미소마를 촬영한 다큐 영화 「소마간카相馬看花」[59]의 마쯔바 야시요주松林要樹[60]가 예정되어 있었

---

58. '나는 알 수 없어요'라는 저자의 노래에는 '핵발전소에서 노가다 일로 방사선에 피폭된 아저씨가 벌레처럼 약해지는 데도 도시의 밤은 묵살한다'는 가사가 나온다.
59. 동일본 대지진이 발생한 후쿠시마 제1 핵발전소에서 20킬로 권역 안에 있는 후쿠시마현 미나미소마 시 하라마찌原町 구 시모에네이下江井 지구에서 촬영한 다큐멘터리. 4월 3일 지원 물자를 운반하기 위해 현지에 들어온 마쯔바야시松林 감독과 친구들이 이곳에서 만난 미나미소마 시 의회 의원인 다나카 교코田中京子 등과 행동을 같이하면서 촬영했다. 출연자는 피난지 생활을 하는 일반인들이다. 큰 재해 후에 발생한 핵발전소 사고, 그로 인해 고향을 상실한 사람들의 깊은 슬픔으로 대사가 별로 없다.
60. 1979년생. 후쿠시마 출생이다. 2004년 일본 영화학교를 졸업하고, 졸업 작품으로 「삼가 인간을 아룁니다拝啓人間様」라는 영화를 제작함. 2005년부터 아프카니스탄, 인도네시아 등에서 촬영 활동을 했다. 후지 텔레비전의 '뉴스저팬'에서 아프카니스탄 선거 취재가 보도되

다. 하지만 감독이 인도의 영화제에 가게 되자, 대타로『프로젝트 후쿠시마 ! 2011.3.11~8.15 지금 문화에서 무엇이 가능할까』를 이제 막 출판한 이소베 료磯部涼[61]가 토크쇼의 상대로 대신 나와 주었다.

'토크&라이브'가 끝난 후 참가자들의 자기소개가 있었다. 후쿠시마에서 피난 온 사람들도 몇 명 있어서 각자 마이크를 건네면서 한마디씩 했다. 마이크 목소리가 그렇게 크지 않아, 입구 근처에 있던 나는 이분들의 이야기를 사실 정확히 들을 수 없었다. 다만 "사고 당시 후쿠시마 핵발전소에서 일하고 있었다."라는 발언이 들렸을 때 실내가 조용해졌다. 그 후의 이야기도 잘 듣기 어려웠고, 약간 지루함도 느꼈으나, 끝나고 관객들이 줄줄이 빠져나가는 중에, 소개했던 당사자에게 말을 걸어 명함을 받을 수 있었다. "인터뷰 가능하시겠습니까?"하고 요청하니, 언제든지 좋다는 답변을 들을 수 있었다. 명함에는 다카하시 나오시高橋南方司라는 이름으로 미나미소마 시의 주소, 현재 거주하고 있는 도쿄 도 내의 주소와 전화번호 외에, '스킨케어 컨설턴트'라는 의외의 직책이 적혀 있었다.

었다. 2006년부터 방콕을 거점으로 인도네시아, 타이, 미얀마 국경 부근에 사는 일본군 미귀환병에 대한 취재를 시작하여 2009년 기록영화「꽃과 군대」라는 작품을 발표했다.
61. 1978년생. 일본의 음악평론가. 작곡가. 고등학교 3학년 때부터 작곡 활동을 시작했다. 1998년 대학에 입학하였으나 음악 활동을 위해 그만두었다.

가족을 부양하기 위해 핵발전소로

2012년 9월 2일. 만나기로 한 도요쓰豊洲[62]에는 비가 내렸다. 라라 사진관 입구에서 기다리고 있었는데, 입구가 두 곳인 것 같아 잠시 헤맸다. 어쨌든 이야기할 곳이 필요해 찻집에 들어갔다. 클래식 음악이 흐르고, 주문한 아이스커피는 적색의 구리로 만든 컵에 들어있었다. 물방울이 컵 외부에 방울방울 맺혀 있는데, 보는 것만으로 시원했다. 생각도 없이 "참 멋있네요."하는 말이 튀어나왔다.

"그렇네요. 구리로 만든 컵은 열전도율이 좋죠. 동틀 때 들릴 수 있는 찻집은 거의 없는데 마침 있네요." 아주 온화한 말투의 다카하시는 취재 당시 68세였다. 좀 더 젊어 보였다. 원래 직업은 요리사였다고 했다.

1944년 나미에마치浪江町[63]에서 태어난 다카하시는 초등학교 3학년 때 미나미소마로 이주했다가, 19세 때인 도쿄 올림픽 직전 해에 도쿄로 나왔다. 요리 수업을 받으며 여러 지역을 전전했다. 19년간 주방 일을 하다가 교통사고로 인해 당시 근무하던 요코하마의 가게를 그만뒀다. 어머니가 고령이기도 해서, 다시 미나미소마로 돌아왔다. 지역에서 살던 아이 딸린 여자와 재혼하고, 요리 일을 다시 시작했다.

"요코하마 시절 급여의 절반에도 못 미쳤습니다. 요코하마에서

---

62. 도쿄 도 고토江東 구의 마을 명칭이다.
63. 후쿠시마 현 후타바双葉 군에 속하는 마을 이름. 후쿠시마 현의 가장 동쪽 끝에 있다.

는 제가 수석 요리사라 월급을 많이 받았는데, 시골에서는 아무래도 어려웠습니다. 이 정도로는 가족을 부양하기가 어려워 친구 소개로 핵발전소에 갔습니다."

결혼으로 두 아이의 아버지가 된 다카하시는 1989년 후쿠시마 핵발전소에서 근무를 시작했다. 그때부터 3·11까지 22년간 후쿠시마 핵발전소에서 일해 내부를 잘 아는 보석 같은 존재였다. 다카하시가 맨 처음 5, 6년 동안 맡았던 업무는 조명공사 등 전기 케이블 공사였다. 그 후 하청회사 사장으로부터 '안전업무'를 맡지 않겠냐는 요청을 받았다. 핵발전소 내부를 구석구석 돌면서 위반사항이 있으면 주의 주는 '안전요원'으로 불리는 업무였다. 업무를 위해선 다양한 자격이 있어야 하고, 또 현장 지식에 정통해야 할 필요가 있으며, 많은 노동자 앞에서 조회 때 훈시도 해야 했다. 핵발전소 내의 안전을 유지하는 중요한 역할이었지만, 기본은 노동자를 감시하고 주의를 주는 일이라 남에게 시비나 건다며 미움을 받았다고 한다.

작은 불은 내버려 둔다

근로계약의 업무 내용이 안전요원이었던 다카하시는 15~16년을 계속 이 업무에 종사했다. 하청 업무가 아니어서 근무하는 회사의 유니폼이 아니라, 도시바東芝에 가면 도시바 유니폼, 히다치에 가면 히다치 유니폼, 미쯔비시에 가면 미쯔비시 유니폼으로 각 회사의 준사원처럼 근무하는 방식이었다.

안전요원 업무로 인하여 다카하시는 저압전기, 안전 작업 주임, 아시바(발판) 작업 주임, 산결(산소 결핍 위험 작업) 주임, 클레인 작업, 4톤 미만 유니트캐리어(화물을 올리고 내리기 위해 트럭 뒤에 붙인 캐리어), 지게차 등 10여 종의 자격증을 갖고 있었다.

"일을 좀 도와주고 싶어도, 도움은 필요 없다고 합니다. 감시만 하는 것은 괜찮겠지만, 간섭은 싫다는 식이죠. 케이블을 끌어당겨 도와주겠다고 해도 거절당하는 업무. 하지만 업무 성격상 작업자 배치에 대해서는 관여할 수 있습니다."

현장에 있는 반장은 작업할 수 있어서 주의는 반장에게 준다. 상황을 보고 안전판을 만들도록 지시하거나, 건강관리나 신입에 대한 안전교육도 안전요원의 업무였다. 방사선 관리구역 내의 '방사선 관리자'업무는 선량 측정이나 납 차폐, 고선량 위험 표지판을 붙여 알리거나, 고선량이 발생하는 지역에서 작업하는 사람 수를 배분하기도 하지만, 안전요원은 관리구역에는 들어가지 않는다. 이런 이유 때문인지는 알 수 없으나, 다카하시에게는 익숙하지 않은 안전요원 업무에 종사하면서부터 스트레스성 위염을 앓는 등 몸 상태가 좋지 않았다.

유바가 언급했던 작은 불씨 예방 업무도 안전요원의 몫이었다.

"불을 이용하는 작업이 상당히 많았습니다. 만일 작업 중에 작은 불이라도 나면, 소화기를 사용하지 말고, 천을 덮어 산소를 차단해서 확실하게 꺼 달라고 이야기합니다. 물을 뿌리거나 소화기를 사용하게 되면 소방서에 알려야 하는 의무가 발생합니다. 따라서 물이나 소화기를 사용하지 않고 바닥에 시트를 덮어 꺼버리고 흔적을 남기지 않아야 했습니다. 불이나 부상이 발생하면 중앙관리센터에 전부 보고해야 합니다. 1호기부터 건물 옥상에 이르기까지 모든 것을 모니터하면서 관리하고 있습니다. 도쿄전력이나 대기업인 도시바 같은 회사의 직원들은 그곳에 있습니다. 불이 나면 일단 끄는 것이 당연합니다. 그런데 관리센터 직원들은 첫 발견자를 불낸 사람으로 의심합니다. 그런 이유로 시간이 걸리면 더 곤란해져서 아예 못 본 척해 버립니다."

작은 불을 그냥 놔둔다는 것은 보통 생각하면 이상하지만, 주변으로 번지지만 않으면 그냥 타도록 놔둔다는 의미다. '화재'보고를 피하려고 물을 뿌리지 않는다. 핵발전소의 대단히 낯설고 이상한 '상식'의 하나일 것이다.

경보기 알람도 묵인할 수밖에 없다

그밖에도 안전요원의 업무에는 자잘한 내용이 상당히 많다. 배관을 자르는 작업이나 띠톱 같은 도구의 안전한 사용방법도 지도하고, 절단으로 분진이 발생하는 것에 대해선 마스크나 고글을 착용하도록 지도한다. 업무 내용은 다양한 영역에 걸쳐 있지만, 관리구역에는 들어갈 수 없어, 방사선과 관계된 '주의사항'에 대해선 알지 못할 것으로 생각했는데, 자주 들어본 '경보기 알람 무시'에 관해 묻다 보니 확실히 접점이 있었다.

"있었습니다. 부탁받은 내용이었는데요. 관리자님, 여기 선량이 높아서 낮아질 때까지 조금 나갔다 오시면 좋겠네요. 다른 곳에 얘기하지는 마시고요 하곤 했습니다. 들키면 해고되니까요. 안전요원에게 승인받았다고 얘기하기 위한 명분을 얻는 거죠. 그러면 저도 안전하게 작업해서 부상 없게 해주세요 하고 말합니다. 좁은 곳으로 무리하게 들어가려면 무언가에 걸려서 다치곤 하니까요. 이런 경우는 대개 경보기를 떼어버립니다. 법률 위반이기 때문이죠."

경보기 알람 무시는 분명 계속되었다. 원칙적으로 경보기를 뗀 곳에서는 작업할 수 없으나, 현장에서는 이런 순간이 늘 있기 마련이고, 개선하려는 시도도 없었다. 문제는 노동자들 스스로가 작업을 마치기 위해 현장에서 어물어물 넘기는 수치만이 아니다. 1991년 하마오카浜岡 핵발전소에서 일하다 29세 나이에 백혈병으로 사망한 시마하시 노부유키嶋橋伸之[64]의 경우에는 하청회사가 그의 방

---

64. 1991년 말 중부전력 하마오카 핵발전소에서 근무했던 시마하시가 만성골수성백혈병으로 사망했다. 발병 후 2년 1개월이었다. 하마오카 핵발전소에서 약 9년간 근무하고 29세의 나이였다. 피폭선량은 50.6밀리시버트. 가장 많았을 때가 9.8밀리시버트로써 법에서 정한 연간 피폭 선량한도인 50밀리시버트를 크게 밑돌았다. 일본에서 피폭자의 백혈병에 대한 산재 인정기준은 1976년의 지침으로 1) 상당량의 피폭, 2) 피폭 개시 후 적어도 1년이 지나서 발병, 3) 골수성백혈병 또는 림프성백혈병일 것이라는 3가지 조건을 충족해야 한다. 상당량의 피폭이라는 것은 5밀리시버트×근무연수라고 해설에서 명기하였다. 시마하시의 경우 피폭의 상당량은 약 44밀리시버트였으며, 이것은 약 6밀리시버트 넘는 것이다. 시마하시의 부모는 회사 측과 합의각서를 체결했다. 산재 보상에 상당한 금액으로 위로금 3천만 엔(약 3억 원)을 받고 시마하시의 사망으로 인한 일체의 민형사상 소송을 제기하지 않는다는 조건이었다.

사선 관리 수첩을 12군데나 조작하고, 7.5밀리시버트를 0으로 바꾸기도 했었다.

핵발전소 노동의 피폭선량 기록은 이런 식의 조작 수치가 공개되는 것으로, 부정확한 내용이 많지 않겠는가? 출퇴근이나 피폭선량 관리의 전산화로, 시마하시의 경우 같은 악질적인 조작은 줄었다고 생각할 수 있지만(가와카미 다케시川上武志 『핵발전소 방랑기』, 2003년 이후 하마오카 핵발전소 기술 참조) 그래도 역시 일본의 핵발전소 노동자 피폭량은 세계적으로도 높은 편이다.(『일본 실용 발전용 원자로 시설의 집단 선량의 현상과 저감화를 향해』, 종합자원에너지 조사회, 2011년 1월)

건의함에는 의견을 내지 않는다

후쿠시마 핵발전소에서 20년 이상 일한 다카하시는 변화 과정도 목격했다. 기본 도구의 변경 등은 별로 없었으나, 작은 개선은 계속 있었다고 한다.

"개선 제안이라는 것을 합니다. 도시바나 히다치 같은 대기업이 이런 작업을 할 때 어떻게 하면 안전한 작업이 될 것인가에 대해서 하청, 재하청 기업에 문의합니다. 도구를 만들거나 하여 우수한 사람에 대해서는 표창이나 상금을 걸기도 합니다. 개선 제안에 응모하는 사람도 있긴 있습니다. 케이블을 끌고 다니는 것은 이전에는 사람이 했지만, 지금은 롤러를 사용합니다. 케이블을 끌 때 로프를 연결해도 로프가 말리지 않도록 도구를 개선하기도 했습니다. 이런 식의 개선안은 늘어날 수 있습니다. 그라인더도 불꽃을 내지 않도록 띠톱을 이용하기도 합니다. 현장은 정말 작업환경이 좁고 열악하니 큰 도구를 작게 만들기도 합니다. 회사 쪽에서도 노력해서 새로운 도구가 들어옵니다. 예전 오래된 용접기도 있으나 현재는 자동 용접기가 들어왔습니다."

슬로프나 탈부착이 가능한 슬로백[65], 상설 안전판 등 이런 설비를 노동자가 만들었다고 인정되면 비용에 대해서 회사에 청구할 수 있다. 현장의 요구보다 대개 위에서 재촉해서 만들어지지만, 노동자의 요구인 '개선 제안'을 작업 과정에 일정 정도 반영하는 점은 환영해야 할 것이다.

그러나 하마오카 핵발전소에서 근무했던 가와카미 다케시川上武志(다음장)에 의하면 방사성 폐기물 보관 장소 확장 공사 시에 개선 제안을 요구받고, 가와카미의 회사에서도 20건 정도의 개선안을 제안했으나, 전부 받아들여지지 않았다. 가와카미는 메일을 통해서 "우리 같은 하청회사 직원에게는 거의 해당 사항이 없습니다."라고 답변했다. 확장 공사가 끝나도 대개 더운 실내라 선풍기를 늘려달라고 제안했으나 이것마저 거부당했다.

건물 밖에 있는 휴게소에는 중부전력에 의견을 직접 제출할 수 있는 '건의함'이 있었다. 여기에 가와카미의 친구가 '겨울에는 화

---

65. 슬로백은 직경 10센티, 길이 30센티 정도의 백(가방) 안에 길이 15미터에서 25미터 정도의 로프를 설치한 것이다. 백 입구로 나온 로프를 왼손으로 잡고, 오른손으로 백을 잡아 도움이 필요한 사람에게 던진다. 간편한 인명구조용 도구라고 할 수 있다.

장실에 구강청결제를 서비스해 주면 좋겠다'고 요청서를 제출했지만, 상사가 알게 되어 심한 질책을 받고, "수 개월간 업무를 쉬었다"고 한다.

이 경우 흥미로운 점은 지원 요청 자체에 대해선 중부전력이 즉각 대응해야 한다는 점이다. 그러나 중부전력이 노동자에게 요구한 의견이 실제로 건의함에 제출되면, 하청기업은 폭탄의 도화선에 불을 붙이는 느낌을 받는다고 한다. 이런 상황이니 건의함에 의견을 제출하지 않는 것이 핵발전소 내부의 암묵적인 관행이 되어버렸다.

개선 제안으로 변할 수 있는 것은 극히 제한될 수밖에 없다. 현장의 요청이 부드럽게 위로 전달되지 않는 점을 알 수 있겠으나, 다카하시에 따르면 핵발전소 내에서는 작업 방식이나 환경이 불편하다고 생각해서 노동자가 임의로 변경하면, 이것은 '규정 외 작업'이라는 금지 행위에 해당한다고 한다. 결국 뭔가 바꾸려면 개선 제안은 필수적인 시스템이라고 봐야 한다. "컵을 여기서 저기로 옮기려고 해도 그날 작업 계획으로 서술되어 있어야 합니다. 시간이 남아도 그날 작업 분량만 해야 합니다. 작업 공정표가 있어서 이를 엄격하게 준수해야 합니다. 간단히 말해 목수가 집을 짓는 과정과 차이가 납니다. 핵발전을 중단하고 재가동하기까지는 여러 공정이 있습니다. 모든 것을 결정해 놓고 있습니다."

이렇듯 모든 공정이 결정되어 있음에도 불구하고, '정검' 누락은 종종 발생한다. 이미 서술했듯이 2012년에는 '몬쥬'에서 1만 4천

건의 '정검' 누락이 발견되었으며, 2004년에 미하마 핵발전소에서 발생한 사상 사고도 '정검'누락이 원인이었다고 전해진다. 두께 10밀리미터의 파이프가 부식해서 4.7밀리미터에 도달하기 전에 예방 조치를 해야 한다는 내부 규정이 있었으나, 가동 이후 한 번도 '정검'하지 않았다. 결국 가장 얇아진 곳이 0.4밀리미터에 불과해서 나중에 파열 사고로 4명이 즉사했다.[66] 세세한 공정표가 있긴 있지만, 현장의 상태는 그것을 소화해 낼 수 없는 조건이다.

'정검' 단축으로 증가하는 사고와 부상

"방사선 관리자가 이야기하는 대로 정확하게 작업을 하면, 전혀 진행할 수가 없습니다. 방사능을 무시하고 노동자가 일을 하기에 예정대로 일이 진행됩니다. 엄밀하게 규칙대로 하려면 업무가 끝나지 않았는데, 돈은 돈대로 쏟아붓게 됩니다. 정기 검사도 2개월 단위로 끝나지만, 정확하게 시행하면 몇 개월 아니 1년이 걸릴 수도 있습니다."

서장에서 인용했던 히구치 겐지의 『어둠 속에 사라지는 원전 노동자』에 서술한 쓰루가敦賀 핵발전 노동자인 시오미塩見가 마지막으로 핵발전소에서 근무했던 때는 1979년으로 1970년대의 핵발전소는 정기점검이 2개월 정도가 소요되었다는 점을 알 수 있다. 실

---

66. 실제로는 5명이었다. 저자의 착오로 보인다.

제 검사는 2개월이어도 검사 기간 전후로 준비 기간이 각각 1~2개월 필요하다. 다카하시에 의하면 긴 경우에는 전체적으로 6개월이나 걸린 정기점검 사례도 있었지만, 현재는 모든 기간을 3개월에 맞춘다. 절반 정도의 시간이 줄어든 것이다.

"예전에는 충분한 시간을 두고 수정할 수 있었습니다. 지금은 경비 삭감으로 100일 이내에 해야 합니다. 90일로 맞춘다고 할 때, 검사 전후 1개월은 준비 기간이기 때문에, 실제 현장검사 자체는 30일 정도에 불과하게 됩니다. 예전엔 길어지면 반년도 걸렸고, 부품 교환, 원자로 쪽 교환 같은 경우에는 1년 이상 걸렸습니다. 따라서 천천히 시간을 두고 보수할 수 있었습니다. 현재는 질과 양 모든 면에서 축소되었습니다. 과거엔 공부할 수 있는 시간도 있었습니다. 지금은 교육시간이 없습니다. 그래서 유자격자를 우선 뽑게 됩니다. 유자격자를 고용해서 효율성을 높인다는 명분입니다. 그러나 효율성이 좋아졌다고 주장하지만, 사실은 신속하게 땜질해버리는 겁니다."

다카하시는 안전요원이 되기 위해 몇 개의 자격증을 땄다. 외주로 교육기관을 설치하고, 회사의 비용으로 강습을 받을 수도 있었다. 이런 체제가 무너진 것은, 다카하시 말에 따르면 3개월 정기 점검이 정착한 2005년경부터이다.

일반 가정에서는 별로 느끼지 못하지만, 2005년에 전력 자유화라는 정책을 본격적으로 시행했다. 이에 따라 신규로 참여하는 상사나 가스 사업자가 남은 전기를 싸게 판매하기 시작했으며, 지방자치단체나 대규모 시설 등 전력 수요가 많은 곳은 도쿄전력 등 주요 전력회사에 전기요금 인하를 요구하기 시작했다. 당시까지 시장을 손쉽게 독점했던 전력회사에 이것은 상당한 경영불안 요소였다. 결국 전력회사도 효율화로 수익을 올려야 할 필요성이 대두한 것이다.

다카하시에 따르면 1990년대부터 배관이나 원자로 등이 철에서 스테인리스로 교체되기 시작했으며, 유지보수나 교환시간도 단축되었다. 이것은 전력회사가 정기 점검 단축을 위해 반드시 해결해야 하는 부분일지도 모른다. 그러나 일률적으로 무조건 줄여버린 정기 점검 기간의 문제는 작업현장의 노동자에게 어떻게든 모순을 초래한다.

"지금까지는 반년이나 걸리던 것을 단축했기 때문에 노동시간이 길어지고 근무 강도가 강해집니다. 사람이 어떻게 해도 바쁠 때는 초조함으로 인해 사고 부상이 늘어납니다. 전에는 여유가 있었습니다. 계획도 상당히 세밀하게 결정했습니다. 이런 상황이 뒤바뀌니 사고가 발생하는 것이죠."

주의해야만 할 점은 정기 점검 기간이 단축되었지만, 미숙련 노동자에 대한 교육은 시행하지 않았다는 내용이다. 가령 유지보수나 교환시간 단축이 타당했다고 하더라도, 전문성이 없는 노동자를 늘려 해결하면 현장의 안정성을 유지할 수 있는지 의문이 남는다.

사람을 키우지 않는 핵발전소

전력 자유화가 유행처럼 바람을 타면서 핵발전소에서는 '효율화'라는 파도가 검사 기간 단축이라는 형태로 이식되었다. 노동 강도가 강화되면서 작업시간이 불합리해졌고 이는 부상이나 사고의 형태로 노동자에게 전가되었다. 현장에 대한 영향은 여기에 그치지 않았다. 구체적으로 확인할 수 있었던 것은 핵발전소의 효율화를 위해 교육을 시행하지 않은 채 실전에 배치하는 실태였다.

"교육할 수 있는 숙련자가 정년이 되어 나갑니다. 젊은 사람들은 책상 위에서 컴퓨터로 관리 업무는 잘해도 현장은 계산만으로는 어려운 작업이 가득한 곳입니다. 원청회사나 하청회사도 기술자가 없어 어려움을 겪었습니다."

경험이 없는 젊은 사람이 컴퓨터로 출력한 계산 데이터 결과를 들고 현장에서 원래 이런 식으로 해야 한다고 강요하지만, 작업하는 사람은 그런 식으로 해본 적이 없어서 어긋남이 발생한다. 이전에는 히다치나 도시바의 지도자가 와서 교육했던 작업을 생략하고 후배를 키우지 않는다.

"컴퓨터로 나오는 수치와 실제 연마해야 하는 수치는 전혀 다릅니다. 피부로 느끼면서 눈으로 확인하는 과정이 필요합니다. 분해해 보면, 원상태로 복원해야 하는 접착 면이 녹슬거나 해서 연마를 합니다. 수증기가 새거나 가스가 새거나 하는 경우가 발생하기 때문에 그냥 놔둬서는 안 됩니다. 아주 딱 맞아야 합니다. 이런 점을 제대로 알려주어야 하는데도, 시간이 없어서 하지 못합니다. 분해한 것을 조립하는 작업은 상당한 기술이 필요합니다. 그것을 컴퓨터로 여기를 몇 밀리미터 조여야 한다든가, 아주 세밀하게 수치를 이야기하거나 해버리면 현장의 작업원도 재미가 없어지죠. 조금 이상하게 들릴지 모르지만, 사람이 기계로 볼트를 조이는 것은 컴퓨터에서 계산하는 것보다 더 정확합니다."

현재 근무하는 숙련자들은 젊은 사람들에게 알려주려고 하지만 결국 시간이 없어 그냥 자기가 해버리고 만다.

"몇십 톤이나 되는 무거운 덮개를 덮는 작업도, 운전자가 몇 밀리미터 단위로 내려야 합니다. 운전자가 능숙하면 쉽게 맞춥니다만, 이제 막 면허 딴 젊은 사람에게는 엄청나게 위험한 일이라서 그렇게 하지 못합니다. 숙련자가 없으니 어쩔 수가 없습니다."

이런 상황은 '개선 제안'을 하려 해도 인력 부족, 시간 부족 문제로 인하여 어쩔 수가 없다. 개선할 수 있는 것은 어디까지나 공구나 도구, 발판이나 슬로프 등 눈에 보이는 자잘한 부분에 국한된다.

핵발전소 내부의 화장실 문제

물론 노동환경의 측면에서 몇 가지 개선은 달성했다. 가와카미 다케시의 『핵발전소 방랑기』(다카라지마샤宝島社, 2011년)는 2000년대의 하마오카 핵발전소의 노동환경을 알 수 있는 귀중한 자료지만,

그중에서 20년 전 방사성 폐기물을 분리하는 중에 인분이 나온 일화가 나온다. 예전 핵발전소 작업장 안에서 배변을 아무 곳에나 보는 것은 흔한 일이었다.

"지금은 현장에 간이화장실이 세워졌지만, 내가 입사했을 때는 간이화장실이나 수도가 없었어요. 급하면 옷 갈아입고 밖으로 나가서 화장실에 가야 했습니다. 참을 수 없는 사람은 구석에서 해결하고, 결국 더러워집니다. 먹지는 못해도 임시 화장실은 만들어집니다. 수도는 오아시스죠. 모두가 쉽니다. 구두를 벗고 쉽니다. 다음 작업까지 기다리는 시간이 다소 남기 때문입니다. 탈수 증상이 발생하면 지금은 소동이 벌어집니다만, 당시에는 탈수 증상으로 쓰러진 사람이 상당히 많았습니다. 현장이 너무 뜨겁기 때문입니다. 정기 점검 시에는 공조도 틀지 않습니다. 가동할 때는 원자로 건물 안은 서늘합니다. 원자로 건물 내의 차가운 공기를 필터를 이용해서, 아무리 무거워도 밖으로 빼냅니다. 그러다가 정기 점검 시에는 오염된 공기가 밖으로 새어 나올 우려가 있다는 이유로 중지시킵니다. 안은 정말 뜨겁습니다. 여기서 십 년 정도 근무했지만, 이동식에어컨을 도입하긴 했어도 전혀 효과가 없습니다."

임시 화장실이 만들어진 A구역은 방사선 관리구역으로 지정된 곳의 하나로 A에서 D까지 선량의 높고 낮음으로 구별해 놓았다. B, C, D구역 앞에는 각각 탈의실이 있고, 업무를 계속해서 진행할 때, 중장비가 필요한 경우가 발생한다. A구역은 오염의 우려가 없는 장소, 가장 선량이 높은 D구역은 40베크렐/cm^2 이상의 장소이

다. C구역의 사람이 화장실에 가려면, 중장비를 벗고, 신체 표면 모니터로 방사능 검사를 끝내고 나서, 가능한 전력 질주하여 관리구역 밖으로 나가야 한다. 그러니 이런 식의 절차를 싫어하는 사람이 있는 것도 무리는 아니다. 아니면 건물 내 사각지대나 장화 안에다 볼일을 보는 상황이 계속 발생한다. 과거 수십 년간 직장에서 인분을 치우는 업무는 핵발전소나 탄광 이외에는 아마 존재하지 않았을 것이다. 탄광은 재벌 기업이 간혹 갱 안에 화장실을 설치하기도 했지만, 화장실이 없는 탄광도 많아서, 갱도 도중에 볼일을 보거나, 참을 수 없다면 볼일을 보면서 작업을 했던 경우도 있었다.(구시로세키탄くしろ石炭닷컴『탄광맨의 비화』제2회에서 인용. 참조 http://www.946sekitan.com/tankou/mm2.html/)

음지에서 에너지를 생산하는 막대한 수의 노동자는 사람을 사람으로 생각하지 않는 그런 환경에서 일해 왔다. 핵발전소는 대외적으로는 근대적인 겉치레 치장을 하고 있으나 내부의 실제모습은 큰 차이가 있다.

바꿀 수 없는 고선량 현장 작업

물 마시는 휴게실이나 화장실에 대해서는 개선했다고 한다. 그러나 노동자를 갉아먹는 또 다른 작업환경 요인으로 더위가 있다. 한겨울에도 더워서 땀을 흘리고 흐느적거리며 고생하는 원자로 작업은 물론, 오염된 의복을 선별하여 세탁하는 업무, 여름철 오염된 쓰레기의 분류 등에 종사하는 노동자에게도 실내의 더위는 참을 수 없는 조건이다. 마스크를 벗어 피폭하는 장면을 이동식에어컨 도입으로 과연 어느 정도 줄일 수 있는지 의문이다.

다카하시도 원자로 등의 아주 열악한 환경에 대해 "어떻게 하더라도 개선이 안 됩니다. 바꿀 수 없습니다. 정해진 건물 내에서 시행하는 오염 작업, 고선량의 방사선 작업에 대한 개선은 아무것도 없었습니다."라고 답변했다. 그러나 원자로나 증기발생기 등 고선량의 장소에서 발생한 고장은 이미 사람이 아닌 로봇이 담당하고 있다. 다만 로봇을 다루는 것은 인간이다. 가와카미의 『핵발전소 방랑기』에는 1983년에 겐카이玄海 핵발전소[67]에서 로봇을 다루기 위해 15초간 1.8밀리시버트를 피폭했을 때의 모습이 현장감 넘치게 서술되어 있다. 그러나 이러한 정보를 알 수 없다면, 외부 사람의 상상력은 좀처럼 상세한 세부 내용까지 도달할 수가 없다. "선량이 높은 지역에서의 수리 작업은 로봇을 이용합니다."라는 설명을 들으면 아 그렇구나, 사람을 위해 첨단 기술을 도입한다고 생각하면서 안심하고 믿어버린다. 내가 핵발전소 노동의 실태, 세부사항을 알고 싶다고 생각한 것은 이런 상상력이 부족하기 때문이기도 하다.

---

67. 사가 현 히가시마쯔우라東松浦 군 겐카이에 있는 큐슈전력의 핵발전소이다. 1호기부터 4호기가 있었으나, 이 중 1호기는 2015년 4월에 폐로했다. 현재 3호기를 가동 중이고, 4호기는 2018년 5월부터 가동 예정이다. 일본의 시민단체들은 재가동 문제와 관련하여 안전상의 문제를 제기하고 있다. 참조 http://blog.daum.net/chanhopark/15677168

사라진 '유령사원'과 교육시간

"젊은 사람이 많습니까?"

"젊은 사람이 예전만큼 많지 않습니다. 임금이 생각보다 높지 않기 때문입니다. 입사한 지 얼마 되지 않은 사람은 하루 8천 엔 정도밖에 받지 못합니다. 중간에 떼이는 돈이 있기 때문입니다. 원래는 1만 5천 엔 정도 책정된 것으로 알고 있습니다. 웃돈을 떼더라도 유니폼, 교통비, 수속비용이나 건강진단 비용을 전부 지불해야 합니다. 일정한 비용은 나간다고 봐야죠. 이런 점들로 인해서 실제 수령액이 8천 엔 정도 됩니다. 최근에 재판이 있었습니다. 히로시마에서 기업에 입사할 때 1만 6천 엔 정도 받기로 했지만, 실제는 1만 2천 엔만 나왔습니다. 한 노동자가 부족한 4천 엔의 차액을 지급하라고 재판을 제기했습니다. 예전에는 임금이 적더라도 업무를 배울 수 있어서 긍지를 갖고 있었지만, 지금은 배우는 게 없습니다. 임금은 낮고 일은 힘들어서 사람들이 들어오지 않습니다. 현재 40대 정도의 사람들까지는 그런대로 일이 재미있었습니다. 고도성장 시기이기도 했지만, 업무를 배웠습니다. 회사도 수익을 냈죠. 그땐 그랬습니다."

다카하시에 따르면 ID 체크가 도입되기까지 실제 5명의 작업원이어도 서류상에는 8명으로 해서 늘어난 사람 수 만큼 돈을 더 받는 것이 보통이었다. 소위 유령사원이다. 전력회사는 서류상으로만 확인했기 때문에 하청회사는 쏠쏠하게 돈을 벌 수 있었고 여유가 있었다.

"제가 입사했을 때 하청회사 사장은 벤츠를 타고 다녔고, 입사하기 위해 대기하고 있던 사람도 상당히 있었습니다. 지금은 아주 엄격해서 이런 식의 위장은 100% 불가능합니다."

정기 점검 기간의 단축, 출퇴근 ID 체크. 합리화, 효율화 등의 여파가 십 년 전부터 이곳 핵발전소 노동현장에 밀어닥쳤다. 노동자의 교육은 시간적으로나 경제적으로 불가능한 셈이다.

"최근에는 사람을 서로 빼앗습니다. 직원이 없으니 하청회사도 업무 경험이 전혀 없는 사람을 데려옵니다. 업무가 되질 않습니다. 안전교육 테스트를 해봐도 합격점을 받는 사람이 없는 경우가 상당합니다. 낙엽 쓸 듯 사람들을 쓸어 모으기만 할 뿐입니다. 그렇다고 테스트가 어려운 것도 아닙니다. 제가 교육도 해 봤지만, 아주 간단하게 답변할 수 있도록 알려주는 테스트입니다. 100점을 받는 사람이 없습니다. 90점, 80점도 수두룩합니다."

"입사할 때 보는 테스트인가요?"

"그렇습니다. 저도 입사할 때 교육을 받았습니다만, 나이가 있는 분이 처음 경험하는 사람에게 설명해도 잘 모릅니다. 재교육을 받고 추가시험이 있습니다. 저 같은 경우에는 안전교육이라, 예컨대 '높이 2미터'라고 눈으로 볼 수 있고 평상시에 익숙한 영역이라 간단한데, 방사선 관리교육 같은 경우에는 낯설기도 하고 내용도 약간 어렵습니다. 그러나 지금 방사선 관리도 교육만 있고 실습이나 시험은 없어졌습니다. 누구라도 들어갈 수 있는 것이죠. 두렵습니다. 지금 현장은요."

핵발전소 업무를 시작할 때 받는 안전교육을 전반적으로 단축해서 간소화한 상태다. 2000년대의 하마오카 핵발전소의 경우 이전에는 2일에 걸쳐 받았던 교육을 5시간으로 단축했다고 한다.(가와카미 다케시 『핵발전소 방랑기』)

다카하시가 담당했던 안전관리 교육보다 난이도 높은 방사선관리교육 쪽에서 시험을 생략한 것은, 점수를 받지 못하는 노동자가 많고 추가시험을 반복하여 효율이 떨어진다는 이유 때문이다. 노동자 피폭을 방지하기 위한 안전교육, 현장에 들어갈 수 있는 자격교육 등도 내용에 상관없이 시간을 줄여버렸다.

노동자에 대한 교육은 상대와 소통하는 의미도 있고, 숙련도 향상 등 노동자 자신의 장래와도 관계가 있다. 그러나 직장 경험이 없는 평범한 노동자의 경우 장래에 대한 기대도 없고, 자격을 얻어 업무 능력을 향상시킨다는 보람도 못 느끼면서, 피폭 노동자로서 피폭선량이 기준을 넘지 않는 동안 계속해서 일만 할 뿐이다.

이런 상황은 단순 작업만 반복하는 업무에 종사하면서, 숙련도 향상을 바랄 수 없는 제조업 파견 노동자들의 모습과 어느 정도 겹친다. 효율화라는 미명 아래 사회가 없애버린 것은 노동자를 교육하려는 노력, 노동자를 인간적으로 대하는 자세일지도 모른다.

3·11 당일

다카하시는 3·11 당일도 후쿠시마 제1 핵발전소 4호기에서 작업을 감시하고 있었다. "두 번의 심한 흔들림이 있었습니다. 터빈 건물의 2층에서, 뿜어진 증기로 터빈을 돌리는 곳이라서, 평평한 곳이긴 해도, 거기서 분해를 하고 있었습니다. 십여 미터 높이의 날개가 있습니다. 장구처럼 바깥쪽이 넓고 가운데가 좁습니다. 이런 것이 100만 킬로와트짜리 3대, 그리고 그 앞에 고속 날개가 있어서 선량이 높은 곳입니다. 전부 분해해서 유지보수를 하고, 조립합니다. 이런 날개를 다른 곳으로 갖고 가서, 마찰이 있었는지 손상 여부를 확인합니다. 저는 이런 작업을 사람이 부상당하지 않도록 규칙대로 하고 있는지 확인하고 있었습니다."

예전에 날개를 분해할 때 이물질이 섞여 들어와 손상된 적이 있어서 정말 신중하게 다뤄야 했다. 그래서 천으로 날개를 감싸고, 발판을 점검하고, 공구 사용 시에도 점검하는 것이 중요하다. 이런 작업 과정에 지진이 일어나 여러 가지가 다 떨어져 버렸다. 지진만 발생했다면 크레인을 동원해서 복구할 수도 있었겠지만, 쓰나미로 전원이 나가버린 것이다.

"처음 지진이 날 때부터 기업동이라는 곳으로 모두 들어갔습니다만, 피난하고 나니 산더미만 한 쓰나미가 덮쳤습니다. 소리도 없었습니다. 소리가 전혀 나지 않았습니다. 그래도 내가 있던 곳은 높이가 20미터 이상이어서 쓰나미가 오진 못했습니다."

12킬로미터 떨어진 집까지 4시간 걸려 돌아가 하룻밤을 보냈다. 이윽고 폭발이 일어나 피난 지시가 떨어졌다. 아들이 살고 있던 아파트에서 4일 정도 머물렀는데 식량이 떨어졌다. 다카하시는 부업으로 10년 전부터 해왔던 화장품이나 건강식품 판매 회사의 연수 센터를 생각하고, 니가타新潟까지 반려견과 함께 피난했다. 다카하시의 명함에 '스킨케어 상담사'라고 적혀 있던 것은 이런 부업 때문이었다. 차에 남아있는 휘발유로 고리야마郡山까지 갔으며, 추위로 인해 반려견을 안고 휘발유 주유를 기다렸다. 연수 센터에서는 목욕할 수 있게 해주고, 따뜻한 이불을 내주며 환영했지만, 애견과는 이별해야 했다. 피난 왔던 가족의 남자아이가 다카하시가 외출 중에 목걸이 끈을 풀어버렸다. "그 아이가 울면서 전차에 받혀 죽고 말았다고 이야기했어요. 동물도 죽으면 경직이 되고 무거워진다는 사실을 알았습니다. 다리가 세 개나 없어지고, 목도 돌아가 있었습니다. 업어서 연수 센터 뒷산에 묻어주었습니다."

피난처의 추위 속에 다카하시에게 안겨 있으면서 온기를 느끼게 해 준 추억을 남기고 반려견은 죽고 말았다. 애견의 죽음은 직접적으로는 소년의 과실이었지만, 간접적으로는 지진과 쓰나미로 강요받은 피난 때문이라고 할 수 있다. 3·11로 인해 사람과 동물이 겪었던 다양한 슬픈 이별을 떠올리게 한다. 남겨져 굶어 죽은 동물도 적지 않았다. 이런 슬픔을 두 번 다시 겪고 싶지 않은 사람들의 유감이 핵발전소 반대로 향해 있을지도 모른다. 흘리지 않아도 될 눈물을 강요하는 것이 핵발전소 사고이다.

당일까지 안전요원 업무를 했던 다카하시에게 사고 후에 복귀 요청이 있었다. 한 번은 승낙하고 일을 맡기로 했지만, 정작 인근의 숙소가 꽉 차 있어서 일을 단념했다.

"사람이 그만큼 필요합니다. 핵발전소 폐로까지 정리해야 할 업무가 엄청나니까요. 냉각도 해야만 하는데, 탱크를 늘렸다는 말을 들었는데도 냉각수가 조금밖에 나오지 않았습니다. 당시 꺼낸 연료봉 2개는 아직 사용하지 않은 것이라서 방사선에 오염될 위험은 없었지만, 몇천 개나 되는 사용 후 핵연료는 조금이라도 물속에서 나와 떨어지거나 하면, 임계 상황이 발생합니다. 순간적으로 선량이 고도로 올라가죠. 끝장납니다. 모두 죽는 겁니다. 이런 작업을 아주 유연하게 처리하지 못하고 있는데도 제가 그대로 돌아왔다는 것은 미나미소마 시도, 현 당국도, 정부도 대단히 비정상적이라고 봐야죠."

다카하시는 현재 도내의 고층 아파트에서 피난 생활을 하고 있으며, 핵발전소에 있을 때 따놓았던 원예 자격증을 가지고 유치원에서 근무하고 있다. 후쿠시마로 돌아갈 생각은 없다.

"미나미소마 시에서 돌아오라는 것은 세수 부족으로 힘들기 때문입니다. 복구하려면 세금 수요가 있어야 하는데, 증가하지 않고 있고 기업도 돌아오지 않고 있어 교부금도 받을 수 없습니다. 아마 나아지지 않을 것으로 생각합니다. 마찬가지로 소소相双 지구[68]도

---

68. 후쿠시마 현 하마토오리浜通り 북쪽의 소마相馬 지방, 후타바双葉 지방의 머리글자를 따서 소소相双 지구라고 한다. 소소 지구에는 소마相馬 시·미나미소마 시·히로노마치広野町·나라하마치楢葉町·도미오카마치富岡町·가와우치무라川内村·오쿠마마치大熊町·후타바

어려울 것으로 생각합니다."

2015년 4월, 작가인 유미리柳美里[69]가 미나미소마로 이주해서 화제가 된 적이 있었다. '핵발전소에 의존하지 않는 지역 만들기'를 내걸고 사쿠라이 가쯔노부桜井勝延[70] 시장 밑에서 철저한 식품 검사와 정보 공개, 오염 제거도 적극적으로 진행해서 그런지 2014년에는 전입자 수가 전출자 수에 육박하기 시작했으며, 2015년 4월에는 전입자 수가 72명이 많은 396명이었다. 그러나 인구는 사고 전년과 비교하면 대체로 7천 명 감소한 상태이다. (2015년 5월 현재)

지구는 미래에서 빌려온 것

"전력회사에서 오퍼레이터[71] 모집 서류가 있어서 들춰봤더니, 35만 엔이라고 적혀 있었어요. 이게 하루 임금인가 잠깐 고민했습니다. 확실하진 않더라도 대충 그럴 것으로 생각했습니다. 새로운 핵발전소를 만들고 나서 시운전을 해도 여긴 세금이 없으니까, 아

마치双葉町·나미에마치浪江町·가쯔라오무라葛尾村·신찌마치新地町·이이다테무라飯舘村의 12개 마을이 있다.

69. 1968년생. 재일한국인 소설가, 극작가이다.

70. 2010년 민주당 추천 후보로 출마하여 근소한 표차로 시장에 당선되었다. 3·11 사고 이후 적극적인 탈핵 운동을 주도하였으며, 미나미소마 시의 상황을 인터넷 등을 통해 적극적으로 전 세계에 알려 미국의 타임즈 지로부터 '전 세계에서 가장 영향력 있는 100명'에 뽑히기도 했다. 이런 영향으로 2014년에 재선에 성공했으나, 2018년 1월에 시행된 선거에서는 민진당, 공산당 계열의 연합 후보로 출마했음에도 불구하고 낙선했다.

71. 콜센터 상담 요원을 말한다.

마 매출액일 겁니다. 1개월 시운전 기간에도 이익이 발생하는 것이죠. 그만큼 전력은 독점 사업이니 수익이 막대합니다. 지금은 자유화되어 그 정도는 아니지만요. 핵발전소 찬성입니까? 반대입니까?"

나는 잠깐 생각한 후에 대답했다.

"반대합니다."

"저 같은 경우엔 어떤 곳은 가동해도 좋지 않을까 생각하는 찬성파입니다. 어느 곳이든 폐기물은 나옵니다. 사용할 만큼 사용하고, 그사이에 대체 시설을 만드는 편이 좋다고 생각합니다. 화력은 이산화탄소가 나오기 때문에 재생가능 에너지가 좋겠죠. 가동하면 고용이 발생합니다. 반대하는 분들께는 죄송하지만, 어쨌든 고용 측면도 고려해야 한다고 봅니다. 지금은 지역 사람도 반대합니다만, 저 같은 경우에 원래 지역으로 돌아갔을 때, 주방 일만 했던 것이 아니라, 아는 사람 소개로 핵발전소에서 일을 얻었기 때문에 생활할 수 있었습니다. 혜택을 받았죠. 이런 점을 생각한다면 단순한 반대는…… 당시에도 반대하는 사람 수는 비중이 크지 않았습니다. 핵발전소 덕분에 외지에 나가지 않고 생계를 꾸릴 수 있었기 때문입니다. 백 퍼센트 모든 사람이 반대하는 것은 아닙니다. 핵발전소가 있으면 일자리가 있습니다."

"미군기지 문제하고도 비슷하네요."

"그렇습니다. 생활이 가능해집니다. 어떻게 재고용하면서 무리 없이 대체해가느냐, 그런 방향으로 기지 문제도 해결할 필요가 있다고 생각합니다. 하지만 오스프리[72] 같이 그렇게 위험한 것은 곤란하다고 봅니다. 핵발전소도 기술이 발전했을지 모르겠으나, 신설은 반대합니다. 독일은 굉장합니다. 수상이 확실하게 결정했지요. 그러나 모든 것을 중단하는 게 아닙니다. 지금부터 신설하지 않는다는 것이죠. 일본은 오히려 베트남에 수출까지 하려 하는 마당이니, 일본에서는 그 같은 결정이 나올 수가 없습니다. 지구는 미래로부터 빌려온 것입니다. 후손들에게 자연 그대로 물려주어야 합니다. 우리가 죽는다고 해도, 오염된 곳에 후손들을 보내고 싶지 않습니다. 이런 이유로 향후 핵발전소 신설에는 반대합니다."

후쿠시마에서 자라고 핵발전소에서 가족을 부양해 온 다카하시의 말은 상당히 묵직했고, 비장함마저 느껴졌다. "후손들에게 자연 그대로 물려주고 싶다"는 말에 오염된 후쿠시마에 대한 애정과 안타까움을 느꼈다. 다양한 생각이 떠오르고, 가슴도 뭉클했던 것인가 나도 모르게 불쑥 말이 튀어나왔다. "고맙습니다."

작은 행복의 시간

2013년 4월 21일, 요요기代々木 공원에서 매년 개최하는 '지구의

---

72. 오스프리는 원래 맹금류인 물수리의 애칭이다. 여기서는 미국의 항공기를 지칭한다. 정식 명칭은 'Bell Boeing V-22 Osprey'이다. 미국의 벨 헬리콥터사Bell Helicopter Textron와 보잉헬리콥터사Boeing Helicopter가 공동으로 개발 제작한 항공기로서 수직 이착륙이 가능하다. 오키나와에 있는 미군기지에 많이 배치되어 있다. 초기 개발 단계에서의 사고는 물론 오키나와 기지에 배치한 후에도 끊임없이 사고가 발생하고 있다.

날 도쿄'에 출연했다. 때마침 비가 내려, 으슬으슬 추운 상태의 라이브 공연이었지만, 다카하시는 공연을 보러 왔고, 그 후 두 번째 인터뷰도 흔쾌히 승낙해주었다.

가능하면 한 사람한테 여러 차례 이야기를 듣고 싶었다. 한 번의 인터뷰로는 들을 수 있는 내용이 제한될 수밖에 없다. 이 경우 전보다 느긋한 상태의 답변도 들을 수 있고, 이미 들었던 사실의 다른 측면도 발견하는 이점도 있었다. 그리고 무엇보다 인연으로 만나, 사람 대 사람으로서 가능하면 연락을 계속하면서 관계를 유지하고 싶은 바람이 나에게 있었다.

요요기 공원에서 조금 떨어진 주차장을 가리키면서 지구의 날로 붐비는 장소를 뒤로하고 다카하시와 나란히 걷기 시작한 나는 이전보다 좀 더 상세하게 듣고 싶었던, 핵발전소에서 일하기 전의 다카하시의 일에 대해 질문해 보았다.

다카하시는 조리사 일을 그만두고 고향으로 돌아온 후, 미나미소마 시가 만들고 미나미소마 어업조합이 관리하는 레저시설 안에 있는 레스토랑에서 조리장으로 근무했다. 임금은 요코하마 시절의 절반 정도였고, 여름철엔 바빠서 휴식시간에도 변변히 쉴 수 없는 상태가 지속하여 몸이 많이 상했다고 했다.

"게다가 서비스업이라서 토요일, 일요일 쉴 수가 없어요. 아이들하고 놀러 가 주지도 못했네요. 핵발전소에 들어가서야 비로소 애들과 놀아줄 수가 있었습니다."

토, 일요일에 아이들과 함께 지내는 일은 사실 흔한 풍경이라 할 수 있다. 사람의 행복은 그러한 일상의 작은 부분에서 나타난다. 다카하시는 핵발전소에 들어가서야 가족 다섯 명을 부양하는 안정된 수입과 작은 행복의 시간을 가질 수 있었다.

사라져가는 숙련기술

교통사고를 계기로 요코하마에서 조리사 일을 그만두고 고향으로 돌아온 다카하시가 가족을 부양하기 위해 취업했던 핵발전소. 22년이나 될 만큼 장기간 근무하고, 안전요원이라는 핵발전소 업무 전반을 파악하는 일에 종사했던 다카하시는 이곳의 10년간의 시스템 변화, 그에 따른 노동현장이나 노동자의 질적 수준이 어떻게 변화했는가를 확실하게 알려주었다.

다카하시의 증언에서 제기된 것은 효율화라는 미명 아래 추진된 정기 점검 기간의 단축과 아울러 노동자를 마치 폐품처럼 취급하는 방침이다. 검사 기간을 눈 가리고 아웅 하는 식으로 단축한 결과에 대해선 일반 사람들도 상상할 수가 있다. 예전보다 더 신중하게 검사받고 수리해야 하는 데도 이를 방치하고 있을 것이라고. 피폭을 동반하는 방사선 관리구역에서의 업무에 대해서도, 효율화 이름으로 검사 기간이 이전보다 줄어든 상황에서 경보기를 없애는 등의 부정이 줄어들었으리라고는 생각할 수 없다.

덧붙여 다카하시의 증언 속에서 나타나는 것은 이전에는 받을 수 있었던 교육 기회마저 없어졌다는 사실 그리고 핵발전소 노동 현장에 단순 노동자만 늘고 있다는 사실이다. 숙련기술을 직접 전 수해줄 시간이 없어졌다고 해도 외부에서는 파악하기가 힘들다. 이런 변화는 심각한 정기 점검 기간 단축 후 일어난 현상이다.

컴퓨터가 해석한 표준 업무는 알지만 실제 경험이 부족한 젊은 감독자와 숙련기술자 간에는 어긋남이 발생한다. ID 체크라는 노무관리 전산화가 결과적으로 '유령사원'의 존재로 가능했던 하청 회사의 여유분을 없애버렸다. 전산화, 효율화 아래 삐걱거리기 시작한 핵발전소 노동을 둘러싼 상황도 이젠 분명해졌다고 할 것이다. 특히 숙련기술자가 사라져가는 문제는 핵발전소의 장래를 생각할 때 간과할 수 없다. 계산에 근거해서 기계로 구멍을 뚫게 되면서 어느 날 갑자기 숙련기술자의 기술이 사라져 버렸을 때, 결국 남는 것은 컴퓨터가 계산한 데이터 수치에 따를 수밖에 없는 비숙련자들이다. 모든 것을 기계에 의지했을 때, 사람의 실수가 과연 감소할 것인가? 의문은 사라지지 않는다.

제 3 장

위선과 기만의
산재 승인 절차

가와카미 다케시川上武志의 경험

가와카미 다케시川上武志

핵폐기물을 드럼통에 담기

2012년 12월 11일, 전날 나고야 공연을 끝내고, 가케가와掛川[73]로 향했다. 『핵발전소 방랑기』의 저자, 가와카미 다케시를 만나기 위해서다. 젊어서부터 여러 핵발전소에서 일했던 가와카미는 2011년 9월에 자신의 경험을 수기로 펴냈다. 호리에 구니오 이후 현장의 작업자가 펴낸 수기여서 바로 사서 읽었다. 유머와 슬픔이 뒤섞인 읽기 쉬운 문체로 단숨에 읽을 수 있었다.

책의 내용 중에 내가 흥미를 느낀 것은 가와카미가 젊었을 때 시가滋賀의 공동체에 가입했던 경력이었다. 부끄럽게도 나는 1980년대까지 일본 각지의 농촌에서 자연 복귀를 지향하는 히피족 비슷한 젊은이들의 공동체가 존재했다는 사실을 알지 못해 놀라웠

---

73. 태평양과 접하고 있고 도쿄 밑쪽에 있는 시즈오카静岡 현 서부에 있는 도시이다.

다. 히피는 어딘가 패션 스타일 같은, 그런 분위기로 한곳에 정착하기보다는 여러 곳을 돌아다니는 사람이라는 생각만 있던 시기였다. 실제로 일본의 농촌에서 농사를 짓고 공동생활을 하는 젊은 사람들이 있다는 점이 아무래도 믿기지 않았다.

『핵발전소 방랑기』에는 공동체 생활에 대해서 상세하게 언급하지는 않았다. 가와카미가 생활에 어려움이 있어서라기보다 생활방식을 고민하면서 핵발전소에서 일하게 되었음을 알 수 있었다. 일과 생활을 둘러싼 문제에 대해 다시 한번 가와카미의 이야기를 듣고 싶어졌다.

가케가와 역으로 마중 나온 사람은 아주 건강해 보이고, 진한 구리빛 피부의 아저씨였다. 역 부근의 찻집에 자리를 잡고 바로 하마오카浜岡 핵발전소[74] 이야기를 시작했다.

"하마오카에서는 30대 시절, 아주 짧은 기간 동안 플랜트 건설 업무에 취업했습니다. 50대가 되고 나서 다시 하마오카로 와서 5년간 일했습니다. 2003년부터 2008년까지네요."

가와카미는 하마오카 핵발전소 내의 주식회사 비시요코게美粧工芸 하마오카 영업소에 근무하면서, 방사능 오염 때문에 20년간 보관하고 있던 것을 끄집어내서 드럼통에 담는 작업에 종사했다.

"쇠로 된 상자를 열어보니 굉장했습니다. 완전히 케케묵은 내용

---

74. 일본의 시즈오카 현 오마에자키御前崎 시에 있으며, 중부전력이 운영하는 핵발전소이다. 원래 총 5호기가 있었으나, 1호기와 2호기는 2009년 1월에 운전을 중단했다. 나머지 시설도 3·11 후쿠시마 핵발전소 사고 후에 지금까지 가동을 중단하고 있다.

물이었습니다. 제가 입사한 회사는 저준위 방사성 폐기물 분리 작업을 하고 있었고, 오염 폐기물을 드럼통에 집어넣고 나서 시멘트로 채운 후에, 오마에자키御前崎 항에서 배로 롯카쇼무라로 운반했습니다."

하마오카 핵발전소의 방사성 폐기물 분리 작업에서 나눴던 이야기들을 가와카미는 저서 속에서 다음과 같이 서술하였다.

"뚜껑을 열면 아주 심한 악취가 났는데, 이상한 내용물이 들어있는 것 같네요."라고 내가 질문했다.

"네 맞아요. 개똥이 들어가 있어요."

"네? 개똥이요? 아니 개는 핵발전소에 들어올 수 없잖아요?"

"개는 핵발전소에 못 들어오지만 사람은 들어올 수 있어요. 정기 점검에 들어가면 그런 짐승 같은 인간이 왕창 늘어납니다."(『핵발전소 방랑기』)

이런 대화는 말하자면 일종의 은유겠지만, 앞에서 다카하시 나오시의 증언에도 있는 것처럼, 핵발전소가 예전에는 작업자의 생리 욕구조차 고려하지 않은 장소였다는 점을 잊어서는 안 된다.

인간답게 사는 방식을 생각했다

가와카미는 1947년 오카야마 현 구라시키 시에서 태어났다. 젊어 한때는 신일본제철의 히메지姬路 공장에서 일을 했다.

"히메지의 히로하타広畑 제철소에서 4년 정도 일을 했는데 당시 22세였을 겁니다. 그때부터 그다지 성실하게 일을 하지 않았습니다. 노동은 가치가 없다, 의미가 없다고 느꼈습니다. 게으른 사람의 변명일지 모르겠지만요."

첫 직장이었던 제철소는 무시무시한 장소였다.

"쇳가루가 늘 날아다니고, 소음도 굉장했기 때문에 여기는 사람 사는 곳이 아니다. 사람답게 살아보자고 생각했습니다."

마치 제철소 안에서 타오르는 뜨거운 불덩이에 청춘이 농락당한다는 느낌이었다.

"저는 종교적 질문 같은 것을 예전부터 해와서, 예를 들면 우리는 누구인가, 일만 하면서 그냥 일만 죽도록 하면서 끝낼 것인가라는 고민을 했습니다. 배부른 사람의 논리일지 모르지만, 일하는 것에 우선적인 가치를 둘 수는 없었습니다. 하루에 8시간이나 이런 곳에 묶여 있어야 하나 생각했죠. 일하지 않는 사회인으로 낙인찍히기는 싫었지만, 의문은 남았습니다. 이런 삶은 싫다. 이런 식으로 일하면서 사는 것은 자신을 속이는 삶이라고 생각했습니다. 설사 좋더라도 인내만 해서는 의미가 없다고 생각했죠. 아무것도 없는 삶이 가능하겠습니까? 결국 중간에 그만두고 어떤 사람의 권유로 공동체에 들어갔습니다.

가와카미를 공동체로 권유한 사람은 오사카 남부의 사우나에서 만난 후에 바로 친해진 사람이라고 한다. 24시간 영업을 했던 사우나는 현재 캡슐 호텔로 변경해서 비즈니스 호텔보다 싼 가격으로 숙박할 수 있는 곳이 되었으나, 당시는 사우나 자체가 하나의 큰 숙박시설 기능을 하고 있어서 가와카미는 그런 곳에서 잠을 자곤 했다.

"그는 자동차 공장 등에서 계절 노동자로 일하면서 공동체에 참가했습니다. 살아가는 방식에 대해 진지한 태도를 갖고 있던 사람이고, 저보다 나이는 많았지만, 일반 노동자에게는 볼 수 없는 스타일이었습니다. 다양한 논리로 권했습니다. '배워야 합니다'라고 주장해서 갸우뚱했습니다만, '할 수 있을 겁니다. 여성도 엄청 많아요.' 으잉? 진짭니까? (웃음)"

입문 체험을 해볼 생각으로 방문한 시가 현[75] 고카甲賀 지방의 공동체에 들어간 가와카미는 최연소 남성으로서 여성들에게 인기가 많았다고 한다.

"가장 어렸습니다. 대개 30대였으니까요. 입으로 사는 사람들 같았습니다. 40대도 있긴 있었습니다. 다양한 기술을 갖고 있었죠. 여성이 많았습니다. 당신과 같이 노래 잘하는 사람도 있었습니다. 나는 말을 잘 못 했기 때문에 빙그레 웃으면서 듣기만 했습니다. 그런 식으로 다양한 내용을 받아들였습니다. 조용히 들어주기만

---

75. 교토 인근에 있다.

하는 상대를 원하는 것 같기도 했습니다. 공동체라고 해서, 각자 별도의 방에서 잘 수 있는 것은 아닙니다. 농가이기 때문에 4, 5개의 방이 있습니다만, 모두 합해서 20명 정도 들어왔습니다. 방 하나에 5명 정도 들어갔죠. 남녀 분리된 방에서 연애할 때는 손을 잡고 2층으로 올라갑니다. 2층은 칸막이를 해 놓았지만 다락방처럼 천정이 낮았습니다. 오래된 가구나 농기구가 많아서 발 디딜 곳도 없었습니다. 겨우 가구 틈새에 공간을 마련해서 두 사람이 시작하려면 조금만 움직여도 마루에서 삐걱거리는 소리가 났습니다. 그러면 사람들이 일부러 '어 지하에서 소리가 나네.' 하면서 웃었습니다. (웃음) 아니면 산에 들어가곤 했습니다. 산에 들어가는 것은 태국의 산악 민족같이 밭이나 숲속에서 사랑을 나누기 위해서죠. 분위기는 좋죠. 대마초를 재배하는 사람도 있었습니다."

가와카미가 사회에 진출했던 20세 때인 1967년, 진실로 히피 문화가 한껏 피어오르던 시기였다. 히피와 농촌, 가치관이 크게 다른 청년들과 지역 농촌 마을과 어떤 교류가 있었을까.

"관계는 그다지 좋지 않았습니다. (공동체는) 자유로운 사람들이 모인 것이라서, 당연히 아무렇지도 않게 연애를 하는 사람도 있습니다. 거리낌 없이 키스하거나, 포옹했습니다. 오키나와 나하那覇시의 공동체에서도 가까운 거리에 어촌이 있어서, 어깨를 안고 석양을 보거나 하면 어민들로부터 이렇게 하면 곤란하다고 항의를 받곤 했습니다. 책에서도 적었습니다만, 이런 경우엔 나가야 합니다. 나는 결국엔 오키나와에는 가지 못했습니다만."

마을의 젊은 사람들은 '미움과 동경이 혼재된 복잡한 표정'으로 공동체를 바라보았다. 그런 분위기를 느끼고 있던 공동체의 리더도 "그들에게 조금이라도 영향을 주면 안 된다. 그들 앞에선 어리석은 행동을 하지 말고, 이야기하더라도 아주 일상적인 이야기만 해라. 혹시라도 그들 중에 공동체에 들어오려는 사람이 있다면 마을 사람들이 우리를 쫓아낼 것이다."라면서 절대로 말을 조심하라고 주의 주었다고 한다.

"전체적인 시선은 차가웠습니다만, 몇 번 보다 보면 아는 척을 하기도 했습니다. '형은 여기서 살 생각이야?'라는 말을 듣기도 하고요. 아직 결정하진 못했다고 말을 하니, 누나를 소개해 주겠다고 했습니다. 다만 자기 집에서 지내야 한다는 조건입니다. 농사일이 좋은지 물어봐서, 좋다고 하면 좋은 사람으로 평가합니다만, 그런 말이야 사실 입에 발린 것이니까요."

공동체 생활

"하루하루를 어떤 식으로 지내셨습니까?"

"아침은 일찍 먹습니다. 누군가 일어나면 전부 일어납니다. 식사는 누구든 좋아하는 사람이 만듭니다. 남자이건 여자이건 상관없습니다. 청소는 당번제로 운영합니다. 농사에 대해선 별로 기억

나는 게 없습니다. 책은 읽었습니다. 다자이太宰[76] 전집이 있어서 전부 읽었습니다. 다자이에 영향을 받아서 이후에는 15년 정도 질질 끌려간 느낌입니다. 자살 충동 같은 것도 있었습니다. (웃음) 그때 사카구치 안고坂口安吾[77]를 읽고 용기를 얻었습니다. 책은 정말 많았습니다. 사람이 모이면 책이 모이나 봅니다. 갖고 와서는 대개는 다 놓고 갑니다. 헤르만 헤세 작품은 여러 번 읽었습니다."

누군가 만든 아침식사를 먹고, 점심때까지 독서. 농사일 가는 사람도 있지만, 가지 않아도 좋다.

"강요는 하지 않습니다. 그래도 전 풀 뽑기는 했어요. 가까운 곳으로 몇 번 나갔습니다. 제초제는 생각하지도 않습니다. 늘 뽑기만 했습니다."

"그러면 독서 후에는 뭘 했습니까? 산책 같은 걸 하시나요?"

"그렇습니다. 독서 후에는 사람들을 꼬드겨서 산보 가자고 합니다. 젊었으니까요. 여성이 농사짓기 위해 나가려고 하면 '당신이 가봐야 방해만 돼. 안 그래?'(웃음) 제가 설득력이 좀 있습니다. 예전 공동체 안에서이긴 하지만 특히 여성에게 묘한 설득력이 있어서, 마치 리더가 이야기하는 것처럼 나름 매력적인 사람이었습니다. '이러저러한 거 알려줄게' 하곤 했습니다."

---

76. 다자이 오사무太宰治는 일본의 소설가이다. 본명은 쓰지마 슈지津島修治. 대표작으로는 몰락한 귀족 계급의 여성을 주인공으로 한 『사양斜陽』이 있다. 소설의 영향으로 몰락한 상류계층을 지칭하는 '샤양족'이라는 말도 생겨났다.
77. 일본의 소설가, 평론가이다. 근대 일본 문학을 대표하는 작가 중 한 사람이다. 독특한 매력이 있다고 평가받는다.

40대, 50대 사람 중에는 나리타成田 투쟁[78]에 참여한 사람도 있었지만, 이런 이야기는 거의 나오지 않았다고 한다.

"어쨌든 나리타 투쟁은 비판을 받았잖아요. 혁명적 마르크스 운동도 분파가 있어서 사람을 죽이기도 했고, 대부분 없어진 셈이죠. 마지막에는 내부 투쟁에만 열을 올렸으니. 이제 시간도 흐르고 두 번 다시 반복하면 안 된다는 반성도 했습니다. 70년대 안보투쟁 때 연좌 농성을 하면 기동대원이 와서 허리띠를 잡고 가볍게 끌어올려 버리니까, 이런 시위 방식으로는 결정적인 투쟁을 할 수 없다는 이야기도 했습니다."

생존능력이 있는 남녀, 좌익 운동 경험자, 혹은 좌절을 겪고 자기 삶의 방식을 찾기 위해 참여한 사람 등, 많은 사람이 모인 공동체였지만, 가와카미는 이런 공동체 삶에 푹 빠지는 것은 불가능했으며, 참여 후 2년 동안, 공동체에 있다 보면 도시의 가로등 불빛이 그리워지고, 그러면 한 3개월 정도는 공장의 아르바이트 작업이나 막노동 일에 나가 돈을 벌었고, 또 시골이 그리워지면 공동체로 다시 돌아오는 생활을 계속했다. 교토에서 시가에 걸쳐 세 곳에 흩어져 있던 공동체를 경험했다.

"리더가 누구냐에 따라 특색이 있었습니다. 생활방식에 간섭하는 리더도 있었고요. 야간 모임에는 반드시 참가해야 합니다. 무엇

---

78. 나리타 공항 개발을 둘러싸고 이를 반대하는 지역주민과 일본 정부 사이 벌어진 투쟁이다. 산리쯔가三里塚 투쟁이라고도 한다. 맨 처음엔 일본 사회당과 공산당이 주민을 지원했으나, 당시 안보투쟁이나 학생운동의 세력 등 소위 신좌파가 개입하여 한때 격렬한 양상으로 치달았다.

을 얘기해야 좋을지 몰랐습니다. 그럴 때는 정말 앉아 있기가 고역이죠. 한 달도 있지 못했습니다. 결국엔 다시 가방을 메고 지나가는 차를 세워놓고는 어디로 갈까? 생각하곤 했습니다. 그래도 차는 태워줬습니다. 가보면 이미 사라진 공동체도 있었습니다. 참가하지는 않았어도 공동체를 동경했던 사람은 많았다고 생각합니다. 자연 회귀. 동경만으로 가능하진 않죠. 사람들에겐 일도 있고, 가정도 있으니까요. 나는 아무것도 없었으니 가능했던 셈이죠. 다행이었습니다.”

“야간 모임 참석이 의무였던 공동체만 있었나 보죠?”

“토론은 잘 했습니다. 밤이 되면, 촛불을 켰는데, 전기세를 걱정해서라기보다 촛불이 환상적이고 적막한 분위기를 조성해서 사색하기에도 딱 맞지 않습니까? 옅은 어둠 속에서 이야기했습니다. 좋아하는 이야기를. 다만 도박이나 음담패설은 하지 않았습니다. 진지한 대화였습니다. 정치 이야기를 하는 사람도 있었지만 듣고 싶진 않았습니다. 자신의 내면이나, 철학적인 내용, 자신은 이렇게 살고 싶다는 이야기. 인도나 남미에 갔던 사람은 그곳에서 있었던 이야기를 해줬습니다. 아침에 강에서 세수하는데, 시체가 떠내려왔다는 이야기. 이런 이야기를 들으면 가고 싶어졌습니다. 죽을 때까지 손을 드는 사람이 있구나, 입만 살아있는 사람이 있구나. 마치 수도승 같은 기분도 들었습니다. 나는 미얀마, 태국, 말레이시아에 가본 적이 있습니다. 미얀마는 밀입국했었는데 강을 훌쩍 건너 산악 민족을 따라갔었죠. 그들에게 국경 같은 것은 없으니까요.”

공동체 생활에서 핵발전소로

가와카미는 공동체를 나간 후 각 지역의 핵발전소에서 약 7년간 근무했다. 핵발전소 노동에서 손을 떼고 다른 회사에 취직하려 했으나, 다시 한번 '단 한 번뿐인 인생을 이대로 보내도 좋은가?'라는 생각이 들고 자꾸 고민이 돼서, 1990년 42세 이후에 태국으로 건너가 치앙마이의 나이트바자르Night Bazaar에서 민예품점을 열었다. 태국에서 그는 "한평생 겪을 경험을 다 겪었다"고 했다. 계획 없이 되는 대로 생활했다고 한다. 아편 재배 지역인 산악 지방의 소수민족들과 같이 생활하기도 하고, 1991년에는 아편 재배 지역(산)을 둘러싼 영역 분쟁으로 와족의 공격에서 구사일생으로 살아남기도 했다고 한다. 1998년 결혼을 계기로 귀국했다. 테마파크 구라시키倉敷 티볼리 공원에서 일할 수 있었으나, 5년 후에 실적 악화로 인한 구조조정도 있었고, 또 예전 동료들로부터 하마오카 핵발전소에서 같이 일해보자는 권유도 있어서 다시 핵발전소에 취직했다. 가족과 함께 이사하지 않고, 하마오카 핵발전소가 자리 잡고 있던 오마에자키御前崎 시에 혼자 왔다. 현재 부인과 아이는 태국 북부에서 생활하고 있다.

몇 년 전부터 태국 경험을 블로그에 게재하여 호평을 받았다. 블로그를 자주 방문하던 요코하마 사람이 2~3개월 걸러 방문 와서는 여러 사람한테 후원받은 식료품을 대량으로 조달해주면서, 어디를 보더라도 평범한 생활을 할 수 있게 되었다. 호기심 많은 눈은 확실히 매력적이어서 사람들을 끌어당기는 흡인력이 있었다.

2008년 하마오카 핵발전소를 그만둔 후에 집필 활동에 전념하고 있으나, 실제로는 다시 태국으로 건너가 공동체를 만들고 싶어 했다.

"오는 사람은 어떤 사람이든 모두 받아들일 겁니다. 그런 사회를 만들고 싶습니다. 이후에 마을도 만들고 즐겁게 보내고 싶습니다. 그곳에서는 날씨가 좋으면 농사를 짓고, 비가 오면 책을 읽는 생활, 농사를 짓기는 어려울지는 모르겠으나, 책을 읽거나 이야기를 하면서 즐겁게 보내고 싶습니다."

암 발병과 소송

제철소를 그만두고 일용노동이나 공동체에서 자유롭게 사는 것을 모색했던 가와카미에게 지역을 여행하는 경험도 되고 또 먼지도 없는 단시간 노동의 핵발전소는 매력적인 현장이었다.

"지금은 조금 늘긴 했어도, 4시간 반, 일반적인 근무와 비교하면 절반이지 않습니까? 방사능 오염은 있어도 육체적인 부담은 거의 없었습니다. 오염 같은 문제는 모든 사람이 어떻게 해 볼 수 없는 문제였습니다. 그것만큼은 바람직하지 않은 조건이었죠. 방사능에 민감하게 반응하는 사람들은 업무에서 배제되고 그럼 그만두게 됩니다. 그냥 아무 생각 없이 지낼 수 있는 사람만 남습니다."

"지금 건강은 어떻습니까?"

"뭐 건강한 상태는 아닙니다. 암이 생겼어요, 대장과 위에. 대장에 통증이 있어서 뭐가 잘못된 건가 생각만 했습니다. 암은 2009년 6월 10일에 수술했고, 3년이 지나면 괜찮다는 말을 들었습니다. 근데 지난달부터 다시 통증이 와서…… 괜찮을 겁니다."

겉으로 보이는 건강한 모습과는 달리 가와카미는 암이 두 번이나 발생했다. 인터뷰 다음날 반년 만에 진찰을 받으러 기다리고 있었다. 통증이 다시 나타났기 때문이다.

"테라오 씨하고 만나는 게 아마 마지막일지 모르겠네요. 그래도 제가 아직은 튼튼합니다. 3개월 정도라고 들었는데, 3년 이상은 충분히 살 수 있습니다. 처음엔 말기라고 해서 기분이 좋지 않았죠. 수술해 보니 3기였습니다. 수술 후에 약도 많이 먹고, 색소침착으로 몸도 좀 나른해지고요. 머리카락은 빠지지 않았지만 부작용이 많네요."

가볍게 대수롭지 않다는 듯이 얘기를 해서 비장감은 느낄 수 없었다. 방사선의 영향도 그다지 신경 쓰지 않은 사람으로, 암은 다른 원인 때문에 발병한 것으로 생각하는 듯했다.

그러나 나중에 메일을 주고받는 과정에서 가와카미의 암이 피폭 노동에 의한 직업병이라고 생각하고, 2009년 11월에 시즈오카靜岡 현 이와타磐田 시 노동지청에 산재 신청을 했다는 사실을 알게 되었다. 모두 18시간 이상에 걸쳐 청문 조사를 받았으나, 2012년 9월에 청구는 받아들여지지 않았다. 즉각 심사 청구를 했으나 이마저도 2013년 2월에 불승인되었다.

가와카미는 나중에 어떤 문서를 복사해서 보내주었다. 가와카미가 노동지청에 제기한 산재 불승인 취소 청구에 대한 기각문서였다. '결정문'이라고 적힌 문서에는 53개 항목을 언급하고 있었다. 가와카미에 대한 5회에 걸친 조사 내용을 정리하고 각 지역의 핵발전소 소장이나 회사 관계자에 관한 조사 자료도 포함하고 있었으며, 가와카미가 핵발전소에서 어떤 업무를 했는지, 어떤 환경이었는지를 대략 알 수 있는 내용이었다.

산재 청구 불승인의 이유

가와카미의 산재 신청은 위암과 결장암 두 가지에 대한 청구였다. 핵발전소의 산재 신청으로는 첫 사례였다. 후생노동성에서 검토 회의가 6차례 열렸고, 확인 사항은 모든 고형암에 대해 '100밀리시버트 이상에서 통계적으로 유의미하게 위험도 상승이 인정된다'고 하면서 암 발병까지의 기간은 '최단 5년에서 10년'이라는 '조사 보고'였다. 이로 인한 결론은 다음과 같았다.

○ 이상에서 검토한 결과, 산재 신청 대상인 위암, 결장암은 방사선 업무 개시로부터 27년 이상 지나서 발병하였으나, 누적 피폭선량(27.17밀리시버트)에 대해서는 상기 수준(100밀리시버트)

에 크게 모자란다.

○ 종합적으로 판단컨대 이번 산재 신청 대상인 위암, 결장암
의 발병은 방사선 업무와 인과관계를 인정할 수 없다는 결론
을 내릴 수밖에 없고, 이에 따라 지급 불가로 결정하는 바이다.

불승인의 주요 논점은 저선량 피폭의 영향을 고려하지 않은 것
이었다. 즉 방사선 피폭의 경우 허용 기준치 이하라도 발병할 수
있는 것인가, 아니면 질병과의 인과관계가 없다고 판단하는가의
문제였다. 2007년에 '100밀리시버트 이하에서 암은 증가하지 않는
다.'고 권고했던 국제방사선방호위원회의 결정이 산재 승인 심사
에도 영향을 주고 있었다. 따라서 일본에서는 핵발전소 노동 관련
산재 신청은 2012년 3월까지 40여 년 동안 공식적으로 확인할 수
있는 것은 32건에 불과했음에도 그중 18건이 불승인되었다. (이시
마루 고시로石丸小四郎 외,『후쿠시마 핵발전소와 피폭노동』, 아카시쇼텐明石書店,
2013년)

회사 내 친한 사람들 걱정도 해야 하고, 또 해고를 각오해야만
하는 재하청, 그 밑에 또다시 재하청이라는 다단계 하청 구조, 아
울러 시간이 지나면 노골적인 압력도 있고 해서 산재 신청을 잘 하
지 않는다는 점을 감안하면 32건이라는 수치는 그야말로 빙산의
일각에 불과할 것이다. 그러나 그마저도 절반 이상이 불승인된 것
이 일본의 현실이다.

국제방사선방호위원회 권고의 근거[79]

사실 미국에서는 2000년 클린턴 행정부 시절에 클린턴·고어 조서에서 피폭 노동자 구제 조치를 구체적으로 제시하면서 새로운 정책을 시작한 바 있다. 즉 미국 정부가 국제원자력기구나 국제방사선방호위원회의 주장에 한정하지 않고, 의료연구 분야에서 역학조사 등의 결과를 중시하기 시작했다. 전술한 바와 같이, 2005년에는 세계보건기구의 국제암연구소가 역학조사를 시행하고, 저선량 피폭의 경우에도 비록 증가할 위험성은 적더라도, 암 발생이 분명히 존재한다는 보고를 한 바 있다. 또한 같은 해 전미과학아카데미가 방사선의 암 발병에 대해 문턱값은 존재하지 않는다는 내용의 BEIR-VII보고서[80]를 제출했다. 2007년의 국제방사선방호위원회 권고 후에도 암 연구 현장에서는 문턱값이 0이고, 피폭 시에 나이가 어릴수록 암으로 인한 사망률이 높다는 연구 결과를 계속해서 제시했다. 이러한 연구 동향에 눈을 돌리지 않고, 핵발전소 찬성파에게나 좋은 권고를 금과옥조처럼 기준으로 삼는 한, 산재 승인은 계

---

79. 국제방사선방호위원회의 주요 권고는 총 5번이 있었다. 최초 권고인 1958년으로부터 2007년 퍼블리케이션 103에 이르기까지 각 권고 별 주요 논리와 내용에 대해서는 『핵을 넘다』(이케우치 사토루 지음, 홍상현 옮김, 나름북스, 2017년)의 3장 끝부분에(135쪽부터 139쪽까지) 비교적 간략하게 정리를 해 놓았다. 이케우치 사토루에 따르면 국제방사선방호위원회의 모든 권고에는 소위 'ICRP 딜레마'라는 것이 작동한다. 딜레마라는 것은 별것이 아니라 '방사선 피폭은 적을수록 좋은데, 그렇게 했다가는 원자력산업이 망한다'는 것이다. 2007년도 권고의 한글 번역본에 대해서는 http://www.icrp.org/docs/P103_Korean.pdf 참조. 각 권고별 핵심내용과 문제점에 대해서는 역자 후기를 참조.
80. 보고서는 한국어판이 나와 있다.
http://www.chsc.or.kr/?post_type=reference&p=3867 참조

속해서 어려울 것이다.

딱하게도 일본의 많은 의사나 연구자는 이런 실태에 의문을 갖지 않았다. 그러나 나카가와 야스오中川保雄[81]가 미국에서 발굴한 막대한 자료와 국제방사선방호위원회 위원에 대한 취재를 바탕으로 저술한 『방사선 피폭의 역사』(1991년)[82]에서 밝힌 바와 같이, 국제방사선방호위원회 권고는 고선량에 노출된 경우의 급성 피폭에 대해서는 과학적으로 타당하다 해도, 저선량 피폭의 경우 문제가 된 내부 피폭에 대해선 잡다한 데이터를 여기저기 긁어모아 정치적으로 왜곡시킨 결과였다. 국제방사선방호위원회가 장황하게 인용해 온 히로시마, 나가사키의 피폭자 자료는 시외로 이주한 고선량 피폭자나 청년층이 많이 누락된 것이며, 폭심지에서 2킬로미터밖에 있었던 사람들을 '비 피폭자'로 분류하는 등 많은 문제점을 포함하고 있다. 나아가 이러한 자료를 제공한 원폭상해조사위원회 ABCC[83]가 피폭자 수명 조사를 시작했던 것은 1950년대로 알려졌

---

81. 일본의 공학자. 과학기술사 연구자. 고베 대학 교양학부 교수. 1979년 미국 스리마일 섬 핵발전소 사고를 계기로 핵발전소 반대 운동에 참여했다. 1980년 연구자들과 함께 '핵발전소 반대 과학자연합'이라는 조직을 결성하였고, 각 지역에서 학습회를 개최하였으며, 핵발전소 하청 노동자들의 실태를 조사하기도 하였다. 1987년 미국으로 건너가 국제방사선방호위원회의 방사선 방호기준이 어떻게 변화했는지를 꼼꼼히 읽고 난 후에 "현재의 방사선 피폭 방호기준이라는 것은 핵·원자력 개발을 위해 피폭을 강요하는 쪽에서 피폭자에게 피폭을 중단할 수 없기에 과학으로 위장하여 만든 사회적 기준으로서, 원자력 개발을 추진하는 세력에게 정치적 경제적으로 지원하는 행정적 수단이다."고 주장하면서 병상에서 『방사선피폭의 역사』를 집필했다.
82. 곧 한국어로 번역 출판될 예정이다. 맨하탄 프로젝트부터 서술하면서 미국 중심의 핵옹호 논리, 국제방사선방호위원회나 국제원자력기구의 논리를 이만큼 사실에 근거하여 신랄하게 평가한 책은 드물다.
83. 원폭상해조사위원회Atomic Bomb Casualty Commission(ABCC)는 원자폭탄에 의한 상해 실태를 상세하게 조사 기록하기 위해 히로시마 원폭 투하 직후에 미국이 설치한 기관이다.

으며, 이전 5년간의 암이나 백혈병의 발병, 사망에 대해서는 아예 통계에서 제외했다.

신뢰하기 어렵지만 국제방사선방호위원회는 이런 자료에 근거해 피폭에서 발병까지 5년 정도의 시간이 걸린다는 논리를 제기했다. 그리고 이런 논리가 이후 걸프 전쟁이나 유고 분쟁에서 우라늄 폭탄 피해를 입은 군인들에게 조기에 발병한 백혈병이나 암에 대한 인과관계를 부정하는 근거로 작용했다.

이상의 내용을 고려할 때 국제방사선방호위원회라는 기관은 이미 핵발전소나 핵무기 찬성파의 어용 단체가 아닌가 생각할 수밖에 없으며, 위키피디아에서도 '전문가 입장에서 방사선 방호에 대한 권고를 시행하는 민간 국제 학술조직'으로 규정하고 있다.

국제방사선방호위원회가 너무 편향적이라는 비판이 일면서 1997년에 과학자들이 설립한 기관이 유럽방사선리스크위원회 ECRR이다. 유럽방사선리스크위원회의 2010년 권고에서는 1945년부터 5년간의 자료가 존재하지 않아 '지연발병설'을 주장한 국제방사선방호위원회를 비판하였다. (유럽방사선리스크위원회 2010년 권고 제5장 3절)[84]

여하튼 반세기 이상 비판받아온 내용을 수용하지 않은 채 유지

미국과학아카데미NAS가 1946년에 원폭 피해자 조사 연구 기관으로 설립했다. 당초 운영 자금은 미국원자력위원회AEC가 제공했지만, 이후 미 국민위생국, 미 국립암연구소, 미 국립심폐혈액연구소National Heart, Lung, and Blood Institute에서도 자금을 제공했다. 1948년에는 일본 후생성 국립예방위생연구소가 정식으로 조사 프로그램에 참여했다.

84. 주요 내용에 대해선 참조 ; http://nonukesnews.kr/610

유럽방사선리스크위원회의 국제방사선방호위원회비판에 대해서는 역자 후기를 참조.

되고 있는 국제방사선방호위원회의 기준은 아직도 국제적 표준으로서 신봉받고 있는 것이 현실이다.

합리적인 냉혹함

엄밀하게 말하면 초기 단계에서 유전학자들은 내부 피폭의 위험성을 주장했다. 이런 사실이 퍼지면서 심각성이 더해가자, 내부 피폭의 위험을 무시하고 싶어 했던 사람들도 신경을 쓸 수밖에 없었다. 이들은 처음에는 '위험-편익론(리스크-베네피트론)'을 주장하고 나중에는 '비용-편익론(코스트-베네피트론)'[85]을 주장하면서 사회적, 경제적, 정치적인 관점에서 위험을 고려해야 한다는 논리를 제기하였고, 피폭을 '합리적으로' 사람들에게 납득시키려 했다. 예를 들면 피폭으로 암이 발병할 확률을 교통사고 당할 확률과 비교한다거나, 아니면 피폭 노동을 하는 핵발전소 노동자의 사망률은 탄광노동자보다 조금 낮다는 식의 이야기를, 피폭을 가장 실감하고 있는 3·11 이후에도 자주 거론하는 형편이다. 1953년에 록펠러재단이 전미과학아카데미에 출자하여 설립한 '원자방사선의 생물학적 영향에 관한 위원회'(BEAR 위원회)[86]는 1960년에 피폭의 유전적 영

---

85. 국제방사선방호위원회의 권고안에서 나타난 원칙이다. 보다 상세한 내용은 역자 후기 참조.
86. BEAR 위원회는 Committees on the Biological Effects of Atomic Radiation의 약자이다. 위에서 언급한 나카가와 야쓰오가 그의 저서에서 자세히 언급했다. 나카가와 야쓰오에 의하면 학계가 마치 제3자처럼 등장하여 방사선 피폭을 무시하면서 원자력 산업을 옹호하는 역할을

향에 대해 다음과 같이 보고하고 있다.

　　유전적 영향에 대해서도 사회적 비용(코스트)과 혜택(베네피
트)의 관점에서 재평가해야 할 것이다. 재평가에는 비록 특정
개인에게 바람직하지 못한 영향이 있어도 그런 영향을 용이
하게 감당할 수 있거나, 사회적 비용 지출을 절감할 수 있고,
또 출생 전에 사망하여 사회적으로는 비용이 거의 발생하지
않는 것도 포함한다.

　　임산부가 피폭으로 인하여 사산하더라도 사회적 비용이 들지
않으면 괜찮다면서, 금전적 기준으로만 판단하는 이런 미친 논리

한다. 일종의 '정치꾼 과학자'라고 할 수 있다. 역사상 첫 사례가 바로 BEAR 위원회이다. 당
시 세계적으로 반핵 운동이 확산되자, 미국의 록펠러재단은 신에너지로서 원자력이 돈벌이
가 될 것으로 확신하고 우선 산학협력을 시작했다. 록펠러재단은 1955년 가을 전미과학아카
데미에 대해 '원자방사선의 생물학적 영향에 관한 위원회'(BEAR위원회)의 설립을 공식적으
로 요청하고 이에 필요한 자금으로 당시로는 파격적인 50만 달러를 제공했다. 전미과학아카
데미는 방사선의 유전적 영향 위원회 외에 병리학적 영향, 기상학적 영향, 해양과 어업에 대
한 영향, 농업과 식량 공급에 대한 영향, 핵폐기물 처리 등 총 6개의 위원회를 설치한다. 그리
고 대단히 빠른 시기라 할 수 있는 1956년 6월에 보고서를 발표한다. 보고서의 기본 견해는
두 가지다. 1) 유전학상의 관점에서 방사선의 이용 시에 피폭을 줄여야 하지만, 의료, 원자력
발전, 핵실험 낙진, 핵 과학 실험에서 방사선 피폭을 감소시키는 것은 미국의 지위를 엄청나
게 약화시킬 것이라서 합리적인 피폭을 중단할 수가 없다. 2) 유전적 영향을 증가시킬 수 있
는 선량은 50~1,500밀리시버트 사이에 있다고 판단되나, 동물실험에서는 300~800밀리시
버트 사이에서 나타나는 것 같기도 해서, 합리적인 선량기준으로 노동자의 경우는 30세까지
생식기에 500밀리시버트 이하, 40세까지는 전체적으로 500밀리시버트 이하로 제한하여야
하며, 일반 대중들의 경우는 30세까지 생식기에 100밀리시버트 이하로 제한할 것을 권고했
다. BEAR 위원회는 이런 주장과 함께 허용선량을 주당 3밀리시버트, 즉 연간 150밀리시버트
에서 50밀리시버트로 낮췄고 일반 대중의 경우에는 5밀리시버트를 제시하였다. 이런 주장과
함께 BEAR위원회는 '위험-혜택론(리스크-베니피트론)'의 논리를 사실상 확립하고 이를 핵
발전 산업의 원칙으로 제시하였다. (이상 나카가 와야쓰오 『방사선 피폭의 역사』(아카시쇼
텐 明石書店) 75~81쪽 참조)

가 보고서에 수록될 때, 엄청난 수의 인명을 박탈해도 실은 철저하게 합리적이라는 나치즘의 논리를 연상시킨다. 결과의 중차대함을 어떻게 판단하느냐의 기준은 차치하더라도 이런 보고서에 관통하는 합리적인 냉혹함은 나치즘의 논리와 연결된다. 비인간적이며, 금수 같고, 아주 야만적이라는 표현도 생각나지만, 대량 살육이 인간의 '잔인함'때문이 아니라, '합리성'이라는 이름 아래 자행된 것임을 잊어서는 안 된다고 생각한다.

나는 또 다른 사례를 생각했다. 고등학교 시절 화학 선생님이 반복해서 들려준 이야기다.

"유명한 과학자에게 몇 명의 제자가 있었다. 어느 날 과학자는 투명한 액체를 시험관에 담아 와서는 각 사람에게 액체를 조사해 보라고 건넸다. 스승의 제안이므로 귀중한 액체일 거라 생각하고 조사하기 시작했다. 그러나 결과는 물과 약간의 염분밖에 없었다. 그러면 이 액체는 뭐라고 생각하는가?"라는 내용이었다.

이런 이야기를 들려준 선생님은 화학 선생이면서 동시에 무교회파 크리스찬 지도자 우치무라 간조內村鑑三[87]의 제자로 목사이기도 하고 유머가 있는 따뜻한 성품의 친한 삼촌 같은 분이었다. 모든 학생이 어떤 결말이 나올 것인지 궁금해하는 상황에서 선생님은 "이것은 아이를 잃은 엄마의 눈물이다"라고 답을 했다.

과학으로는 측정할 수 없거나 해명할 수 없는 사람의 마음, 사람의 생명, 존엄성. 이런 일화를 처음 들었을 때, 무엇인가 막연하

---

87. 참조 http://blog.daum.net/chanhopark/15677088

나마 중요하다고 생각했지만, 선생님이 반복해서 들려준 이유를 지금에 와서야 새삼 알 수 있다고 느낀다. 공해, 핵발전소, 환경 문제…… 사람의 생명이나 고통, 미래의 운명에 대한 책임을 경솔하게 여기는 과학이나 기업의 본질을 실시간으로 목도하면서 과학에 종사하는 한 사람의 교사로서 마음 아파한 선생님의 심정을 이제야 알 수 있는 것 같았다.

고도 경제성장 시기는 앞에서 확인한 바와 같이, 비용 절감을 극구 찬양하는 광기에 사로잡힌 시대였는지도 모른다. 상황이 변해 경제가 침체 상태인 지금, 표면적으로는 '환경', '지구 살리기'라는 말을 익숙하게 듣고 있지만, 기업사회의 광기는 아직도 일반적인 기준처럼 작동하고 있는지도 모른다. 확산되고 있는 불안정 고용을 보더라도 이런 의문은 여전히 남을 수밖에 없다.

서로 맞지 않는 증언

일본의 산재 청구 심사는 앞에서 확인한 바와 같이, '민간학술조직'에 불과한 것으로 의심받는 국제방사선방호위원회의 권고기준을 근거로 삼는다. 지금까지 전혀 변함이 없어 가와카미의 산재 청구도 기각되었다. 53개 항목에 언급된 문서를 읽으면서 놀란 것은 가와카미의 주장에 대한 청취 내용을 기술한 후에, 하마오카 핵발전소 근무 시절의 '회사 관계자 A, B, C'라는 3인의 청취 내용을 포함한 사실이다. 검토 형식으로는 상당히 정확하다는 인상을 받는다. 그러나 다 읽은 후에 이상한 점을 느꼈다. 어떤 증언도 가와카미의 주장을 잠식하고 부정했다. 예를 들면 산소마스크를 둘러싼 두 가지 쟁점에 대해 다음과 같은 증언 내용을 수록하고 있다.

〈산소마스크 성능〉

가와카미 제가 사용했던 방호 마스크는 엉터리였기에 배기 유니트에서는 오염된 공기를 그대로 마셨고, 필터도 거의 작동하지 않았습니다. 특히 분진이 많은 작업 시에 기침하게 되면 입이나 코 속에 들어와 있던 분진이 그대로 튀어나왔습니다.

회사 관계자 A 산소마스크는 필터를 통해서 공기를 마스크 안으로 흡입하는 것이며, 마스크 안에서는 정압이 유지되고 있어 작업 반경 내의 공기가 마스크 안으로 들어오지 않습니다.

〈산소마스크 착용 시의 무더움〉

가와카미 황색 유니폼은 본래 청색 유니폼 위에 입어야 하지만, 여름엔 대부분 청색 유니폼을 벗고 황색 유니폼만 입고 있습니다. 산소마스크는 얼굴 앞이 투명하며, 허리에 부착한 급기 유니트에서 공기를 유입하게 되어 있습니다. 이런 복장으로 작업을 하지만, 동작한 후 얼마 안 있어 더위가 오고, 그러면 몰래 산소마스크를 벗고 심호흡하는 경우가 많습니다.

회사 관계자 C 산소마스크를 사용하고 작업할 때에 숨쉬기가 어렵거나 더워지는 것은 아니어서 마스크를 벗고 작업하는 경우는 있을 수 없습니다. D구역에서 청구인과 작업을 할 때 청구인이 마스크를 벗고 작업을 했던 것이 아니며, 이것은 다른 사람도 마찬가지입니다.

이것은 가와카미가 거짓말하거나 상황을 과장해서 증언을 하고 있다는 주장이다. 그렇다면 도대체 실내 온도는 어느 정도였을까?

회사 관계자 A 24도에서 25도로 유지되고 있으며, 산소마스크를 착용하고 작업을 해도 실내가 더워지는 경우는 없습니다.

회사 관계자 C 공조 설비를 완벽하게 가동하지만, 여름 더위는 이보다 더해 이동용 에어컨도 부분적으로 사용하고 있습니다.

허위로 이루어진 산재 청구 심사

동료들의 증언은 가와카미의 증언과 어느 것도 맞지 않았다. 가와카미가 과장하여 증언했을 가능성도 있다는 생각이 들어 메일로 질문을 해보았다. 그러자 회사 측 증언자를 특정인으로 했다는 내용과 함께,

"저와 내용이 엇갈리는 점에 대해 저도 놀랐습니다. 산재 인정을 요구하기 때문에 방사선 구역에서 일했다는 점을 증명해 달라

는 문서를 회사에 요구했지만, '당신의 암 발병은 우리 회사와 아무 관계도 없다'면서 거부하여 결국은 확인서를 받지 못했습니다. 그리고 회사 측에 불리한 발언을 하지 않을 사람을 골라서 산재 인정을 받지 못하도록 못을 박으려 했던 것 같습니다"라는 답변이 왔다.

당연하지만 어쨌든 현재 고용되어 있는 사람들은 약자일 수밖에 없다. 회사와 대결하는 모습을 보이면 결국 퇴직으로 내몰리게 됨을 가와카미를 통해서 이미 확인한 바 있었다. 자신은 좋은 게 좋다면서 마음을 정한 사람도 있을지 모르겠다. 또 생계를 신세지고 있다면서 회사 측을 배려하는 사람도 있을 것이다. 어쨌건 그들의 위증 가능성도 남아 있다.

만일 위증이라면 이런 산재 청구 심사 자체가 허위로 이루어지고 있음을 의미한다. 회사가 증언자를 단속하지 못하거나, 혹은 반골 정신이 있는 증언자가 있지 않은 한, 청구인이 위증하고 있다고밖에 볼 수 없기 때문이다.

짧은 기간 가와카미가 방사성 폐기물 처리를 했던 곳은 D구역이다. 원자로 건물 내부라고 해도 C구역이 있어서, 상당한 고선량 현장이라고 생각할 수 있지만, 엄밀하게 말하면 관리구역의 구분은 사실 수치(선량)×알파벳(오염도)으로 결정되며, 1A부터 4D까지 존재한다. 선량에 따라서는 4, 오염도에 따라서는 D가 가장 높다. 가와카미가 작업했던 곳은 'D구역에서도 선량은 높지 않은 1D였다'고 생각했다.

그러나 간과할 수 없는 것은 피폭선량 즉 외부 피폭량은 업무를 진행할 때마다 기록을 남겨두지만, 공기의 오염이 초래할 수 있는 내부 피폭량에 대한 체크는 3개월에 한 번 전신 카운터로밖에 남겨두지 않는다. 게다가 이 장비는 원래 방사선 중 감마선밖에 측정할 수 없다. 90일마다 하는 검사에서는 반감기가 짧은 요오드131 등의 피폭량을 정확하게 알 수 없는 것은 물론이거니와, 실제 내부 피폭을 생각할 때 지나칠 수 없는 플루토늄이나 스트론튬 등 알파선이나 베타선에 의한 내부 피폭 총량도 파악할 수 없다. 말하자면 가장 오염도가 높은 D구역은 공기를 체내로 들이마시면 안 되는 고선량의 위험 지역이지만, 가와카미는 이곳에서 더위로 고생했기 때문에 몰래 마스크를 벗었다. 그러나 실내에 공조시설이 구비 되어 있었다면 가와카미가 평상시 마스크를 벗어버릴 만큼 더위를 아주 심하게 타는 사람일 가능성도 생각해 볼 수 있다. 가와카미는 작업장 온도에 대해서도 다음과 같이 상세하게 답변했다.

"여름에는 칸막이로 구분한 방 앞에서 미팅을 시작할 때부터 얼굴이나 목에 땀이 흐르는 상태가 되고, 낮이 되면 실내 온도는 30도를 넘습니다. 실내도 바깥도 에어컨은 없으며, 여름은 칸막이 실내에 이동용 에어컨을 1대 놓고 있지만, 거의 도움이 되지 않았습니다. 여기에다가 한여름에도 두껍고 긴 소매의 셔츠를 안에다 착용하고, 꽉 끼는 속바지를 입고 그 위에 작업복을 착용하도록 의무화했습니다. 게다가 양말을 세 켤레 신고, 면장갑에 고무장갑을 두 켤레 끼고 손목을 확실하게 테이프로 밀봉하기 때문에 덥지 않다는 것은 거짓말입니다. 누구든지 더울 수밖에 없습니다. 따라서 칸막이 방에서 나간 직후에는 전원 작업복 안의 가슴이나 등으로 땀이 줄줄 흘러내리고 맙니다."

가와카미는 석면 폐기물을 다룬 것에 대해서도 호소했지만, 석면의 존재도 두 사람의 증언자는 부정했다. 그러나 실제는 2005년에 석면을 취급했던 30대의 하마오카 핵발전소 작업자가 '악성복막중피종'[88]으로 사망한 사건을 계기로 취급 중단했다. 석면 폐기물은 분명히 존재했다.

가와카미는 재판에 대한 기대가 남아있어 청구 기각에 대한 생각을 원고의 일부로 보내왔다.

"언젠가는 산재 인정을 손쉽게 받는 시대가 올 것이라 믿습니다. 그러나 현재는 무리라고 봅니다. 후회도 있습니다만, 원래 승산 없는 투쟁에 도전하는 것이라서 이쯤에서 그냥 둘까도 생각하고 있습니다."

사상누각!?

두 번의 암 수술을 받고, 구사일생으로 회복한 가와카미는 많은 사람에게 핵발전소의 실태를 알려야겠다고 생각한 끝에 2009년

---

88. 소량의 석면 가루로도 발병하는 치명적인 폐암의 일종이다. 대개 석면에 노출 후 20년 이상의 장기간 잠복기가 있다.

말부터 자원봉사를 시작했다.

"오마에자키御前崎 시에 있는 핵발전소 시설 안내를 하기 시작했어요. 하마오카 핵발전소에는 들어가지 못하기 때문에, 정문 근처에 있는 원자력관의 전망대에서 핵발전소 전체를 조망하면서 설명을 하거나, 전시품을 보고 안내하면서 하마오카 핵발전소에서 일하던 때의 체험을 이야기하고, 핵발전소 운영 교부금(발전소 설립 지역 대책 교부금)으로 세워진 호화찬란한 여러 시설이나 중부전력의 협력금으로 건설된 오토리大鳥居 역 등을 안내합니다. 지금까지 제가 안내한 사람들은 2백 명이 넘습니다. 중립적인 입장에서 설명하는 스타일은 유지하고 있지만, 3·11 이후 높이 22미터, 1.6킬로 길이의 긴 방조제를 쌓는데 기초공사에서 나타나는 흙을 보고 놀랐습니다. 지역 사람 중에는 이전부터 하마오카 핵발전소의 지반이 약하다고 농담처럼 이야기했지만, 정말 그 말 그대로 중부전력이 이야기하는 것 같은 딱딱한 암반은 어디에도 없고, 손가락으로 누르면 간단하게 부서지는 점토질의 흙과 모래밖에 없었습니다."

하마오카 핵발전소의 지반 취약성에 대해서는 이미 유명한 사실이지만, 5호기의 기초 공사에 종사했던 쓰루가 시의 사이토 세이지齊藤征二[89]도 "암반이 없고 모래뿐이다."고 증언했다. 가와카미

---

89. 사이토 세이지는 오카야마 현 출생이며 배관공 업무로 핵발전소에서 10년 이상을 근무했다. 지금까지 미하마 1호기와 3호기, 쓰루가 핵발전소 1호기, 다카하마高浜 핵발전소 1호기와 2호기, 오오大飯 핵발전소 1호기, 겐카이玄海 핵발전소 2호기 등에서 근무한 경력이 있다. 1981년 일본에서 최초로 핵발전소 하청 노동자 조합을 설립했다. 조합 설립 후에 전일본 운수일반노조 핵발전소 분회의 분회장이 되었다. 조합 설립 후에는 하마오카 5호기의 기초 공사에도 참여했다. 이 책의 마무리 장에서 다시 한번 등장한다.

소개로 1980년대에 쓰루가에서 핵발전소 노동자 조합을 만들었던 사이토를 만날 수 있었다. 조합을 만들었다고는 하나, 소위 전형적인 사회운동가는 아니다. 1967년부터 1980년까지 핵발전소 노동에 종사하고, 현재는 갑상선 수술과 심근경색을 거쳐 눈 수술도 해야 하는 상항이었다. 몸 상태가 나빠진 핵발전소 노동자 중 많은 수는 눈물을 삼키며 그냥 견디지만, 개중에는 목소리를 높여 서로 공감대를 형성하는 사람들도 있다. 가와카미 자신은 아직 사이토에게 조합에 가입하겠다는 말은 하지 않았으나, "만나면 밤을 새우며 이야기합니다"는 말에 만감이 교차했다. 사이토와 가와카미는 같은 오카야마 현 출신이다.

하마오카 핵발전소의 위험에 주목한 가와카미의 의식은 단숨에 핵발전소 반대 운동으로 향했다.

"그때부터는 방사능으로 오염된 작업복을 세탁한 물도 온배수와 함께 배출하고 있다는 이야기, 바다가 사막화된다는 이야기, 안전 신화를 굳게 믿고 어린 시절부터 핵발전소 가까이에서 수영을 즐겼던 여성이 하시모토병[90]에 걸려 고생한다는 이야기, 오마에자키 시내에도 핫스팟[91]이 있다는 이야기를 했습니다. 하마오카 핵발전소가 도카이 지진의 진원지 바로 위에 설립한 것은 다 알려진 사

---

90. 하시모토병은 갑상선에 만성 염증이 발생하는 질병이다. 갑상선 질병 중에서 특히 여성에게 압도적으로 많으며, 남녀 비율이 1대 20~30수준으로 알려졌다. 연령 별로는 20대 후반 이후, 특히 30~40대에 많고, 유아나 청소년은 드물다. 하시모토병의 원인은 자가 면역의 이상에 있다. 하지만 자가 면역 이상이 어떤 계기로 해서 발생하는 것인지, 아직도 확실하지 않다. 자가 면역 이상에 의한 염증으로 갑상선이 붓거나 갑상선 기능 이상을 일으킨다.

91. 핫스팟Hot Spot은 방사성 물질이 비나 바람으로 이동하여 특정 지점에 안착해서, 고선량 상태가 발생하는 현상을 의미한다.

실이지만, 연약 지반 위에 하마오카 핵발전소를 세웠다는 내용은 모르는 사람이 많습니다. 저는 어떻게든 취약한 지반이라는 점을 알리기 위해 기초 공사의 흙이 산더미처럼 쌓여있는 동쪽 해안 가까이에 사람들을 안내하고 있습니다. 안내 비용은 무료입니다. 저는 차가 없어서 오시려면 차량을 준비하시는 게 좋겠습니다."

어떻게 살 것인가

공장 노동, 공동체 생활, 태국 생활, 그리고 산재 청구…… 가와카미는 다만 놀기 좋아하는 풍류가인가, 아니면 진지한 인생의 탐구자인가.

나에겐 그 어느 쪽이든 좋고, 어떤 사람이든 상관없다는 감정이 든다.

가와카미는 자유로운 생활방식을 추구하는 중에 단시간 노동인 핵발전소 노동에 참여했고, 거기서 자유를 누리기 시작했다. 여러 지역의 핵발전소를 전전하면서 부평초처럼 청춘 시절을 보냈다. 기업에 취직해서 아무 의문도 없이 하루 8시간, 혹은 그 이상의 속박에 익숙한 보통 사람들의 고정관념을 넘어선 것에 가와카미의 인생 방식, 철학이 있다.

최초의 노동현장이었던 공장의 열악한 환경이 사람답게 살고 싶다는 강한 염원을 가와카미에게 심어주었다고 할 수 있을 것이다. 핵발전소라는 자본주의 사회 노동현장의 가장 밑바닥에 발을 들여놓으면서 가와카미는 그것을 이용해서 정신적 자유를 얻고자 했다.

그러나 십여 년에 걸쳐 기다리고 있던 것은 암 발병에 대한 산재 청구 기각. 승산이 없다고 생각하면서도 산재 청구를 제기했던 가와카미는 일하기 시작했던 날부터 지금까지, 자본주의 노동현장에서 인간 소외에 분노하고, 투쟁했던 사람이라 해도 과언은 아니다. 3·11을 거쳐 내부 피폭에 대한 지식이 여러 사람에게 공유되고 있는 지금, 산재 청구는 꾸준히 증가할 것이다. 가와카미의 산재 청구 심사에서 나타난 증언자들의 위증을 피할 수 있을 것인가, 아니면 다른 증언자를 확보할 수 있는가, 지금은 예측하기 어렵다. "언젠가는 산재 인정을 쉽게 받는 시대가 올 것이라 믿습니다"라고 낙관하면서, 핵발전소 노동자를 지원하기 시작한 미국을 일본이 따라가는 시기가 20년 후가 될지, 30년 후가 될지 상상을 해본다. "걸어가는 사람이 많으면 처음 가는 길도 갈 수 있다"는 노신의 말이 생각난다.

석면, 특정 화학물질, 분진 등을 다룬 12개 업종에서는 암 검진을 시행하고 있으나, 핵발전소 노동자에게는 적용되지 않는다. '길이 생기는'그날까지 핵발전소 노동자는 핵발전소와 방사능이라는 열악한 조건에 맞서면서 고독하고 긴 싸움을 해야만 하는 상황이다.

상황의 엄중함에 비하여 가와카미는 밝다. "후회는 없어요. 하

느님이 오늘 죽으라고 말씀하셔도 좋아요라고 답변할 겁니다." 태
국에 공동체를 만들겠다는 꿈은 버리지 않았다. 그에겐 인생의 의
미를 곱씹으면서 살아가는 사람에게만 볼 수 있는 밝은 얼굴이 있
었다.

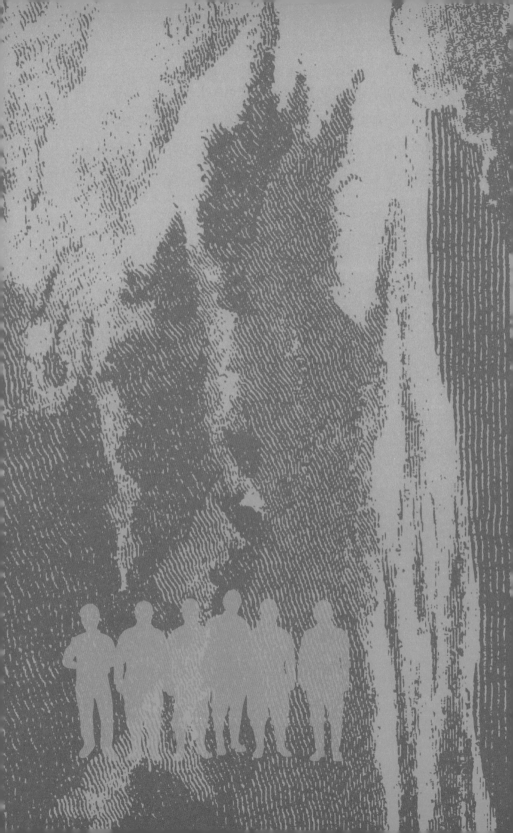

제4장

일상적으로 데이터를 수정하는 중앙통제실

— 기무라 도시오木村俊雄의 경험

기무라 도시오木村俊雄

전 도쿄전력 기술자와의 만남

2014년 12월 23일, 심야버스가 아침 7시 반 경에 고치高知[92] 역
에 도착. 달리 방법이 없어 고치 역 안 화장실에서 얼굴을 씻는다.
타고 온 버스는 좌석을 눕혀 기댈 수 있는 레버가 통상적인 위치
와 다른 곳에 있어서 도착 전 마지막 2시간, 차 안에 불이 켜졌을
때 좌석 설명서를 찾아보고, 등을 눕혀 간신히 짧게나마 눈을 붙일
수 있었다. 여기서부터 나카무라中村 역까지 특급으로 1시간 45분.
특급열차 출발까지 1시간 가까이 역 구내의 가게에서 우동을 먹고
한숨을 돌렸다.

플랫폼에 도착한 특급열차 옆에는 하얀 연기를 내뿜는 스사키

---

92. 시고쿠 지방의 태평양에 접해 있는 지역으로 산지 비율이 89%에 이르며, 바다와 접해
있어 천혜의 관광지역이라 불린다.

須崎[93] 행 디젤열차가 서 있다. 만일 완행열차를 타면 대체로 4시간 이상이 걸린다. 고치의 동서 넓이를 생각하면서 아침 햇살이 비친 태평양을 바라보는데 특급열차가 나카무라 역에 도착했다. 여기서 부터 택시로 30분. 드디어 목적지다.

나카무라 역에서 탑승한 택시기사는 "안녕하세요"라고 큰소리로 인사를 해주는 친절한 중년의 아저씨였다. 고치 현 도사시미즈 土佐清水 시 다음에 있는 지명을 읽지 못해 손으로 명함을 건네 보여주었다. 네비게이션은 없다.

"아, 구모모久百々입니다. 그곳에 묵으실 거면 연락해보겠습니다."

처음 보는 시만토四万十 강[94]이 오전 햇살에 아름다웠다. 몇 마리 물새가 날개 짓 하며 떠오르고 있었다. 지금부터 방문하는 기무라 토시오는 한 달 전 고치의 중앙공원에서 만났다.

그날 나는 죠사이城西 공원[95]의 특설 극장에서 라이브 공연을 했다. 안도 모모코安藤桃子[96] 감독의 영화 「0.5밀리」(2013년)의 주제가로 내 노래 「낙조殘照」를 제공한 인연 때문에 모모코 감독이 라이브 공연을 기획하고 고치에 꼭 와 달라고 초대했다.

모모코 감독이 영화 「0.5밀리」 상영을 위해 공원 안에 세운 극장

---

93. 고우치 현의 중부에 위치하고 있으며, 태평양과 접해 있다.
94. 고치 현의 서부와 서남부의 넓은 지역에 걸쳐 있다. 총 길이 약 196km로서 시고쿠 지방에서는 가장 긴 강이다.
95. 고치 중앙공원이다.
96. 1982년생. 일본의 영화감독. 고등학교부터 영국에서 유학하고, 런던대학 예술학부를 졸업하였다. 이후 뉴욕대학에 진학하여 영화 제작을 배웠고, 조감독으로 영화 업무를 시작했다. 처음 제작한 영화는 「카케라」이며, 자신이 쓴 자전소설 『0.5밀리』를 영화화했다.

은 흡사 천막 같은 외관이지만, 안에 들어가니 이곳이 극장인가 의심이 안 들도록 붉은 시트로 덮인 영화관 좌석을 배치했다. 음향설비도 아주 뛰어난 장비를 갖춘 공간이었다. 라이브 공연을 끝내고 다음 날 고치에서 전통요리 가게를 운영하는 지인과 만나야 해서 중앙공원의 핵발전소 반대 이벤트에 참석했다. 무대 참석자의 한 명으로 전 도쿄전력 기술자인 기무라 토시오의 발언이 있었다. 발언이 끝나고 무대 뒤에서 만나 자기소개를 하고 명함을 받으며 인터뷰를 요청했다.

80년 된 민가

"이 마을만 지나면 됩니다." 이렇게 말을 해도 차는 좀처럼 멈출 기미가 안 보인다. 손 글씨로 쓴 '헌법 9조를 지키자'라는 간판이 차를 타고 지나는 중에 계속 나타난다. 만일 이대로 아시즈리미사키足摺岬[97]까지 가지 않을까 의심이 들 때쯤, 드디어 구모모에 도착했다. 나카무라 역에서 정확히 30분이 걸렸다. 전화로 마중 나오기로 한 기무라의 모습이 보였다. 도로의 끝은 바다다. 하늘은 쾌청했다.

"여긴 차가 들어오지 않습니다. 시코쿠 옛날 도보순례길이라서요."

---

97. 고치 현 남서쪽 토사시미주土佐清水 시에 속한 곳으로 태평양에 도출하여 있는 아시즈리 반도의 끝에 있는 곳이다. 일본의 해상 국립공원의 하나이다.

좁은 길을 조금 올라가니 기무라의 집이 있었다. 건축한 지 80년 정도 된 민가의 방에는 장작 난로 위에 무언가를 끓일 때 사용하는 냄비나 주전자가 놓여 있었다. 슝슝 하면서 수증기가 올라올 때 나는 소리가 기분 좋게 배경 음악으로 들리는 방이었다.

조개탄을 넣자 고다츠[98]가 적당히 따뜻해졌다. 발을 들여놓는 순간, 이렇게 부드럽고 따뜻한 상태를 경험해본 적이 없다는 생각이 들었다. 전기 고다츠에 익숙해진 피부에는 부족할지 모르겠으나, 차가워진 발을 사람의 평상시 온도로 천천히 되돌려 주며 기분 좋게 만드는 따스함이었다.

"시간이 없으시면 제가 나카무라까지 갈 수 있겠지만, 이번 기회에 저희 집을 경험해보시는 것도 좋을 듯합니다"라는 메일을 보냈던 기무라의 본뜻을 즉각 이해할 수 있는 그런 집이었다. 기무라의 뒤쪽 남향 창으로는 빛이 들어오고, 조금 작은 동백나무 가지에 동박새가 앉아 있었다. 새는 주변 초목의 꼭대기를 향해 깡충깡충 뛰는 듯 날아다녔다. 벽에는 어쿠스틱 기타가 두 개 걸려있다. 바로 옆에는 두 명의 아이가 있었는데 누나가 동생에게 그림책을 읽어주고 있었다. "오시느라 피곤하시겠네요"라는 말을 들으면서 인터뷰를 시작했다. 중앙공원의 발언에서 느꼈던 조금 강한 톤이 아니라 정말 천천히 말을 하는 것이 인상적이었다.

---

98. 숯불이나 전기 등의 열원熱源 위에 틀을 놓고 그 위로 이불을 덮게 된 난방기구, 각로脚爐.

도쿄전력 부설 고등학교에 진학

기무라는 1964년 아키타秋田[99]에서 태어났다. 일식집을 하는 아버지가 어머니 친정인 후쿠시마에서 생선 초밥 가게를 시작하기 위해 가족과 함께 이사했으나 이후에는 떠돌이 일식집을 했다. 전국 각 지역을 돌아다녔는데 초등학교 입학할 때는 도쿄에 있었다.

"초등학교 3학년 때 어머니가 몸이 그다지 좋지 않아서 공기 좋은 곳을 찾아 외할머니가 사시는 후쿠시마로 돌아왔습니다. 어머니는 후타바双葉[100]에서 작은 음식점을 하려 했는데, 가게가 거의 완성될 무렵 아버지와 이혼했습니다."

가게를 운영하면서 기무라의 어머니는 빈방을 이용해 하숙도 시작했다.

"후쿠시마 제1 핵발전소의 건설 붐으로 손님은 히다치 제작소 사람들이 주로 왔습니다. 저는 중학교 3학년까지 그곳에서 자랐습니다."

편모 가정이었으나 핵발전소 건설 붐에 기댈 수 있어 장사는 그럭저럭 순조로웠다. 도미오카富岡[101]에 또 다른 하숙집을 운영할 만큼의 돈도 모을 수 있었고 선술집도 시작했다. 이윽고 후쿠시마 제2 핵발전소도 시작했다. 인근에 있던 하숙집 노동자들이 아버지 역할을 해주었다고 한다. 그렇게 하숙을 하고 있던 노동자 한 분이

---

99. 도호쿠 지방에서 동해 쪽과 접해 있는 현이다. 눈이 많이 내린다.
100. 후쿠시마 핵발전소 인근의 군이다.
101. 후쿠시마 후타바에 있는 후쿠시마 제2 핵발전소 인근의 마을 이름이다.

중학 졸업 후, 도쿄전력 부설 고등학교에 가면 어떻겠냐고 조언을
해주었다.

도쿄전력 부설 고등학교라는 것은 1954년에 도쿄 도 히노日野
시에 설립되어 2007년 폐교된 학교로, 도쿄전력이 운영하는 직업
능력 개발학교였다. 직업능력 개발학교는 공학, 산업계열의 학교
를 중심으로, 전국에 150개교가 있었다. 기업이 설립했다는 의미
에서 도요타 공업학원이 도쿄전력 고등학교와 비슷할지 모르겠다.
합격하려면 중학교 때 수업과 스포츠 모두 잘해야 했고 학교 추천
도 필요했다. 중학 시절 야구로 단련된 기무라는 후타바에서 백 명
이 지원하여 겨우 몇 명만 붙는 좁은 문을 통과해서 졸업과 동시에
도쿄에서 학교생활을 시작했다.

"모든 학생에게 급여가 나왔으며, 상여금도 있었고, 유급휴가도
있었습니다. 학비, 식비, 수학 여행비 등도 전부 회사에서 부담했습
니다. 자격 취득도 자동차 면허도 전부. 이 학교 출신은 전부 도쿄
전력 회사에 취직했습니다. 90%가 니가타와 후쿠시마 등 간토關東
지방 출신이었습니다."

학교는 자격 취득과 체력을 강조하고 '상하관계를 가장 중요하
게 생각하는 조직'이었다. 배전 실습 후에 근육 단련을 하거나 스
쿼트를 하는 것이 일상이었다.

3학년에 과정이 나뉘는 데, 배전·송전 과정 75%, 발전·변전
과정(화력, 원자력, 수력) 10%, 사무 과정 15%의 비율로 배정된다. 졸
업 후에는 도쿄전력 입사를 보장한다. 동급생 중에는 부친이 도쿄

전력 사원인 '2세'도 많았다고 한다. 럭비부에 가입한 기무라는 2학년에 탈퇴하고, 격주로 주휴가 2일인 점을 이용하여 이주伊豆나 쇼난湘南[102]에서 서핑을 하곤 했다.

원자력에 불평하려면
전기를 사용하지 마라

도쿄전력을 그만둔 기술자가 고치에서 자급자족 생활을 하고 있다. 3·11 후 내부를 잘 알고 있는 기술자로서 "후쿠시마 핵발전소는 쓰나미가 아니라 지진으로 파괴되었다"는 이야기를 하기도 하고, 또 독특한 생활방식으로 인해 뉴스에서 거론될 정도로 일약 유명해졌다. 뉴스 특집 영상 외에도 각 지역에서 강연하는 동영상이 유튜브에 몇 개나 올라 있다. 취재 전에 보면서 기무라의 자연주의라고 할 수 있는 현재의 생활 지향이 어디에서 비롯되었는지 궁금했다. 도쿄전력 부설 고등학교, 도쿄전력 같은 엘리트 코스를 걸어온 기무라가 뉴스 영상에서 장작을 패는 모습에서는 일시 기분으로 하는 것이 아니라 무언가 확고한 삶의 자세가 당당하게 드러나 있었다. 거기에는 원래부터 사람이 면면히 이어온 '인간'의 생활을 꾸려가는 기무라의 생기있는 모습이 있었다.

"초등학교 때 후쿠시마로 이사한 게 큰 영향을 주었을지도 모르

---

102. 이주는 시즈오카 현에 위치한 반도의 중앙에 있는 시이며, 쇼난은 가나자와 현에 있다.

겠습니다. 산도 있고 바다나 강도 있어서 중학교 때까지 언제나 자연 속에서 놀았습니다. 중학교 때의 좌우명이 '자연으로 돌아가자' 였으며, 색종이 뒤에 써놓기도 했습니다. 루소에게 상당한 흥미를 갖고 있었고, 기본적으로는 그때 이미 기본 토대가 형성되었다고 생각합니다."

그렇게 자연 속에 녹아들었던 소년도, 학교의 기숙사 생활 속에서 조금씩 변해갔다. "전력인이 되도록 세뇌 교육을 받기 시작했습니다. 도쿄전력에 들어가서도 일본의 에너지 근간을 만든다는 자부심도 있었고, 원자력에 불평한다면 전기를 쓰지 말라고 다른 사람에게 못을 박은 적도 있습니다."

원자로 업무

고등학교를 졸업하고 도쿄전력에 입사한 기무라는 후쿠시마 제1핵발전소에서 1년간 연수를 받으며, 가시와자키카리와柏崎刈羽 핵발전소에 배치되어 5년 반 근무했다. 맡은 업무는 1호기의 시운전과 핵연료 관리였다. 중앙통제실의 작업은 무수하게 많은 스위치를 누르는 이미지가 떠오르지만, 도대체 어떤 업무일지 궁금했다.

"원자로는 일 년에 한 번, 전체 연료의 4분의 1 정도를 교체합니다. 다음 1년을 위해, 새로운 연료를 4분의 1 넣고, 남은 4분의 3은 완전히 다른 지점에 배치합니다. 배치 방법에 따라 새롭게 들어간 연료 개수가 변하게 됩니다. 땔감 장작 위치를 바꾸는 방법과 유사해서, 잘 타는 장작과 천천히 타는 장작을 같이 놓는 식으로 가능한 한 적은 개수로 더 오래 탈 수 있도록 효율을 올려야 회사에 득이 됩니다. 발전 원가를 내리기 위해 연료 배치를 생각하는 것이죠. 다음 1년간 연료가 망가지지 않도록, 또 안전하고 더 오래 운전할 수 있는 배치를 생각해야 합니다. 계획이 서면 그것을 행정관청에 설명하고, 허가가 나오면 현장에서 배치전환을 시작합니다."

행정관청은 예전에는 통산성 안전관리과, 현재는 원자력규제청에 해당한다. 다양한 규제를 충족하고 있다는 설명을 하기 위해 정부청사에 가는 것도 기무라의 업무였다. 허가가 떨어지면 실제로 진행할 순서도를 만들고, 원자로를 가동한 다음 설계대로 핵물질이 분열하고 있는지 매일 확인 작업을 시행한다. 가시와자키에서의 5년 반 동안, 기무라는 3·11 발생 당시 도쿄전력 부사장이던 무토 사카에武藤栄와[103] 친했다. 쓰나미의 위험성을 알면서도 대책을 게을리 했다는 이유로 사고 책임을 따지는 기자회견 등에서 체면을 구긴 인물이었지만, 가시와자키 시절부터 기무라의 업무를 평가해 준 상관이었다.

"보통 원자로 업무는 국립대학의 원자로 공학과를 졸업하지 않으면 근무하지 못했지만, 무토 부사장은 재미있는 사람으로 제가 후쿠시마에 돌아가고 싶다는 희망을 얘기한 적이 있습니다. 그러

---

103. 1950년생. 도쿄전력 고문이다. 도쿄대학교 공대를 졸업하고 1974년 도쿄전력에 입사하여 2008년에 상무가 되었다. 2011년 3월 후쿠시마 핵발전소 사고 때 현지에서 지휘 업무를 수행하고, 2011년 6월 임기 만료로 퇴임하고, 현재까지 고문으로 재직 중이다.

자'어떤 일을 하고 싶나?'라고 묻기에 '원자로 업무를 맡고 싶습니다.'라고 하자, '좋아, 알았어.'하고 답을 했습니다. 후쿠시마 제1 핵발전소가 도쿄전력에서는 가장 전통이 있는 곳이고, 그중에서도 원자로 건물은 사실상 도쿄전력의 상징과도 같은 그런 곳입니다. 바로 그곳으로 저를 보낸 사람인 셈이죠. 그 후 직속 부장으로 후쿠시마에 왔을 때도 프로젝트를 다양하게 맡겨주었습니다. 도쿄전력의 원자력 업무로는 가장 재미있는 일을 했다고 생각합니다."

도쿄전력 부설 고등학교 출신으로는 이례적인 발탁이었다. 1989년에 후쿠시마 제1 핵발전소에서 원자로 업무를 맡게 되었을 때 기무라의 나이는 25세였다. 다음 해부터 일본원자력연구소(현 일본원자력연구개발기구)에서 원자로공학 전문 과정이라는 커리큘럼을 이수하고, 대학의 원자로 공학과에서 배울 내용을 4개월간 집중하여 배웠다.

불신의 싹

자신의 전문 분야 업무인 일본의 원자력 업무를 개선하고 싶은 마음은 학원 재학 때부터 계속해서 품고 있었다. 그러나 어느덧 그런 마음에 금이 가기 시작했다. 첫 번째는 원자로를 관리하기 위해 계속해서 감시하는 과정에서 발생했다.

"커다란 원자로라면 140톤 정도의 핵물질이 들어갑니다만,

40% 정도는 정체를 알 수 없는 물질입니다. 어떤 물질로 구성된 핵연료인지를 계산하는 대형 컴퓨터가 있어 확인할 수 있습니다. 매월 몇 그램의 플루토늄을 회수하는지 수치로 산출하는 과정을 스물한 살 때부터 보기 시작해서, 회사를 그만둘 때까지 계속해서 지켜봤습니다만, 140톤을 그램으로 환산하면 엄청난 자릿수의 숫자입니다. 숫자를 나열하는 단순한 업무라고 할 수도 있겠지만, 전기를 만들 때마다 회수된 플루토늄을 나타내는 수치가 점점 증가해 갑니다. 이런 업무를 생업 때문에 해야 하는 것인지, 과연 이렇게 묵인하고 살아도 좋은 것인지 고민에 휩싸이게 됩니다. 일찍부터요."[104]

매월 미국과 국제원자력기구와 과학기술청에 자료를 건네야 하기 때문에 소량의 변화도 수치화해서 남겨놓아야 했다. 막대한 수치의 핵물질을 중앙통제실에서 확인하는 업무. 일반인의 평범한 시각에서 보면 SF 같다고 말할 수 있는 업무지만, 문제는 기무라의 감각이 시간이 지나도 둔해지지 않았다는 점에 있다. 학창시절 '사용 후 핵연료'의 처분 방법은 실제로 확립되어 있다고 배웠다. 그것을 믿었지만, 업무 현장에선 그런 낌새를 전혀 느낄 수 없었다. 의문이 부풀어 올랐다.

---

104. 일본은 공식적으로 소위 비핵 3원칙을 준수하고 있으나, 핵발전을 가동한 후에 남게 되는 플루토늄을 회수해서 모아두고 있다. 미국은 2018년 7월15일 미·일 원자력협정의 30년 자동연장을 승인했다. 협정은 일본이 자국 원자력 발전소에서 나온 사용 후 핵연료를 재처리해 플루토늄을 추출하는 권한을 인정한다. 일본은 이 협정에 근거해 2016년 말 현재까지 46.9t(국내 9.8t 해외 37.1t)에 달하는 플루토늄을 추출해 보관하는 중이다. 핵탄두 하나를 만드는 데 8kg의 플루토늄이 쓰인다고 단순 계산할 때 약 6,000발의 핵폭탄을 만들 수 있는 엄청난 양이다.

"'핵발전소는 화장실이 없는 아파트'라는 말이 있지만, 폐기물 처리 방침조차 정하지 못한 상태를 계속해서 유지하고 미래 세대에게 떠넘기는 일이란 대단히 이상한 느낌이었습니다. 도쿄전력 사원은 모두 이런 점에 신경이 쓰였습니다만, 대우나 근무 환경이 좋다 보니 모두 어물쩍 넘기고 있었습니다."

일상적인 데이터 수정

고장이 잦았던 후쿠시마 핵발전소에서 그것을 은폐하는 도쿄전력의 체질도 불신을 더욱 부추겼다. "자신들에게 좋게만 설명을 합니다. 하루라도 빨리 운전해야 하니, 관공서에는 이런 식으로 설명해야 한다면서 핑계거리를 알려주는 데, 주야를 불문하고 화상 회의를 통해 계속해서 이야기를 들었습니다. 이런 식으로 하면 최종적으론 계산이 맞지 않기 때문에, 여기선 이렇게 이야기해야 한다는 식이죠."

기무라 자신도 일상적으로 데이터 수정을 할 수밖에 없었다. 발전 효율이 떨어지는 여름에는 높은 출력으로 운전해야 할 때도 있고, 계획 수치를 넘는 경우가 자주 발생한다.

"그때는 수치가 넘지 않아야 하기에 오차 범위 내에서 수정해버립니다. 날조나 마찬가지죠. 공무원들이 알 수 없도록 밤중에 몰래, 대형 컴퓨터에 연결된 유지보수용 컨솔 박스에서 원자로 출력을 줄이는 계수를 입력하고 수정합니다. 일상적으로. 그것은 저 한 사람만 할 수 있는 것인데, 물론 예전엔 선배 직원들이 했지만. 그러나 당시로선 최종적으로 제가 했어야 합니다. 한밤중에. 날짜가 바뀔 때."

마사이와의 만남

여행을 좋아하던 기무라는 언젠가 호주를 방문했을 때, 핵발전소가 없다는 사실을 알았다. 핵발전소가 없는 나라지만 아무 문제도 없이 풍요로운 생활을 하고 있었다.

1997년 기무라는 계속해서 늘어나는 핵물질에 대한 불신, 도쿄전력에 대한 불신으로 사직을 하고자 했지만 일단 보류되었다. 이유는 몰랐지만 사직을 보류시켜 놓고 있어 어쨌든 도쿄전력 사원이라는 신분을 계속 유지하고 있을 때, 기무라는 후쿠시마 현 가와우찌무라川內村에서 예전 공동체 생활을 이끌었고, 해산 후에도 계속 머물면서 자급자족 생활을 하고 있던 가자미 마사히로風見正博[105](일명 마사이)와 만났다.

---

105. 도쿄에서 태어났다. 구조조정으로 실직하고, 실업급여도 끊긴 상태였지만 새로운 일자리를 찾기 쉽지 않았다. 겨우 취직을 했으나 이전 월급의 3분의 1에 불과했다. 이때 가자미는 나카지마 타다시中島正라는 농민이 저술한 『농민이 알려주는 자급농업의 실마리』라는 책을 읽고 후쿠시마의 가와우치 무라로 들어가 자급자족 공동체 생활을 시작했다. 이곳을 '원시인 촌獲原人村(바쿠겐진무라)'라고 부른다. 이곳은 3 · 11 당시 모두 피난 지역에 해당하여 일시적으로 피난했으나, 이후 다시 돌아와 현재는 가자미 부부가 살고 있다.

만남의 계기는 산속에서 진행한 축제였다. 체르노빌 사고를 계기로 일본에서도 핵발전소 반대 공연이 확산되었고, 이런 분위기는 현재까지도 계속되고 있다. 마사이가 주최한 축제도 그 중 하나였다. 2014년 8월에도 '만월제 2014 - 큰북과 영혼의 축제'라는 주제로 5일간 개최했으며, 다마[106]의 지구 도시아키知久寿燒[107] 등 여러 연예인이 참여했다. 당시 수천 명의 사람이 모였으며 "가와우치무라의 모든 술이 동이 났다."고 한다.

'아니 산속에서 이런 축제를 하다니' 호기심이 일었던 기무라는 축제에 참가하여 마사이를 만났고 금새 친해졌다.

"처음에 갔을 때는 반핵운동이라 느껴 좀 당황하긴 했어도, 참여한 사람들이 10대부터 있고, 레게풍도 좋아하는 것 같고, 음악도 좋아서 아주 푹 빠져들었어요. 다만 사상이라고 할까 철학이나 생각 같은 것은 익숙하지 않았습니다. 저 같은 경우엔 자본주의 사회의 경쟁에 익숙해진 상태로 살아왔기 때문에 그런 자세가 이미 몸에 배어 있었던 셈이죠."

그러나 결국 도쿄전력과 결별할 결정적인 사건이 발생한다.

---

106. 다마는 일본의 밴드이다. 포크송을 중심으로 상당히 독특하고 이채로운 음악으로 유명하다. 1984년에 3인이 결성하였으며, 1986부터 4인 멤버로 운영했다. 1990년대에 메이저에 데뷔하였다. 1990년 싱글앨범 「사요나라 인류」는 일본의 오리콘에 처음 등장하면서 1위를 차지했다. 58만 9천 장을 발매하였다. 너무 인기가 많아 '다마 현상'이라는 말이 생겨났다.
107. 1965년 생, 일본의 뮤지션. 1985년부터 2000년대에 걸쳐 '다마'의 멤버로 활동했다. 현재는 솔로와 파스칼즈의 멤버로 활동 중이다. 사이타마 출신. 개성적인 음악과 긴 머리로 유명하다.

도쿄전력을 그만두고 자급자족 생활

"업무를 아무리 잘해도 여긴 위에서 결정하는 방식이라, 너 같은 사원은 파리 목숨이야."

열심히 업무를 하고 있던 기무라에게 어느 날 상사가 툭 던진한마디가 퇴직을 결정짓는 계기로 작용해 버렸다.

"도쿄전력에서 정사원이라는 자긍심을 갖고 보다 나은 발전소를 만들기 위해 열심히 앞만 보고 일해 왔습니다. 그랬는데 '열심히 해서 감투 쓰고 싶냐? 그래도 될 수 없어'라는 아주 저차원의말을 하는 도쿄대 출신 상사가 있었어요. 이렇게 수준 낮은 사람들이 내 상사라니. 지역과 함께 하는 도쿄전력이라고 말해 놓고, 그럴듯한 말들을 번드레하게 늘어놓았지만, 결국 나쁜 것을 좋다고한 것입니다. 정말 저에겐 정신이 번쩍 드는 말이었습니다. (웃음)인간으로서 격이 낮아도 너무 낮다는 느낌이었어요. 그걸 느끼게해 줘서 감사할 뿐입니다."

도쿄전력을 그만둔 기무라는 마사이가 살던 곳으로 향했다. 산속 축제가 계기가 되어 처음 알게 된 이후 많은 시간이 지났지만,퇴사하고 처음 만났을 때 도쿄전력 사원이었다는 사실을 이야기했다. 그때부터 마사이가 사는 곳에서 방을 빌려 쓰면서, 부서진 작은 집에서 생활하는 자급자족의 노하우를 배우기 시작했다.

"전기도 없고, 우물에서 물을 길기도 했고, 또 땔감으로 난방을해서 제법 재미있었습니다. 겨울은 춥긴 추웠습니다만, 후쿠시마의 300미터 정도 높이의 산속에서 장작 난로가 없었다면 아마 고통스러운 수행 과정이라 했겠죠. 전 난로가 있어서 즐겁기만 했습니다. 집안에서 불놀이하는 것 같잖아요."

풀 베는 방법, 전기톱 사용방법, 고인 물을 음료수로 만드는 방법, 땔감으로 살아가는 방법, 때로는 철학적인 내용도 이야기하면서, 기무라는 마사이로부터 자력으로 살아가는 방법을 배웠다.

"사람들과 동떨어진 가설 천막집이라고 해야 할지, 헛간이라고 해야 할지 여하튼 굉장한 생활이었습니다. 쌀이나 채소도 재배해서 자급률을 높였습니다. 어떤 것에도 속박되지 않겠다는 그런 원칙을 준수하는 사람들은 아니었지만, 함께 있으면 정말 많은 것을 알려줍니다."

예전 도쿄전력에 있을 때부터 핵발전소를 반대하려면 전기를 사용하지 말아야 한다고 생각했던 기무라는 원점으로 돌아가 전기를 생산하는 도쿄전력이나 행정관청으로부터 독립하여 살아가는 삶을 시작했다. 이런 삶 자체가 혁명적인 의미를 지닌다는 사실에 대해 주변은 물론, 기무라 자신이 가장 먼저 느꼈을 것이다.

돈이 필요해지자 2년 남짓, 소위 '일당 잡부'로 불리는 하청 회사의 인력 모집에 응해 핵발전소 현장 노동에 다녔던 적도 있었다. 이후에도 기무라의 생활방식은 마사이로부터 배운 자급자족 생활에서 크게 벗어나지 않았다. 2009년에 부인을 만나고, 다음 해에 오쿠마마치大熊町[108]의 해발 500미터에 있는 집을 빌려 장작불을 떼

---

108. 후쿠시마 현 하마토오리浜通り의 중앙부에 있는 지역. 후쿠시마 핵발전소 1호기부터 4

고, 태양열 판넬을 설치해 놓고 생활하기 시작했다.

전력회사나 행정기관에 대한
의존을 가능한 줄이자

바로 그때 3·11이 발생했다. 한때는 부인을 친정이 있는 나수那須[109]에 가게 하였으나, 4월 4일에는 서핑 동료가 있는 고치로 갔다. 만일 자급자족 생활이 어려워도 고치는 현이 운영하는 '주택무료 개방'이라는 정책이 있어 도움을 받을 수 있었기 때문이다.

"제 짐은 휴대용 휘발유 통과 전기톱, 도끼 등이었습니다. 휘발유가 없어질 때를 대비해야 합니다. 쌀도 갖고 있었고요. 전기톱과 도끼가 있으면 장작을 패고, 불을 피워 난방을 할 수도 있고 취사도 가능합니다. 휴대용 휘발유 통 자체는 당시에 전부 매진될 정도로 굉장한 활약을 했습니다. 가득 채워 넣고 쓰면 정말 도움이 많이 됩니다. 도치기에서도 시만토 시에서도 힘든 것은 장작 때는 생활이었기 때문에, 전기톱이나 도끼가 있어서 밥을 축내는 사람으로서 나름 역할을 할 수 있었다고 생각합니다."

마사이의 주변에는 일급 건축사 오츠카 쇼칸大塚尙幹[110]도 있었

호기가 있는 바로 그 지역이다.
109. 일본 간토關東 지방에 있는 도치기栃木 현의 북동부에 자리한 마을 이름이다.
110. 오츠카 쇼칸은 현재 45세로서, 일급 건축사이다. 후쿠시마 가와우치 무라에서 4가족이 살다 3·11 발생 후에 2012년 오카야마로 이주하여 에너지 절약과 대안에너지 운동을 하고 있다.

다. 기무라는 후쿠시마에서 자급자족 생활을 했기 때문에, 그와 함께 태양열 업무를 시작하기로 했다. 명함에 '자급 에너지 팀'이라 적혀있는 것처럼, 현재도 의뢰가 오면 '오프그리드 태양열'(전력회사와 연계하지 않은 독립 태양열 시스템)을 설치해준다. 그러나 기무라는 태양열로 생산한 전기를 전력회사에 판매하는 것에 대해서는 비판적이다.

"누군가에게 의존하게 돼버리기 때문이죠. 뜻대로 판매하지 못하면 심한 스트레스마저 받게 됩니다. 전기가 안고 있는 문제도, 재생가능 에너지가 구세주라고 점점 늘려가자고 하면서, 전기를 팔아 돈을 버는 시장경쟁 구조에 모두 빠져 허우적대고 있습니다. 핵심은 사용하는 에너지양을 더 줄여야 한다는 점입니다. 그게 우선순위가 되어야 합니다. 그러면서 재생가능 에너지의 특징을 잘 살려 도입해야 합니다. 그렇지 않으면 이번의 메가솔라 도입 중지[111]처럼 엉망이 되는 겁니다. 우리들 오프그리드를 주장하는 사람들은 이미 예상했던 내용이지만, 그래도 모두 듣지 않고 있습니다. 태양열은 좋은 것이니까 반핵운동을 하시는 분들도 쌍수를 들고

---

111. '메가솔라'는 출력 1메가와트 이상의 대규모 태양열 발전을 말한다. 일본의 경제산업성은 2011년 3월 후쿠시마 핵발전소 사고로 인하여 안전한 대체 전력수요를 확보하기 위해 2012년 7월부터 재생가능 에너지(태양열, 풍력, 중소수력, 지열, 바이오매스)로 생산한 전력을 전력회사에서 일정한 금액(태양열의 경우 1킬로와트당 42엔)으로 매입하도록 의무화했다. 매입 기간도 20년으로 장기간 설정했다. 이로 인하여 채산성이 개선되어 전력회사만이 아니라 각종 기업이나 지방자치단체에서 전력 판매에 참여하였다. 1메가와트의 메가솔라 한 개 시설에서 약 300세대 분량의 전력을 생산할 수 있다. 1메가와트의 태양열발전을 위해선 토지가 2헥타르 정도 필요하다. 문제점으로는 전력 생산을 위한 토지 매입비용은 소비자가 부담해야 한다는 점 이외에, 최근 막대한 토지가 필요하다는 점 때문에 산림 훼손 등의 부작용이 발생하여 논란이 지속되고 있다. 아울러 전력시장에서 판매 경쟁이 발생해 각종 부작용이 발생하고 있다.

환영했던 것이지만, 전력 판매라는 방식은 일정한 계략이 있는 것입니다."

일반 가정에서 전기를 판매하여 얻는 이익률은 기업에 비해 결코 높지 않으며, 매입해 주는 금액이 내려가면 울며 겨자 먹기로 따를 수밖에 없다. 반대로 자연에너지 도입에 수반하는 부담 요금이 추가되면서 이후의 전기요금 인상은 2015년 5월부터 '재생에너지 부과금'이 전년도보다 두 배 이상 오른 점에서도 분명하다. 독일에서는 이미 이러한 방식으로 재생에너지에 대한 부담요금이 월 2,400엔을 넘어섰지만, 일본의 재생에너지 매입가격은 독일보다 높고, 세계 최고 금액이라고 알려졌다. 전기요금이 더 올라갈 것은 뻔한 일이고, 전기 판매라는 눈앞의 이익에 급급하게 되면 문제의 핵심을 보지 못할 수 있다. 전기사용량 자체를 줄이는 일의 중요성은 기무라가 중앙공원의 발언에서도 강력하게 주장했던 내용이다.

전력회사나 행정기관에 대한 의존을 가능한 줄이고, 환경에 맞춰 검소하게 생활하면서 안전하게 살아가야 한다. 3·11을 경험한 기무라는 지금 경트럭에 비상용 전원 태양열 판넬 3매를 싣고 있다. 해안에 가까운 구모모 마을의 70명 정도가 고지대로 대피했을 때, 그 사람들을 위한 전기차로 생각하고 있다.

"여기 가까운 행정기관에서 이런 방식을 프리젠테이션 했습니다만, 아무 반응이 없습니다. 저를 받아준 마을을 위해서 전기차를 만들었다고 설명했습니다. 이곳의 식량자급률이 100퍼센트 넘고 있어 고지대로 대피했을 때, 제 전기차와 함께 사람들이 비축한 식량을 사용한다면 아마 1~2개월은 버틸 수 있을 겁니다."

미래의 피해를 줄이기 위하여

마지막으로 기무라는 한신아와지阪神淡路 대지진[112] 이후, 일본은 지진 활동기에 접어들었다고 주장하면서 '거시적 차원의 생물로서 지구를 이해하는 것'의[113] 중요성을 강조했다.

"인디언의 문헌을 읽어보면, 인디언은 인도에서 유라시아를 여행하면서 북미에 도착합니다. 그때도 대 지각 변동기가 원인이었습니다. 인디언의 역사는 구전하는 시 형태로 확실하게 전수되었습니다. 구전하는 사람들이 훈련을 받았기 때문이죠. 보통은 2만 년 이상을 거슬러 올라가지 않습니다만, 인디언은 그 이상을 남겼습니다. 이런 내용을 읽다 보면 아무래도 오늘날의 대지진에 놀라지는 않습니다."

지진 활동기에 접어들었기 때문에 현대 일본인이 어딘가로 대이동을 해야 한다는 것은 아니다. 하다못해 일본 곳곳에 존재하는 핵발전소라는 '방사능 폭탄'이 폭발하지 않도록 대책에 만전을 기해야 한다. 일반적으로 생각하듯 쓰나미를 예방하기 위해 제방을

---

112. 1995년 1월 17일에 발생한 효고 현 남부의 지진이다. 진도 7.3의 강력한 지진이었다. 이로 인하여 고베 시의 피해가 가장 컸다. 희생자가 6,453명에 달했다. 지진 당일 사망한 사람만 5,035명이고 이들 중 76%가 지진 발생 후 1시간 이내에 압사하였다. 특히 목조가구 1층에서 잠을 자다가 피해 당한 사람이 많았다.
113. 지구를 하나의 유기체 생명으로 보는 것은 가이아 이론이 대표적이다.

높이기만 하면 해결되는 그런 문제가 아니다. 기무라는 3 · 11의 핵발전소 붕괴는 지진으로 일어난 것이라고 판단한다. 데이터를 보면 14시 46분의 지진 후 불과 2분, 쓰나미가 오기 47분 전에 원자로 용기 안의 물이 이미 줄어들기 시작했다. 쉬라우드[114]는 '덮다'라는 의미에서 상하로 연료봉을 지탱해주면서 둘러싸고 있는 원통형 스테인리스인데 배관의 파손으로 내부의 물이 새고 말았다. 그러나 누수를 파악하지 못했고, 물 주입이 실행되지 않았다는 것이 기무라의 판단이다.

현재 1호기의 원자로 멜트다운(용용)은 19시 30분에 시작된 것으로 알려졌지만, 기무라는 17시 19분 시점에 격납 용기 밖으로 방사능이 다량으로 누출하여 건물을 오염시켰다는 자료를 제시하고,

---

114. 쉬라우드shroud는 원자로 압력용기 안의 연료 집합체와 제어봉을 배치한 원자로 내 중심부(노심)의 주위를 덮고 있는 원통형의 스테인리스 구조물이다. 비등수형 경수로에서만 사용한다. 아래 그림 참조.

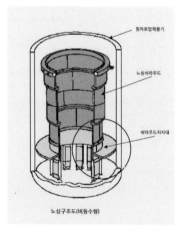

노심구조도(비등수형)

그때 이미 멜트다운이 시작한 것으로 생각한다는 논리를 정리했다. 2014년 봄부터 이런 사실을 바탕으로 국회의원과 협력해서 원자력규제청에 문제를 제기하기 시작했다.

"아직 시작에 불과합니다. 계획대로라면 증인 심문과 법원 재판 진행 과정에서 현재의 '재가동을 위한 기준' 자체가 (사고의 문제점을 그대로 온존시킨다는 점에서- 역자) 별 의미가 없다는 점을 제기하고 싶습니다. 저의 주장이 틀렸다고 해도 좋습니다. 사고 조사라든가, 재가동을 위한 기준 작성은 그런 자료를 하나하나 검토하면서 후쿠시마와 같은 사고가 두 번 다시 발생하지 않도록 해야 하는 것이 원래 올바른 방식입니다."

3·11에서 20년 거슬러 올라간 1991년 10월 30일 후쿠시마 핵발전소에서는 1호기의 배관에서 바닷물이 새고 있었고, 지하의 비상용 디젤 발전기가 침수되었다.[115] 이런 식으로는 쓰나미가 오면 멜트다운 할 수밖에 없다고 주장한 당시의 기무라에게 원자로 설치 허가 신청서를 담당하는 안전심사부문 담당자였던 상사는 "쓰나미와 핵발전소의 심각한 사고를 연관시키는 것은 금기다."라고 대답했다고 한다. 조직 보전을 위한 금기 사항이 존재하는 한, 정말 필요한 대책 준비는 불가능하다. 만일 핵발전소를 재가동 하려

---

115. 기무라 도시오는 1991년 10월 30일 1호기의 냉각수 계통 배관에서 해수 누설로 인하여 무릎까지 물이 차는 바람에 지하의 1, 2호기 공통 비상용 디젤 발전기가 침수해버려 고장 났다고 판단한다. 기무라는 배관의 누수만으로도 침수하여 발전기가 고장 난다면, 쓰나미가 왔을 때는 모든 비상용 발전기가 고장 나서 원자로 냉각을 하지 못할 것이라고 주장했다. 3·11로 기무라의 주장은 완벽하게 입증된 셈이다. 기무라는 이러한 주장을 호주 ABC방송과 인터뷰하여 폭로했다. 참조 : http://www.abc.net.au/news/2011-06-09/nuke-worker-speaks-out-about-tsunami-taboo/2753080?site=news)

면, 데이터를 보지 못한 상태에서 만든 기준보다, 데이터에 남아있는 개별 사안을 검토하여 실태를 파악하고, 구체적인 조건에 맞게 미래의 피해를 줄일 수 있는 기준을 만들어야 할 것이다. 기술자로서 과학의 한 분야에 관계했던 기무라의 절실한 염원이 느껴졌다.

선사 시대의 울림

"12시 20분에 버스가 있습니다."

나카무라 역행 버스 시간표를 보면서 기무라가 알려준다. 집에서 기다리는 아이들에게 잘 때까지는 돌아오겠다고 약속을 했기 때문에, 서둘러야 하는 여정이다. 부인과 아이들을 뒤로하고 기무라와 버스 정류장까지 조금 빠른 속도로 걸었다. 버스 정류장은 바다를 눈앞에 둔 도로변 '민박 구모모' 앞에 있었다.

"구모모라, 좀 이상한 지명이네요."

"아이누 족 말입니다. 어! 왔네요."

말이 거기서 뚝 끊어져 버려 나는 버스에 올라탔다. 창문 너머로 인사하는 기무라가 멀어져갔다.

아이누어가 고치에? 라는 의문에 빠지다가 문득 정신 차려보니 시만토四万十의 옆을 따라 흐르는 나카쓰지中筋 천의 녹차색 수면 위로 무언가가 튀어 올랐다. 물고기일까 생각하면서 자세히 살펴보니 논병아리 같은 쇠오리들이 머리를 물속에 집어넣고 물방울을

피어 올리더니 또 머리를 들곤 한다. 가까이에는 도요새가 배회한
다. 나카쓰지 천이 이윽고 시만토와 멀어지고 나는 다시 느긋하게
시만토의 반짝거림을 바라보면서 헤어질 때 기무라가 언급했던 아
이누족이나 인디언의 구전 시를 생각했다.

'시만토'라는 말이 '시 마무타'(아주 예쁘다) '시마 무타'(암석이 많은
곳)라는 아이누어에서 유래했다는 설을 알게 된 것은 도쿄에 돌아
와서다. 아이누는 따지면 선사 시대 사람이다. 구모모라는 지명에
도 선사 시대 원주민들의 울림이 남아있을지도 모른다.

많은 사람들이 끌려갈 수밖에 없는 '안정된 생활'에 빠지지 않
고, 사람이 구축한 과학기술의 본질, 문제점과 맞서면서 최종적으
로 아이누나 인디언과 통하는 자연의 품속에서 살아가기를 선택한
기무라. 어쩌면 기무라는 현대인으로서 가장 앞선 삶의 방식을 선
택한 것인지도 모른다. 그런 느낌이 들었다.

고정관념에서 탈피한다

후쿠시마 핵발전소의 건설과 함께 자라나고, 도쿄전력 부설 고
등학교에 입학하여 후쿠시마 핵발전소의 '원자로 건물'에서 책임
있게 업무를 담당해 온 기무라의 증언은 일상화된 자료 수정의 현
실, 도쿄전력의 실태, 계속 증가해온 핵물질의 문제와 도쿄전력 사
원의 의식 등 다양한 내용을 포함하였다. 이런 문제 하나하나에 대

한 기무라의 생각이나 사고 원인에 대한 논의를 글로 써서 알리고, 자급자족을 지향하며 생활하는 행동 자체가 많은 내용을 시사했다.

"누구든 나와 같은 생활은 무리라고 봅니다만,"

기무라는 자급자족 생활에 관해 이야기할 때, 이런 생각을 갖고 있었기 때문에, "비교적 젊은 사람들은 행정기관에 의존하지 않아도 살아갈 수 있지 않나요?"라고 말했다. 비정규직조차도 수요가 없어 일자리를 얻지 못한 많은 청년층은 고정된 사고를 바꿔가지 않으면 안 되는 시기가 왔다고 느낀다. 주위의 청년세대를 보더라도 친구 집을 전전하거나, 탈법 건축물과 흡사한 아주 좁은 방에서 생활하고, 넷카페에서 생활을 견뎌내고 있는 상황은 아주 일반적이 되었다.

"장작 난로가 없으면 정말 힘든 수행 생활일지 모르지만, 있으면 아주 즐겁습니다."

동심으로 돌아간 듯한 기무라의 말이 생각난다. 북적거리는 도시를 떠나, 회사에 취직해서 월급 받으며 지내는 생활에서 과감하게 떠난 기무라는 이렇게 하지 않으면 생활할 수 없다는 고정관념에서 벗어났다. 한순간에 생활을 바꾸는 것은 어렵겠지만 뭔가 계기도 있을지 모른다. 엘리트 기술자가 도쿄전력에서 고민한 끝에 선택한 인생의 핵심은 이런 사고가 있어 가능했을 것이라는 느낌이다.

추가로 물어볼 사항이 있어 전화했지만, 기무라의 휴대전화는 잘 연결되지 않았다. '전파가 도달하지 않는 지역'에서 장작 때면서 사는 기무라를 상상한다. 문득 구모모라는 말을 알게 되어 입속에서 중얼거리며 선사 시대 사람들의 울림을 확인하고 있는 나를 본다.

제5장

3·11 이후 은밀한 복구과정과 외국인 노동자의 불법 피폭노동

— 미즈노 도요카즈 水野豊和의 경험

미즈노 도요카즈水野豊和

리먼 사태의 여파

2015년 1월 13일, 이와키[116]로 향했다. 만나기로 한 시청사에 인접한 홀 앞에는 '0.17μSv/h(시간당 마이크로시버트)'라는 숫자를 나타내는 측정 게시판이 서 있다. 시청사 쪽으로 눈을 돌려보니 휴대전화를 들고 있는 와타나베 히로유키渡辺博之가 손을 흔들며 아는 체를 한다.

와타나베는 이와키 시의 시의원이다. 3·11전부터 지역 핵발전소 노동자들과 해고 상담 등을 하는 중에 문제점을 인식하고 있었으며, 3·11 이후에는 가혹한 노동현장에서 일하는 많은 핵발전소 노동자의 상담 활동에도 관여해 왔다. 이런 와타나베에게 '사고 전

---

116. 이와키 시는 후쿠시마 현 하마토오리 남부에 있다. 토호쿠 지방에서 센다이에 이어 인구가 두 번째로 많다.

부터 일하고 있는, 가능한 젊은 사람'을 소개해 달라고 부탁했고, 소개받은 사람이 바로 미즈노 도요카즈였다. "정말 괜찮은 청년입니다." 2010년부터 후쿠시마 핵발전소에서 일하며 두 아이도 키우는 미즈노에 대해 와타나베가 알려준 말이다.

안내해 준 회의실에서 미즈노가 기다리고 있었다. 1979년 후쿠시마에서 태어난 미즈노는 나보다 2년 위였다. 회의실 책상에는 "자, 이것 좀 드세요"하며 와타나베가 가져온 귤이 4개 놓여 있었다. 인터뷰를 시작했다.

"2010년에 핵발전소에 들어가기 전엔 자동차 공장에서 일했습니다. 트럭 부품에 관련된 일이었지만, 특수 모래로 고정시킨 틀에 철을 붓는 주물이라고 하나요. 체력이 관건입니다. 아주 덥기 때문이죠. 녹인 철을 꺼내서 자르거나 합니다. 중학교 졸업하고 여러 가지 일을 했지만, 마지막에 자동차 회사에서 정사원이 되었습니다. 그랬는데 리먼 쇼크로 갑자기 업무가 줄어들었습니다. 1주일에 2일 출근하고, 나머지는 일이 없어 쉬고, 야근도 없어졌습니다. 공장을 가동하지 못하는 상태가 된 것이죠. 그땐 핵발전소밖에 일자리가 없었습니다."

미즈노가 중졸 학력으로 맡게 된 정사원의 업무는 2008년 리먼 쇼크 여파로 타격을 받았다. 이후 일본에서 대대적으로 진행된 파견 업무로 파견 노동의 문제점이 부각되었다. 일부에서 파견 노동에 대한 비판도 있었지만, 지방의 제조업체가 받은 큰 타격 앞에서는 파견과 정사원의 구분이 없었다. 이런 심각한 상황에서 후쿠시마는 아이치愛知, 나가노長野에 이어 전국에서 세 번째로 많은 4천 명 가까운 비정규직 노동자가 해고를 당했지만, 미즈노와 같은 '정사원'도 포함할 경우 숫자는 훨씬 늘어날 것이다.

3·11 이전의 풍경

일자리가 사라진 미즈노는 부인의 지인에게서 핵발전소 일을 소개받았다. 주요 업무는 건물 안에서 거대한 터빈을 분해하고, 점검하거나 손질하는 유지 보수 업무였다. 핵분열 에너지로 발생시킨 증기로 터빈을 돌려서 전력을 생산한다. 후쿠시마 핵발전소에서 안전관리자로 오랜 기간 근무했던 다카하시 나오시高橋南方司(제2장)가 3·11 당일에 감독했던 것도 터빈 건물이었다.

"터빈은 상당히 큽니다. 엄청나죠. 계속 돌리기 때문에 고장이 발생하는 부분은 없는지, 볼트가 느슨해진 곳은 없는지, 부품을 교환해야 하는지, 빨갛고 하얀 특수 스프레이를 이용해 상세하게 확인해 갑니다. 매일 확인을 해도 잘못된 것이 나옵니다. 우리는 계속 확인하면서, 볼트를 조이거나 기름칠합니다. 당시 핵발전소 안에는 방사선량이 그렇게 세지 않았습니다. 지금보다는"

"지금보다"라고 이야기하는 것은 미즈노가 동일본대지진 이후 2011년 7월부터 후쿠시마 핵발전소에 들어가 현재까지 일하고 있기 때문이다. 위험수당도 나오지 않고 사고 직후에도 하루 일당이

1만 엔 전후였다. 불만이 높아질 때, 역시 위험수당 소송을 제기하기 시작했던 동료 노동자에게서 와타나베 시의원을 소개받았다.

3·11전에는 아침 8시부터 대체로 7시간, 근무가 길어질 때는 9시간 노동을 했다. 방사선량이 기준치를 넘지 않는 장소의 작업은 일반적인 노동시간과 거의 변화가 없었다.

"정기 점검에서 터빈을 열거나 하면 주말도 없어지는 것이죠. 예전에는 일이 재미있었습니다. 지금은 오늘은 여기, 내일은 저기 하면서 작업공정이 그때그때 정해집니다."

단축된 정기 점검 기간으로 인하여 작업에 여유가 없어졌다. 미즈노에 따르면 터빈 건물은 'A구역 아니면 B구역'으로 지정되어 있으며, 마스크를 착용하지 않는다. 관리구역 중에서도 피폭량이 적은 현장이라는 이유 때문이다. 'A구역'은 '오염 우려가 없다.'고 알려진 구역이기 때문에 대체로 터빈 건물은 'B구역'일 것이다.

이런 상황이니 "아니 저런"이라는 말이 튀어나올 수밖에 없다. 호리에 구니오의 『원전 집시』에서는 후쿠시마 제1 핵발전소의 터빈 건물은 비등수형[117]으로 원자로의 증기를 직접 터빈에 보내기 때문에 'C복(C구역에서 입는 방호복)'과 마스크를 착용한다고 서술했

---

117. 핵발전소의 경수로는 비등수형과 가압수형 두 가지가 있다. 일반적으로 핵 발전은 원자로에서 천천히 핵분열을 시켜서 나온 열로 물을 끓이고 그 물의 증기 압력으로 발전 터빈을 돌린다. 모든 원자로의 기본 구조는 이와 같지만, 비등수형은 원자로에서 끓인 물이(증기) 직접 터빈까지 간다. 이 경우 끓은 물에는 방사선이 오염된 물이기 때문에 증기에도 선량이 많이 포함된다. 반면 가압수형의 경우에는 깨끗한 물을 한 번 더 끓여서 거기서 발생하는 증기를 터빈으로 보낸다. 비등수형에 비해 오염 양이 줄어드는 효과가 있다. 한마디로 비등수형과 가압수형의 차이는 격납 용기 안에 증기발생기가 있으면 가압수형PWR이고, 없으면 비등수형이다. 비등수형과 가압수형에 대해선 인터넷에 자세한 그림이 많이 나와 있다.

다. 십여 년 만에 C구역이 B구역이 된 것인가.

하마오카浜岡 핵발전소나 기타 각 지역 핵발전소 노동을 체험했던 가와카미 다케시川上武志에 의하면 같은 수준의 관리구역에서도 현장감독의 판단이나, 핵발전소에 따라 장비 지도라는 것이 일률적이지 않다. "하마오카 핵발전소에서는 관리구역이라도 반드시 전면 또는 반면 마스크를 사용합니다. 그러나 같은 관리구역이라고 해도 후쿠시마 제1 핵발전소의 경우는 다른 곳과 같이 마스크를 착용하지 않고 일을 시킨다고 들었습니다."

예전 'C복'을 착용했던 곳에서 이제는 마스크 없이 'B복'을 입는다는 것도 이해하기 힘든 점이지만, 터빈 건물의 오염 상황도 단순한 것이 아니고 증기가 보내지는 파이프 주변이 가장 고선량인 곳이라 작업하는 위치나 다루는 부품에 따라 차이가 날 것이다.

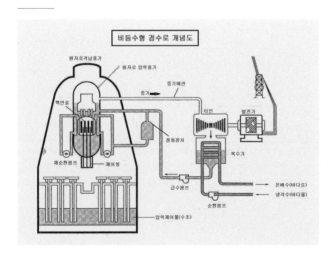

거대한 볼트를 제거

그러면 터빈 건물에서 구체적으로 어떤 작업이 시행되고 있을까?

우선 정기 점검이 시행된다면 터빈의 외부 케이싱(일종의 덮개이다. 터빈을 바깥에서 덮는다. 그 밑에 또 하나의 덮개가 있고, 이것을 내부 케이싱이라 한다.)의 볼트를 풀고 보수 점검을 하며, 크레인으로 들어 올린 다음 내부 케이싱도 동일한 방식으로 볼트를 풀고 점검하고 크레인으로 올린다. 여기까지 1~2주가 걸리며 이윽고 터빈이 드러난다.

터빈은 하나에 3~4미터 정도인 날개가 상하로 달려 있다. 이것을 몇십 명이 분해하고 점검해간다. 외부 케이싱과 내부 케이싱에는 각각 백 개 정도의 볼트가 있지만, 이 볼트도 2인 1조로 작업할 만큼 큰 것이라서 작업과정은 상당히 느리다. 작업이 서툴면 1개에 1시간 정도 걸리고 만다.

"볼트를 푸는 기계도 있습니다만, 기계로도 풀리지 않는 볼트가 꼭 있습니다. 마지막에는 결국 사람의 힘으로 달구고 내려쳐서 빼내야만 합니다. 기계로 쉽게 풀리는 볼트도 좀 있지만, 그래도 안 나오면 달궈야 합니다."

"달구다니요?"하고 와타나베 시의원도 몸을 바싹 내밀며 묻는다. "풀리지 않는 볼트는 볼트 히터로 새빨갛게 될 때까지 달궈놓고, 한사람이 볼트 푸는 봉을 볼트에 끼워 끈으로 당겨 언제든지 뺄 수 있도록 한 다음에, 다른 사람이 큰 해머로 그 봉을 '쾅 쾅' 소리 나게 내려쳐야 합니다."

"달군 다음 빼내면 볼트가 변형되거나 해서 너트에 집어넣을 때 잘 들어가지 않는 경우가 또 발생합니다. 잘 들어가지 않을 때는 수리를 해야 합니다. 부드럽게 진행되지 않죠. 이래도 안 되고 저래도 안 될 때는 아주 능숙한 숙련공을 불러서 물어보면 또 달구라고 합니다. 시키는 대로 하면 결국은 들어갑니다. 그런데 이런 숙련공이 점점 줄어들고 있는 것이 현실입니다. 문제가 발생해도 해결을 못 하죠."

볼트 이야기를 들으면 기계화가 가능한 공정 같다는 생각도 들지만, 지나치게 큰 것이 많은 핵발전소의 부품들은 기계화가 가능하지 않을 것이다. 겨울에도 더운 터빈 건물에서 땀을 흘리며 볼트와 씨름하는 것에 비교해 볼 때 사고 후 후쿠시마 핵발전소 노동으로 미즈노는 10킬로 이상 체중이 늘었다고 한다. 사고 후에는 고선량으로 노동시간이 줄었기 때문이다.

핵연료 저장수조에 잠입한 외국인의 존재

사고 전에는 원자로 덮개 안으로 들어가 바닥부의 밸브 분해, 점검 업무도 했다.

"그곳은 방사선을 엄청 쪼이는 곳이라고 했습니다. 장비는 전부 교환해야 하고, 작업 자체가 아주 성가신 일이 많습니다. C구역이니까요. 뭐가 어떻게 된 건지 모르지만, 밸브를 잡고, 큰 부품을 끌어 올려 매달아 놓고 분해하고, 손질하고, 스캇치라는 줄 같은 것으로 문지르거나 스프레이를 뿌려 놓고 갈라진 틈이 있는지 확인하고, 어디부터 어디까지 정해 놓고 분해를 합니다. 부품이 작동할 수 있도록, 미끌미끌하게 잘 움직이게 합니다. 줄로 문지르면 빛이 납니다. 시간을 정해 놓지는 않습니다. 제 생각엔 전부 합해서 0.5~6밀리시버트 정도일 것 같습니다. 밸브라고 해도 아마 0.1~2 정도일 겁니다."

예전 감각으로 방사선을 '엄청 쪼인다'는 현장에서 밸브 분해 작업도 사고 후의 감각으로 말한다면 굉장한 수치가 아닌 것이 되어버린다. "0.1~2 정도입니다."라는 미즈노의 대수롭지 않은 표현에 사고 전후 단절의 규모가 나타난다.

2010년 후쿠시마 제1 핵발전소. 그곳에서 일하는 사람들의 평균 연령은 대체로 이전보다 젊었을 것이다. 리먼 쇼크라는 큰 타격으로 인하여 미즈노도 핵발전소 노동자가 되었다. 터빈 건물을 중심으로 수행하는 작업은 B구역으로 피폭량이 적은 장소라고 할 수 있다. 미즈노는 대량 피폭이라는 핵발전소 노동의 암울한 측면을 목격했다.

"핵연료 저장 수조[118]에 들어가는 외국인을 많이 봤습니다. 한번 들어가면 상당히 많은 돈을 받는다고 합니다. 휴게소 등에서는 만날 수 없어도, 현장에 갈 때는 스쳐 지나갑니다. 체류하고 있는 동안 몇 번 정도 들어갈 것으로 생각합니다. 아마 전국을 돌면서 작

---

118. 그림. 후쿠시마 핵발전소 핵연료 저장 수조와 원자로

업하지 않을까 합니다. 타고 다닌 선박 카탈로그를 보고 알았습니다. 한 번에 200이나 300밀리시버트 피폭한다고 합니다. 백인도 있습니다. 한 번에 200만 엔이나 300만 엔 받는 것 같았습니다."

핵연료 저장 수조에 떨어진 것을 수습하기 위해 들어가는 흑인이 있다는 것은 나도 어느 책에서 읽은 기억이 있다. 1977년에는 히구치 겐지樋口健二가 쓰루가敦賀 핵발전소의 정기 점검 때에 촬영한 흑인 노동자의 사진을 가지고 국회에서 공명당 국회의원 구사노 다케시草野威가 질문해서, 그동안 존재를 부정하던 과학기술청도 통산성도 인정할 수밖에 없었던 일도 있었다. (『주간 금요일』 2011년 9월 9일호) 1981년 미하마美浜 핵발전소에서 큰 몸집의 백인 노동자가 원자로 건물에 들어가는 것을 가와카미가 목격하기도 했다.

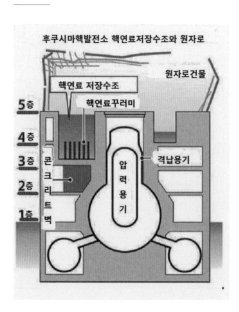

후쿠시마핵발전소 핵연료저장수조와 원자로

그러나 정말 사고 직전까지 그런 '공공연한 비밀'이 있었다. 다른 노동자와 스쳐 지날 정도로 가까운 곳에서 외국인이 노동한다는 것은 놀라지 않을 수 없다. 3·11 당일도 상당수의 외국인이 (후쿠시마 제1 핵발전소) 1층에 있었지만, 전부 대피하지 않았다는 현장 증언도 있다. (『후쿠시마 제1 핵발전소 수습 작업일기』, 가와데쇼보신샤河出書房新社, 2013년)

불법적인 대량 피폭

핵발전소 관계자나 몇 명 노동자에게도 이런 이야기를 들어본 적이 있는 와타나베 시의원이 말을 한다.

"방사선 피폭이 문제가 안 되니까 그런 겁니다. 물건을 쌓아놓는 판 위에 말없이 앉아 있는 사진도 미국 잡지에 실린 적이 있습니다. 흑인은 예전 이야기이고, 지금은 백인도 있고, 중앙아시아에서도 온다고 합니다. 내가 알고 있는 회사 사람도 매달려 있던 핵연료가 떨어져서 수습하기 위해 (외국인 노동자에게) 300만 엔 정도 지불했다고 이야기한 적이 있습니다. 그렇게 하면 돈이 덜 든다네요."

순간적으로, 미국에서는 빈곤으로 인하여 백인 청년들도 군대에 가는 경우가 많아지고 있다는 이야기가 생각났다. 현대의 핵발전소는 진실로 세계 각지에서 모여든 가난한 노동자의 불법적인 대량 피폭으로 유지하고 있는 것은 아닌가? 생활이 어려운 젊은 사람이 마지막에 도달하는 것이 전쟁터와 핵발전소일지도 모른다.

설령 그들의 수가 많지 않아도 의미하는 바는 대단히 무겁다. 2010년 후쿠시마 핵발전소에서 미즈노가 선박 카탈로그를 가지고 있는 외국인 노동자들을 스쳐 지나갔다는 점, 이런 사실은 핵발전소에 불법 체류 외국인 노동자가 필수 존재이고, 이들이 일본 각 지역의 핵발전소에 계속 존재해 왔다는 점을 말해준다.

만일 정식 고용 관계에 있는 일본인 노동자에게 그와 같은 작업을 시킨다면 선량 기준을 대폭 초과하는 불법 행위이다. 국적이 다르다는 한 가지 이유만으로 법망을 피해 간다. 자국으로 돌아가야 하는 외국인 노동자의 대량 피폭이 없다면 핵발전소는 운영할 수 없다. 겉만 녹색으로 위장해 놓고 실제는 불법을 안고 있는 셈이다. 핵이라는 괴물 같은 에너지를 안고 있는 핵발전소의 숙명일지도 모른다.

원래는 아무것도 떨어지지 말아야 할 핵연료 저장 수조에는 담배꽁초나 밸브 등을 비롯해 다양한 물건이 떨어진다고 한다. 이런 사태의 원인을 알 수 있는 한 가지 사례에 대해 와타나베 시의원이 노동자 한 사람한테 들은 이야기를 알려 주었다. 떨어지는 것은 핵연료 저장 수조에 국한된 것이 아니다.

"정기 점검을 아주 짧게 할 때가 있는데, 1980년 때쯤인 것 같아요. 기간을 짧게 할수록 원청에는 보상금이 나왔지만, 노동자에게는 돈이 나오지 않았다는 겁니다. 오히려 노동 강도만 세지는 거죠. 그럴 때 배관 속이나 원자로 안으로 밸브나 책상이나 의자, 사다리 같은 것이 보통은 떨어지지 않는 것이지만 이런저런 불만으로 떨어뜨린다는 것이죠. 노동자들이 성질나서 전부 던져버린다는 거예요. 그때부터 보상금 제도가 없어졌다고 해요."

싼 임금으로 쓰고 버림받는 노동자들의 화풀이나 원망이 핵연료 저장 수조 바닥에 떨어지는 것인지도 모른다. 성실하게 업무를 하는 척하면서 감시의 눈을 교묘하게 피해 물건을 던져버린다. 아니면 감시자조차 보고도 못 본 척하는 것일까? 물건을 내던진 노동자 자신은 아마 후련할 것이다. 가난한 자들의 분노를 다른 가난한 자들이 감당해 내면서, 돈으로 받는다.

수조에 들어갈 뿐만 아니라, 원자로 내부의 노동에도 흑인 노동자를 이용한 사실을 전 도쿄전력 사원이 증언했다. (로쿠사이샤鹿砦社 특별취재반, 『터부가 없는 핵발전소 사고 조서』, 로쿠사이샤, 2012년) 일본인 노동자의 피폭량 증가만을 문제 삼기 때문에, 자료에 나오지 않는 외국인 노동자로 인해 실제 수치가 비교적 낮게 나오고 있는지도 모른다. 설령 대량 피폭으로 수명이 줄어들어도 눈앞의 큰돈을 만지고 싶을 것이다. 핵발전소는 인체의 장기를 팔아 유지 운영하는 것과 다를 게 없다.

3·11 이후

3·11 당일 미즈노는 1호기 원자로 건물 지하에서 터빈에 연결된 배관 용접을 돕는 업무를 하고 있었다. 양생 등의 업무를 끝내고 한참 정리를 하는 와중에 땅이 울리는 소리가 나면서 심하게 흔들리고 불이 나갔다.

"그때 마침 발판 위로 막 올라가고 1호기로 들어가는 큰 물건 반입구에 있었습니다만, 정말 심했습니다."

지하에서 빠져나와 높은 지대까지 전속력으로 달렸다. 다음날 1호기가 폭발했다. 아내와 딸과 함께 어머니가 계시는 나고야로 피신하고, 사고 직후의 업무 의뢰는 중단되었다. 그러나 가족을 부양해야 했던 미즈노는 후쿠시마에 있는 히로노広野 화력발전소의 복구 등 단기 업무를 거쳐 7월에는 후쿠시마 핵발전소로 돌아왔다.

"면진동免震棟[119] 건물에서 문을 열거나 닫아주고, 헬멧을 반출하거나 구두를 반출하는 등 정비용품을 반출하는 업무였습니다. 반출하는 역할이라서 업무 이후 복귀한 사람의 선량을 측정하는 것은 하지 않았지만, 항상 선량이 높았기 때문에 이쪽을 열면 저쪽은 닫는 것에 신경을 써야 했습니다."

---

119. 면진동은 도쿄전력이 핵발전소에 설치한 시설이며, 지진 등 재해가 발생했을 때 대책본부를 설치할 목적으로 건설된 건물이다. 2007년 니가타 현 주에쓰 앞바다에서 일어난 지진을 교훈 삼아 지은 철근 콘크리트 구조물로서 지진 시에도 흔들림이 적게 내진구조를 갖추고 있으며 회의실, 통신설비, 전원설비, 공조설비 등이 마련된다. 진도 7의 지진이 발생해도 지장을 받지 않는다고 알려졌다. 또한 필터가 장착되어 방사성 물질을 거를 수 있어서 원전 부지가 방사능에 오염되어도 실내 대피가 가능하다.

건물 안이라고는 하지만, 보통 0.1밀리시버트 정도 피폭하는 면
진동은 지진 이전에는 B구역 수준의 선량이었다. 방호복을 갈아입
는 수준의 장소가 지진 이후에는 '저선량'의 장소가 되었다. 이곳
에서의 작업 외에도 미즈노는 2F(후쿠시마 제2 핵발전소)의 뚜껑 열기
업무도 맡았다.

"1F가 폭발했기 때문에 2F의 4호기 뚜껑을 열어보니, 전체적으
로 터빈이 한쪽으로 쏠려 기울어져 있었습니다. '장기보존 정기 점
검 공사'라고 했는데, 5~6명이 했습니다. 얼마만큼 이동했나, 어느
정도 손상된 것인지 확인하는 것이었습니다만, 날개가 심각하게
훼손된 것을 알 수 있었습니다. 더 사용할 수 없을 정도의 심각한
손상이었습니다. 아마 지진이 나서 터빈이 움직이니까, 그걸 급하
게 세우려 했던 것 같았습니다. 지진이 발생했으니까요. 뒤죽박죽
되면서 날개가 손상된 것이죠."

제1 핵발전소도 제2 핵발전소도 터빈 건물 지하에 있었던 비상
용 디젤 발전기나 배전반이 대부분 침수된 사실은 널리 알려졌지
만, 터빈 자체는 2층에 설치되어 있었기 때문에, 쓰나미 피해는 입
지 않았다. 미즈노가 "지진이 발생했으니까요."라고 이야기한 것은
바로 그 점을 강조한 것이다.

또 제2 핵발전소는 지진의 영향을 받아 자동 정지된 후, 원자로
에서 이상이 발생해도 터빈 발전기에 영향을 주지 않도록 원자로
에 이어진 밸브가 닫히면서 분리되는 시설장치를 구비했다.(『후쿠
시마 제2 핵발전소에서 무엇이 발생했는가(상)』, 일본경제신문, 2013년 5월

3일) 침수로 인한 고장이나, 압력 문제도 피할 수 있었던 터빈이 "전체적으로 한쪽으로 쏠려 기울었다"는 말을 믿는다면 가로 방향의 큰 흔들림이 (즉 지진) 터빈을 사용할 수 없을 만큼 손상시켰다고 봐야 한다.

터빈은 언제나 날개를 세밀하게 배치하고 있어서, 지진으로 인한 손상은 피할 수가 없다. 마찬가지로 자동 정지한 오나가와女川 핵발전소[120]에서도 터빈 본체나 발전기는 사용할 수 없을 만큼 손상을 입었다고 한다. (『후쿠시마 제1 핵발전소 수습 작업일기』)

도쿄전력이 '미증유의 쓰나미'를 아무리 강조하거나, 후쿠시마 제2 핵발전소나 오나가와 핵발전소의 자동 정지를 자랑한다 해도, 흔들림으로 거대한 부품이 토막 나 버린다면 지진이 많은 일본에서 당연히 '핵발전소가 경제적이다'는 주장에 대해 고개를 갸우뚱하지 않을 수 없다. 물론 사고로 방사선이 넓게 퍼져 발생하는 여러 손해배상, 악의적 소문으로 인한 피해 등 전체적인 비용이나 손해와 비교한다면 부품 비용은 아주 작은 것에 불과하겠지만 말이다.

반복되는 은폐

오염수가 흐르는 배관 교체를 위해 철판을 절단하는 작업 등으

---

120. 미야기宮城 현 오시카牡鹿 군 오나가와女川 초에 있다. 도호쿠 전력의 발전소이다. 총 3호기가 가동 중이었는데, 3·11이후 모두 가동 중지한 상태다. 전부 비등수형이다.

로 항상 방사선 경보기 알람이 울려, 하는 작업마다 인원을 교체해야만 하는 현장에서도 미즈노는 일을 했다. 그대로 일을 했다면 4월에는 연간 선량 제한을 넘어서기 때문에 현재는 다른 업무로 배치 전환되었다.

"10밀리시버트 정도 쬔 것 같아요. 연간 15 정도까지가 한계니까요. 그래서 지금은 저수조 탱크 순찰하는 업무로 바뀌었습니다. (탱크가) 여러 군데 있어 물이 새지 않는지 확인합니다. 방사선 피폭이 없는 곳으로 전환된 것이죠. (본인이) 신청하면 하던 업무를 계속할 수는 있습니다. 그러면 대체로 한계 기준 15밀리시버트를 1밀리나 2밀리 정도 초과할 수는 있지만, 굳이 신청하면서까지 일을 하고 싶진 않았습니다."

미즈노에 의하면 계속 오염수가 흘렀으나 언론이 사진 촬영을 하지 못하도록 철판으로 은폐했다고 한다.

"잘못된 것은 감춰버렸어요. 배관 작업 할 때 나오는 오염수를 휘발유 통 같은 플라스틱 통에 넣어서 버리는 데, 버릴만한 곳이 건물을 찾아서 오염수를 줄줄이 흘려보냅니다. 어딘가 하면 큐리온-Kurion[121](미국의 원자력 벤처기업 '큐리온 사'가 후쿠시마 제1 핵발전소에 설치한 세슘 흡착을 위한 장치. 탑 모양이다) 앞에 있는 건물입니다. 건물 안으로 더 들어가진 않습니다. 입구에서 던져버립니다. 방사선이 나오는 오염수니까요. 겉보기에만 깨끗할 뿐입니다."

2015년 2월 24일, 도쿄전력이 고농도 오염수를 항만 밖으로 흘

---

121. 큐리온 사의 세슘 흡착 장치는 '폐기물 집중 처리 시설' 내에 위치한다.

려보낸다는 사실이 밝혀졌다. 전년도에 이미 실태를 파악해 놓고도 공표하지 않고 있었다. 단순하게 생각하면 선량이 높은 현장에 비가 내리면 고농도의 물이 넘친다. 이것을 방지하기 위해서는 체르노빌과 같이 두꺼운 콘크리트로 덮어버리던가, 하다못해 원자로 건물 주변만이라도 빗물막이용 거대 지붕을 만들어 놓던가 하지 않으면, 비가 올 때마다 (고농도 오염수가 흘러내리는 현상이) 다람쥐 쳇바퀴 돌 듯 반복될 뿐이다. 이런 초보적인 생각조차도 사고 후 4년이 지나야 화제가 되는 마당에, 이미 비판할 생각도 들지 않는 도쿄전력의 은폐 체질만이 문제인 것이 아니라, 원래 사고 자체의 심각성, 그로 인한 무지막지한 혼란의 크기를 새삼 느낄 수밖에 없다.

10밀리시버트를 쐬였으나 아직 미즈노의 몸에 이상이 발생하진 않았다. 코피가 나오는 작업자가 있다고 들었지만, 피폭 때문이 아니라 다른 원인이 아닌가 생각한다고 했다. 다만 임금 산정의 애매함, 수당 착복에 대한 불편함이 늘어날 뿐이었다.

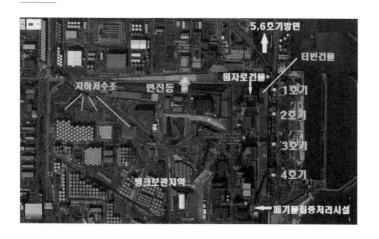

"다른 많은 일이 은밀하게 진행되고 있다는 이야기를 들으면 이상하다는 생각은 많이 들죠. 그런 것을 납득할 수 있는 사람이 얼마나 되겠습니까? 지금부터예요. 지금부터 모두 불만을 제기하거나 문제 제기하고 싶어 해요. 그렇게라도 하지 않으면 수습작업도 안될 것 같아요. 거짓말투성이에요. 도쿄전력도 거짓말, 우리 회사도 거짓말."

은폐, 착취, 속임수 ….

강한 의지가 담긴 미즈노의 입에서 핵발전소 노동이 사고 전부터 안고 있었던, 많은 경우 자포자기식 단념으로 표면화할 수 없던 문제가, 사고 후 진실로 응축된 형태로 나타나려 한다는 점을 아주 강력하게 느낄 수 있었다.

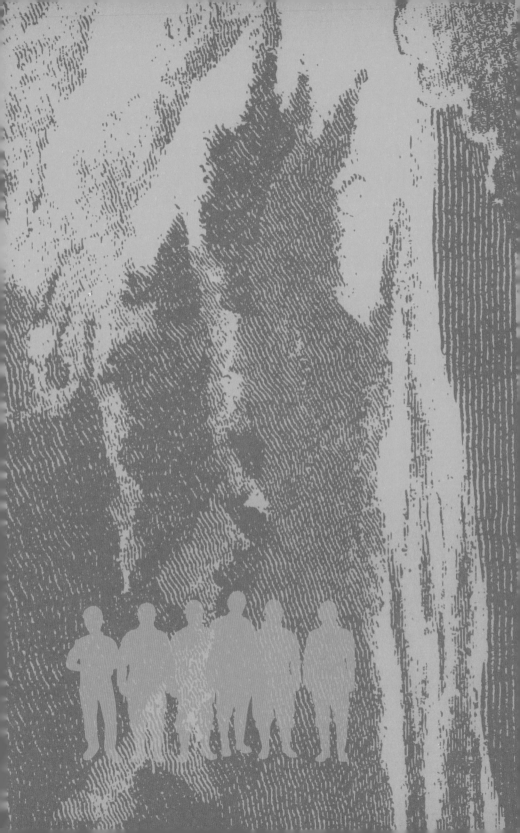

제 6 장

핵발전소 노동의 다단계 하청

— 다나카 데쓰아키田中哲明의 경험

다나카 데쓰아키 田中哲明

사고 전후에도 변하지 않은 것

3·11 이전 핵발전소 노동자를 알고 싶다는 생각으로, 한 사람 한 사람 증언자를 만나서 이야기를 들어왔다. 동시에 3·11 이후의 가장 열악한 현장의 목소리도 들어야만 한다고 생각했다. 바로 앞 장에서 미즈노 도요카즈(가명)의 증언과 같이, 사고 후에 비해 사고 전 핵발전소 노동은 더 나았던 것으로 볼 수 있다. 하지만 미즈노의 경우도 다양한 작업으로 나뉜 핵발전소 노동의 일부분에 불과했다. 어느 곳이 얼마나 심한지 단순 비교는 할 수 없다. 오히려 3·11의 전과 후에도 변하지 않는 부분, 연속하는 부분에 초점을 두는 것이 이 책을 정리해 가는 데 더 필요하다고 생각했다.

'미증유의 재해로 발생한 후쿠시마 참사'현장과 평상시 일본 전국의 핵발전소를 연결 하는 것. 유형무형의 압력을 강요받아 심연으로 가라앉은 핵발전소 노동자의 목소리에 집중적으로 귀를 기울여 보는 것이다.

나는 소속된 기업과 상관없이 개인 자격으로 가입할 수 있는 노동조합, 유니온[122]에 문의하였으며, 이윽고 다나카 데쓰아키(가명)라는 분으로부터 메일로 연락을 받을 수 있었다. 만나기 전에 메일로 나이를 물어보니 "내 나이는 전 동료들로부터 의심을 받을 수 있고 또 여러 사정이 있으니 30대로만 해 달라"는 답신을 받았다. 다나카의 메일 주소에는 계정 아이디가 이미 가명으로 알려진 이름을 사용하고 있었으며, 취재가 끝날 때까지 본명이나 실제 나이, 출신지 등 상세한 내용을 알 수 없었다. 이미 나이가 들어 현장을 떠난 사람들이 실제 본명이 무엇이라고 대답해주는 것은 처음부터 가능하지 않았다.

갑작스러운 계약 파기

2014년 8월 19일, 기치조지吉祥寺[123]에서 만나기로 하여 약속 장소에 나타난 다나카는 조금 말이 없는 사람으로, 20대는 아닌 것 같지만, 중년 같기도 해서 정말 나와 같은 세대인지 갸우뚱하게 만

---

122. 유니온은 원래 노동조합과 같은 용어이지만, 일본의 경우에는 노동조합과 구별하여 사용하는 유니온은 주로 비정규직 노동조합을 지칭하는 경우가 많다.
123. 도쿄 도의 무사시노武蔵野 시에 1962년까지 존재했던 지명으로 현재는 기치죠우 지역 인근 지역을 말한다.

드는 남성이었다. 들어간 카페에는 재즈가 흐르고 있었으며, 음이 작아지거나 커지는 것을 신경 쓰면서 인터뷰를 시작했다.

다나카는 2012년 1월부터 10개월, 후쿠시마 제1 핵발전소에서 근무했다. 피폭선량은 합해서 20밀리시버트.

2011년 7월부터 현재(2015년 1월)까지 후쿠시마 핵발전소에서 3년 반 근무하고 있는 미즈노가 연간 피폭량 10밀리시버트에 도달하자, 피폭량이 비교적 적은 곳으로 배치 전환되어 근무했던 반면, 다나카는 2012년 1년이 채 안 된 기간에 20밀리 시버트를 쪼인 것이다. 이것은 미즈노와 비교하여 상당히 빠른 속도의 피폭이라 할 수 있다. 미즈노는 사고 후인 2011년 7월부터 현장에 들어갔으며, 2015년에 비로소 연간 피폭량이 제한기준 15밀리시버트에 근접했다. 양심적인 회사였는지는 모르겠지만, 피폭 진행이 비교적 더디게 진행된 미즈노는 현재 오염수 누출을 감시하는 업무에 종사하고 있다. 다나카에 따르면 "전에는 30밀리시버트였다지만, 현재는 10밀리시버트라고 하는데 사실 어떤 근거가 있는지 모르겠지만, 아무래도 가능한 한 1인당 피폭량 수치를 낮춰서 일회용으로 처리하려는 것으로 보인다."는 것이며, 회사 입장에서는 사고로부터 일정 시간이 흐른 만큼 피폭선량 초과를 방지하기 위해 관리가 좀 더 엄밀해졌다고도 할 수 있을 것이다. 그러나 2012년 시점에서 다나카에게는 그러한 조치도 없는 상태로, 피폭선량이 20밀리시버트에 도달해서 회사에서 해고되었다. 당시 기준 20밀리시버트는 임시 기준으로 50밀리시버트 정도까지 일했던 사람도 있다고 이야기했으며[124], 다나카는 반년 정도 더 일했지만, 도중에 처음 계약이 변경된 것이다.

"반년마다 계약을 했습니다만, 처음 반년이 지났을 때, 1개월 계약으로 변경되었습니다. 갑자기 부르더니 회사가 1개월밖에 계약을 연장해 줄 수 없다고 통보를 했습니다." 납득할 수 없었던 다나카는 그 후 사진작가 히구치 켄지樋口健二도 참여했던 '피폭 노동을 생각하는 네트워크'나, '유니온'의 힘을 빌려 원청업체가 위장 하청을 했다고 문제를 제기하면서 교섭을 시작했던 것이다.

어디에나 있는 현장

다나카는 간토[125]에서 태어나서 도쿄 이외 여러 지역을 전전하며 일을 해왔다.

"공장이나, 신문 배달, 트럭 운전 등을 했습니다. 지방에는 일이 없어서 여기저기 옮겨 다녔습니다. 잘리기도 하고, 정사원이 된 경우도 있었지만, 몸이 부서질 때까지 일해야 한다는 느낌을 받았습니다. 몸도 안 좋고, 공장이라 해도 파견이나 하청이라서, 회사 경

---

124. 일본이나 한국의 핵발전소 선량 규제는 주로 국제방사선방호위원회의 권고를 무비판적으로 수용한다. 국제방사선방호위원회는 방사선 작업자의 선량 규제를 5년간 100밀리시버트, 다만 특정 연도에 50밀리시버트까지는 허용한다. 자세한 내용은 역자 후기를 참조.
125. 일본 전국을 9개의 지방으로 나눈다. 1) 홋카이도, 2) 도호쿠東北) 3) 간토関東, 4) 주부中部, 5) 간사이關西, 6) 주고쿠, 7) 시고쿠, 8) 규슈, 9) 오키나와이다. 간토 지방은 혼슈의 동쪽 지방으로 이바라기茨城 현, 도치기栃木 현, 군마群馬 현, 사이타마埼玉 현, 치바千葉 현, 도쿄東京 도, 가나가와神奈川 현이 포함된다.

영 사정으로 해고가 되었고, 오래 근무했던 업무도 별로 없었습니다. 토목 공사 같은 것만 조금 있을 뿐이었죠. 고등학교는 직업훈련 학교였습니다. 2011년에는 숙소를 제공하는 신문 배달을 했었지만, 정말 잠자리가 너무 힘들었습니다. 업무 자체는 '남들만큼 힘든' 수준으로 일을 했었지만, 그곳은 거의 잠을 잘 수가 없었어요. 겨우 4시간 정도 잤을까. 몸살이 심했어요. 잔업수당도 나오질 않고. 하도 힘들어서 아파트로 이사를 했지만 연말이 되니 수중에 남은 돈이 없었습니다. 좀 더 오래 근무할 수 있는 일자리를 찾아봐야겠다고 생각하고 있었지만, 그런 자리가 있어야지요. 그런데 2012년 초에 후쿠시마 쪽에서 연락이 왔습니다."

후쿠시마 제1 핵발전소에 입사한 다나카는 미즈노도 근무했던 면진동에서 작업했다. '주변보다는 방사선량이 낮은 공간'으로 주로 현장에서 돌아온 작업자들의 옷을 벗기거나 제염하는 업무였다.

"헬멧을 쓸 수 있도록 준비해주거나, 깜박 잊고 간 사람에게 보내줬으며, 방호복을 입고 돌아오면 오염물이 날리지 않도록 가위로 자르고, 선량을 측정하고, 제염합니다. 물건도 오염되기 때문에 물과 걸레로 씻어냅니다. 솔을 이용하기도 합니다. 나중에 알았지만 이렇게 하면 안 되는 것이었습니다."

원래는 하면 안 되는 오염 비산 방식도 현장에서는 특별한 지도 없이 횡행하고 있었다.

"룰이 없습니다. 어디서나 오염 확산작업이 비일비재합니다. 예를 들면 부상당하거나 상처가 있다고 해도, 회사마다 다르진 않을

텐데, 기본적으로 상처가 있으면 현장엔 들어갈 수 없다고 이야기 하거든요. 저 같은 경우엔 쓰레기를 치우다가, 오염수 속에 나무 조각이 있어서 찔렸습니다. 고무장갑을 끼고 있었지만, 바로 피가 났습니다. 일이 서투르다고 생각해서 원청 관리위원에게 (오염 여부를) 얘기했더니 괜찮다고 했습니다."

"장화는 푸른색이거나 누런색 혹은 빨간색이 있어서 위험도 수준에 따라 갈아 신어야 하는데도 실제 현장에 가보면 전부 폭발한 상태라 오염된 상태인데도, 모두 그런 것에 상관하지 않고, 작업화도 돌려가면서 신고 푸른색, 누런색, 빨간색을 모두 재사용하고 있습니다. 오염물은 신체로부터 가능한 떨어뜨려야 한다고 말은 해도 하지 않습니다. 현장에서는 전혀 시행되지 않고 있습니다."

다단계 하청의 상하구조

"이런 일을 단속해야 할 주무관청, 예를 들어 노동부에서 단속이 나오면 미리 알고 있습니다. 이날은 단속을 나오기 때문에 아무 것도 작업하지 말라고 합니다. 노동부는 '장비를 준비해야 해서 미리 알려줄 필요가 있다'고 말합니다만, 예전부터 적당히 했습니다. 여기저기 둘러만 봅니다. 현장에서 머무르고 있지만 아무 일도 안 합니다. 업체도 현장에 나오긴 나옵니다만, 배웅하기 위해 나오는 것이죠. 만일 단속에 걸리면 하청이 끊어지니까요. 여하튼 아무런 이상이 없게 됩니다."

어느 정도 예상했지만, 예상을 뛰어넘는 현장의 엉망진창 상태가 전해져 온다. 다나카에 의하면 사고 후의 같은 현장 작업에서도 제염은 환경부 관할이라 위험수당[126]이 정확히 나온다고 한다. 다만 실제로는 제염작업도 회사로부터 노동자들이 수당을 받지 못하거나, 반대로 하청 회사에서는 정확히 작업자에게 미리 수당을 지불하였으나, 나중에 이에 해당하는 돈을 원청으로부터 받지 못하는 경우도 존재했다. (『주간 포스트』 2015년 3월 20일자)[127]

제염작업이나, 핵발전소 내 현장에서 시행하는 모든 작업에 대해선 본래 정부가 직접 관리하고 노동자가 정확하게 규칙을 지켜야 할 과정으로만 생각했다. 그러나 상부에 구체적으로 말을 할 수 없는 분위기 속에 위험수당도 제대로 받지 못하고, 이래저래 현장은 혼란스럽기만 할 뿐이다. 피폭은 다른 의미에서 보면 노동자에겐 희생을 강요하는 구조인 셈이다. 이것이 바로 말하지 않아도 대개의 사람들이 알고 있는, 반세기 이상 핵발전소 노동을 지탱해 온 다단계 하청 구조인 것이다.

---

126. 위험수당 혹은 제염수당의 정식 명칭은 '특수근무수당'이라고 부른다. 일본 환경성이 발주하는 제염 특별 지역(후쿠시마 핵발전소로부터 20킬로미터 이내의 구역)에서 제염작업을 하는 노동자에게 지급한다. 간단히 말하면 피폭 위험에 노출되는 작업에 대한 특별한 보수인 것이다. 금액은 대체로 하루 일 인당 1만 엔(일부 구역은 6,600엔)이다. 환경성은 임금과는 별도의 금액으로 작업자 본인에게 지급해야 한다고 규정하였다.
127. 해당 기사에서 밝힌 내용에 따르면 '안토하자마'라는 회사를 중심으로 구성된 벤처회사가 일본 환경성으로부터 후쿠시마의 나미에마치浪江町에 대한 제염작업을 49억 엔(약490억 원)에 수주했다. 이 회사는 다시 이것을 도쿄 도에 있는 O사에게 하청을 주었고, O사는 이것을 다시 요코하마 시에 있는 카이도건설海渡建設에 재하청을 주었다. 근무한 노동자들은 대개 카이도건설 회사의 노동자들이었는데, 실제 재하청 회사에게 까지 위험수당이 내려오지 않았다.

하청이라는 상하 수직 구조는 임금 체계만이 아니라 다양한 형태를 띠면서 노골적으로 나타난다. '수습 선언'전에는 차콜 필터 charcoal filter[128]라는 고성능 마스크를 사용했지만, 선언 후에는 간소화라는 명분으로 '더스트 필터'dust filter라는 얇은 마스크를 착용했다.

"도쿄전력 관계 회사와 일부 종합건설회사가 차콜 필터를 착용하고 있습니다만, 그런 회사는 대기업이잖아요. 나오는 돈도 다릅니다." 일반 작업자는 손과 발밖에 계측하지 못하는 모니터, 도쿄전력 사원은 전신 오염을 1회 계측하는 모니터를 사용한다. 『원전 집시』 저자 호리에가 예전 후쿠시마 핵발전소에서 목격했던 노골적인 차별 구조는 하나도 변한 것이 없다. 경비 삭감으로 인하여 취약한 장비가 채택되어도 작업자 한 사람 한 사람에게 선별해서 주는 것이 원칙이다.

"강요하는 것이죠. 이 장비로 작업해 주세요라고. 습기가 차서 눅눅한 잠자리도, 물에 취약한 장비도 모두 마찬가지. 이 상태로 협조해 달라고 종용합니다."

처음부터 회사에 매달려 허깨비처럼 지내거나, 꾹꾹 참고 지내던 노동자들 중에 첨예한 감각을 갖고 있던 다나카는 도쿄전력 사원하고도 부딪혔다.

"도쿄전력 사람들은 대개가 다 무지막지합니다. 좋은 사람도 있긴 있겠지만, 왕 같은 자세랄까, 갑자기 명령하거나 규정 위반을

---

128. 활성탄 필터라고도 하며, 담배 차량 등에도 사용한다. 방사선을 여과한다.

추궁합니다. 그런 행동에 조금이라도 대드는 모습이 보이면 뒤에서 화를 냅니다. 이런 모습은 늘 있습니다. 욕을 해대거나, 앞뒤 안 가리고 화를 내는 것이죠. 우리 회사에게 하청을 주는 위인들이라, 우리는 내일부터 오지 않아도 좋다는 이야기를 듣게 됩니다. 저만이 아니라 같이 있던 다른 사람도 정리를 해버리고 지원하는 회사마다 잘리게 됩니다. 핵발전소라는 곳은 이런 식으로 만들어지기 때문에, 다른 동료와 함께 사과해야만 합니다. 다른 핵발전소에서도 마찬가지죠. 핵발전소 이외 다른 일자리가 있으면 모를까, 지금 취업할 곳이 많이 없잖습니까? 핵발전소에서 일할 수밖에 없는데, 핵발전소에서 일하지 않는다면 뒤도 돌아보지 않겠죠. 핵발전소에서 일하기 전에는 알 수 없었지만요."

모멸감, 막무가내, 퍼붓는 욕설, 애원하는 동료들. 이런 일들을 경험한 후에 다나카는 핵발전소와 지역의 현실적 고통에 공감했다.

좀처럼 주장을 하지 않는다

"뉴스에서 도쿄의 핵발전소 반대 시위 장면이 나타나면 우리는 어떻게 되나 하는 이야기를 합니다. 일자리가 없어져 버릴까 봐 걱정하는 의미죠. 저도 원래 핵발전소에 반대한다고 막연하게 생각했었지만, 그땐 이렇게 관계하질 않았을 때입니다. 일하러 가서 보니, 원래 이곳에서 일하던 사람, 지역 사람, 사고 후에 이곳에 들어

온 사람들을 알게 되었습니다. 집을 잃거나, 일자리가 없는 사람들. 가족 때문에 일할 수밖에 없는 사람들이라, 후쿠시마 지역은 전부터 경제적으로 불안정해서 사고 후에 일자리가 늘어나서 좋았다는 사람도 있습니다. 핵발전소 설치 지역은 대개 임금이 낮은 시골이라서, 지역에서 하루 일당 만 엔의 일자리를 찾기 어렵습니다. 항상 그랬죠. 이런 곳이어서 도쿄에서 1만 엔은 많은 금액이 아닐지 모르지만 저에겐 컸습니다."

일이 없어서 오키나와에서 후쿠시마 핵발전소까지 취직하러 온 청년도 만났다.

"기지 건설이 있으면 고향으로 돌아간다고 했습니다. 이러면 사실 누구도 말할 수 없지 않겠습니까? (기지 반대 데모처럼) 해야 할 말을 하는 것은 중요하겠지만, 실제 먹고사는 문제 때문에 행동으로 이어지진 않고, 앞에 나설 수 없다고 생각합니다."

원래 '무조건 핵발전소 반대'였던 다나카의 감성은, 핵발전소 반대, 찬성으로 양분된 여론의 좁은 틈바구니에서 실제 보고 들은 내용이나 경험을 통해 유연한 사고를 갖게 되었다. 다나카는 핵발전소를 부정하지도 긍정하지도 않는다. 다만 현장 노동이 계속되는 한, 현장 상황을 개선해야 한다고 생각하는 것이다.

"노동자가 무언가 주장을 하는 것이 좋겠다고 생각해도, 생활에 몰린 사람은 절대 할 수 없습니다. 동료들과 함께 연대해야지 생각도 합니다. 과연 무엇이 필요할까요? 문제를 파악하고, 현장에서 일하지 않는 사람들도 교섭에 참여하면서, (현장에서) 문제 제기한 사람들을 지켜주면서 해야 합니다. 지켜주면서 하다 보면 핵발전소에서 일하고 싶지 않은 사람들은 일하지 않으면서도, 서로 연대해서 조금씩 개선해 갈 수 있습니다. 일하고 싶거나 혹은 일을 해야만 하는 사람들에게는 환경을 개선 시켜줘야 합니다. 노동자를 일회용품 취급하는 상황을 바꿔야 합니다."

불안정한 고용

방사선 영향인지는 모르겠다고 전제하고 난 뒤, 다나카는 피폭 노동 후에 발생한 몸 상태의 불안정에 대해 이야기했다. 목이 붓고, 코피, 혈뇨, 쉬 피로해지는 무력감으로 걸을 수 없어 길에서 주저앉아 버린다고 했다.

"병원에 갔더니 스트레스 때문이라고 했습니다. 결국엔 원인을 알 수 없어서 CT를 찍었습니다. 사실 저는 무서웠습니다. 건강진단은 받았지만, 그때 의사 선생이 여기가 아프냐고 눌러보는데, 정말 아팠습니다. 그렇지만 실제로는 '아뇨 아프지 않습니다.'라고 말해 버렸습니다. 내색하지 않았습니다. 의사도 아는지 묘한 표정을 지었습니다."

불안정한 고용으로 몸에 이상이 나타나면 다음 날 일자리 상실로 바로 이어진다. 몸을 축내면서 일하는 것은 3·11 이후 많은 핵발전소 노동자에게 공통된 현상일 것이다.

2011년 12월 노다 수상은 후쿠시마 핵발전소 사고를 일정하게 정리했다면서 소위 '수습 종결 선언'을 발표했다.[129] 그 이후에 현장에 들어간 노동자는 건강진단을 보장받을 수 없었다. 2013년 3월에 아베 수상이 '수습 종결 선언 철회'를 발표했지만, 노동환경 개선은 이루어지지 않았다. 2012년 1월에 현장에 들어간 다나카는 1개월 차이로 장기 건강진단 기회를 얻을 수 없었다.

"향후에 만일 산재를 신청할 경우, 처음엔 (하루) 5밀리시버트였기 때문에, 절대 병에 걸릴 수 없다고 규정할 수 없습니다. 그런데 증거가 없으니까, 증거를 남기기 위해 병원에 갔어야 했는데, 그때는 돈이 없어 가질 못했죠. 하루 종일 나쁜 것은 아닌데, 좋지 않은 시간이 많고, 자주 피로해집니다."

현재는 권태감이 심해져서 일주일에 하루만 일한다고 했다. 만화가게를 전전하고 노숙자 상담을 거쳐 유니온의 도움으로, 생활 보호 지원을 받을 수 있었다.

"현장에서 일할 때는 계속 일을 하고 싶다고 생각했죠. 해고되고 나서는 여기저기 돌아다녀 보기도 했습니다만, 솔직히 더 이상

---

129. 노다 총리는 2011년 12월 16일 원자력 재해 대책 본부에서 후쿠시마 제일 핵발전소 사고 수습 과정을 설명하면서 "냉온 정지 상태(2단계) 달성"을 선언했다. 노다 총리는 기자회견에서 "발전소 사고 자체는 수습 상태에 이르렀다고 판단한다"면서 2단계를 종료했다고 말했다. 원자로의 안정적 냉각을 목적으로하는 1단계는 7월에 완료한 바 있다. 2단계는 원래 2012년 1월 중 끝날 예정이었으나, 당시 민주당 정부는 "연내 완료"를 공약으로 내걸었다. 원자로의 온도는 9월부터 100도를 밑돌고 있으며, 방사성 물질의 비산도 감소하고 있다는 점을 제시하고, 앞으로 제염과 대피 주민의 귀환 시기 등의 과제로 나아갈 예정이라고 설명했다. 노다 총리는 "향후 만일 일정한 문제점이 발생해도 발전소 부지 밖의 방사선량은 충분히 낮게 유지되는 것이 기술적으로 확인되었다"라고 말해 사실상의 "안전 선언"이 된 모습이다. 이는 당시 민주당 정권이 핵문제에 대해선 사실상 자민당 정부와 전혀 차이가 없었음을 단적으로 보여준 사례이다.

일하기 싫었습니다. 당시는 생활이 되지 않았는데, 그래도 지금은 좀 안정된 상태입니다. 일단 집은 있으니까요. 지금까지 생활해 온 과정에서 가장 안정된 상태입니다."

일당 1만 엔이라는 유혹에 10개월간 일을 했던 후쿠시마 핵발전소. 예전의 건강한 모습은 상실했지만, 피골이 상접해서 얻게 된 생활 보호 대상자 혜택으로, 언제 해고될 것인가 불안해하던 상태에서는 해방되었다. 불안정 고용을 전전하면서 생활해 온 다나카는 핵발전소 노동자만이 특별하다고는 생각하지 않는다.

"파견도, 하청도, 이상했던 공장도, 회사도 모두 있어 봤지만, 기본적으로 같다고 생각합니다. 일하는 사람이 다단계 하청으로, 필요가 없어지면 잘라버리는 구조. 사무실에서 일해도 잘리면 그만이지 않습니까? 다 똑같다고 봐야죠."

젊은 사람이 생활 보호 혜택을 받는 것에 대해 누군가는 비판할지도 모르겠다. "요즘 젊은 사람들은 근성이 부족하다"는 비판이 여기저기 넘친다. 그러나 착실하게 일할 수 없었던 다나카의 반평생에는 두 가지 어둠이 교차한다고 생각한다. 하나는 1990년대부터 2천 년대에 걸쳐 파견 노동이 확산되면서 일하는 사람이 겪어야 했던 어둠이다. 다른 하나는 핵발전소 노동에서 다단계 하청이라는 특수한 형태로서 (나아가 시대를 거슬러 올라가면 탄광 노동이라는 형태도) 남모르게 노동자들이 겪어야 했던 어둠이다. 3·11은 결과적으로 이런 어둠을 세상 빛 속에 드러냈다. 다나카라는 한 인간에게는 반평생에 걸쳐 교차했던 어둠이었다.

"지금은 조금 안정되었다. 집이 있어서"라는 그의 말을 들을 때, 너무 일해서 건강이 나빠진 사람들, 불안정한 고용으로 온 신경을 다 소모해버린 사람들, 각 지역의 핵발전소를 전전해온 노동자들을 짓누르는 어둠을 느낄 수 있었다. 건강하게 일한다. 본래 아주 당연하고 단순한 것인데, 어느샌가 당연하지 않았다.

"일하고 싶어도 일할 수 없는 사람들을 위해 작업 환경을 개선시켜 가야 합니다. 노동자는 한번 쓰고 버리는 일회용품이 아니잖아요."

사람을 짓밟으며 살고 있다

핵발전소 거리로

2014년 10월 24일 아침 5시 반, 고속버스로 쓰루가敦賀에 도착했다. 동틀 무렵 택시를 불러 쓰루가 역으로 향한다.

"몬쥬에서 일하는 사람을 알고 있습니다. 연구직 근무자입니다. 몬쥬 점검으로 바쁘니 택시를 이용하면 도움을 드릴 수 있어요."

쓰루가에 다시 온 것은 이전 라이브 공연 왔을 때 만나지 못했던 전 핵발전소 노동자 사이토 세이지斉藤征二를 만나기 위해서다. 역에서 걸어서 갈 수 있는 도서관을 조금 본 후에 사이토를 만나기로 했다.

'발전소 설치 지역 대책 교부금'으로 세워진 도서관은 정면이 유리로 되어 있었으며, 주위에 둘러 있는 연못에는 많은 잉어가 한가롭게 헤엄치고 있었다. 접수처 가까이에 향토사 코너가 있었는데, 절반 가까이가 핵발전소 관련 책으로 메워져 있었다. 보고 있자니 조금 한숨이 나왔다.

사이또의 집까지 가기 위해 택시를 탔는데 나와 동년배의 여성이 운전하고 있었다. "핵발전소에서 일하는 친구들 있습니까, 몸 상태는 괜찮고요?" "없습니다." 평점심을 갖기 위해 노력하면서 미묘하게 경계를 하는듯한 음색으로 답변한다. "그렇습니까?"라면서 차창을 내다본다.

핵발전소에서 수행해야 하는 노동은 많은 영역에 걸쳐 있고 종류도 많다. 그중 일부에 대해 몇 명의 노동자에게 이야기를 들어왔다. 알게 된 점은 이런 사람들이 핵발전소 노동자구나 하는 정도이며, 일정한 유형이 있는 것도 아니다. 일하는 장소, 업무의 종류, 지진과 같은 사고 유무에 따라 피폭량도, 위험성도 전부 다르다. 원래 피폭으로 인한 건강 피해가 있다고 하면, 선량이 누적된 중년의 사람들에게 나타나는 것이 대부분이니, 젊은 여성 운전기사의 친구들이 건강한 것은 어쩌면 당연할지 모르겠다. 이런 생각을 하고 있을 때 택시는 항구 가까이에 있는 사이토 집 앞에 멈췄다.

핵발전소가 완성되고
거리가 어떻게 변했나

사이토는 1981년 쓰루가에서 전국 최초로 핵발전소 노동자 조합을 설립했던 사람이다. 피폭의 영향은 물론 입증할 수 없었지만, 50대 이후 복막염, 갑상선 수술, 급성심근경색, 기타 척추 부상이나 눈의 질병 등으로 여러 종류의 수술도 경험했다. 좋지 않은 몸을 이끌고 지금도 전국 각지에서 강연이나 핵발전소 노동 관련 재판에도 관여하고 있다.

조합을 만들게 된 계기는 1981년에 쓰루가 핵발전소에서 발생한 '사고은폐'와 발각, 그리고 이로 인해 결국 해고된 사건 때문이었다. 운전 중에 증기 발생기에 구멍이 생긴 응급조치 업무를 의뢰받아 사이토는 구멍을 메웠다. 이런 수리는 고선량의 방사선에 쬘 수밖에 없어서 운전을 중단해야만 한다. 원래 현장 책임자가 올바르게 판단해야 했지만, 당시 책임자나 회사가 운전 중단이라는 중대한 사건을 두려워했을 것이다. 3개월 후에 똑같은 일이 같은 지점에서 발생하여 다시 한번 응급조치를 했지만, 이런 일련의 작업이 핵발전소 (니혼원자력발전)의 '사고은폐'로 밝혀진 것이다. 예정되어 있던 모든 작업이 취소되고, 거리는 갑자기 해고된 노동자들로 넘쳐났다.

"그런 일이 발생하지 않았더라면, 아마 그냥 그대로 일을 했을 겁니다. 여하튼 핵발전소에서 먹고 살 수 있다고 생각했기 때문이죠. 조합을 설립해야 한다고 생각하지는 않았을 거예요. 문제가 있는지도 알 수 없었겠죠. 피폭에 대해 (주변에서는) 전혀 흥미가 없었어요. 거리의 노동자들이 문제 삼은 것은 풍기문란 문제였어요."

핵발전소가 세워지고, 거리에는 술집이 늘었다. 싸움도, 고리대도 늘었다. 주부는 술집에 일하러 가고, 집에 돌아와도 부모가 없는 아이들이 늘었다. 방과 후 학교가 생겼다. 파친코에 빠진 주부도 늘어나고, 그룹으로 고리대 돈을 빌린 경우도 발생했다. 핵발전소 안에서 도박을 해 월급이 한 푼 없는 아빠도 생겼다. 가정의 불화가 증가했다.

"모두 돈놀이를 했어요. 폭력단과 대부업은 고리대로 돈을 번다고 하면서, 당시 대부업체가 300개 정도 있었습니다. 지금은 거의 줄었지만. 가장 큰 희생자는 아이들이었죠."

공동체가 핵 찬성파, 반대파로 양분되고, 땅값이 하락했으며, 식품회사의 상품도 방사능 오염이 되었다는 악소문으로 피해가 발생했다. '핵발전소가 들어온 땅'의 변화에 대한 구체적인 사례는 책을 통해 알고 있었지만, 사이토가 본 쓰루가의 과거는 책과는 전혀 다른 아주 생생한 양상을 나타냈다.

동시에 아이들의 희생을 강조한 사이토에게 이야기를 하려다가 잠깐 주저하고 망설였다. 핵발전소 문제에서 아이들 이야기가 나올 것이라고는 생각하지 못했기 때문이다. 생각해보면 오랫동안 살 지내왔던 공동체가 변하고, 사회가 경제성장을 지향하면서 핵가족화가 늘어나고, 가정 문제가 넘쳐났으며 아이들이 고독을 안고 자라기 시작한 것은 일본만의 문제가 아니다. 근대화를 추진했던 여러 나라에서 나타난 공통의 문제였다. 하지만 사이토의 말을 듣다 보면 결국 그가 아이들의 희생을 강조한 배경도 알 수 있을 것 같았다.

전쟁과 핵발전소

사이토는 전쟁 이야기를 했다.

"저희 아버지가 만주사변에 가셨는데, 1935년에 돌아와서는 누이와 형과 저 3형제가 태어났습니다. 그때 또 소집 영장이 나와 해군으로 전쟁터에 가서 1944년 11월 19일 웨이크Wake 섬[130]에서 사망했습니다. 왜 돌아가셨는지 알아봤더니, 굶어서 그랬습니다. 아사였죠. 총탄이나 포탄에 돌아가신 게 아닙니다. 하지만 저희 아버지는 가해자입니다. 많은 사람을 죽였으니까요. 피해자는 어머니와 가족이었죠."

군인인지 일반인인지는 잘 알 수 없었지만, 아버지가 죽인 사람들이 피해자 아닌가? 잠깐 이런 생각을 했다. 그러나 사이토에게 피해자는 남겨진 어머니와 가족이었다. 웨이크 섬은 웨이크 섬만의 문제가 있을 것이다. 괌과 하와이 사이에 떠 있는 이곳은, 전쟁 말기에 많은 아사자가 속출했고, 웨이크 뜸부기라는 새도 일본군에게 다 잡아 먹혀 씨가 말랐던 바로 그 섬이다. 전투에서 사망한 전사자의 4배 가까운 1천 40명이 아사했다.

사이토는 부친을 빼앗아간 전쟁을 누가 시작했는지 당시로선

---

130. 북태평양에 있는 환초로서 호놀룰루에서 3,700킬로 떨어진 곳에 있다. 제2차 세계대전 중에 일본군이 점령하여 오토리시마로 부르기도 했다. 일본은 2차 세계대전을 일으키고 이 섬을 침략했으나, 당시 섬에 있던 미군의 완강한 저항으로 좀처럼 정복하지 못하다가, 진주만을 습격하고 돌아오는 부대를 추가로 지원하여 1941년 12월 23일 점령할 수 있었다. 이를 웨이크 섬 전투라고 한다. 종전 후에는 미군의 중요 시설이었지만, 최근 전략상의 중요성은 많이 감소하였다.

막연할 수밖에 없었다.

"전쟁이 끝난 것은 제가 태어나고 4년 6개월 정도 지났을 때였습니다. 어머니께서 (라디오 방송에서) 천황이 항복 선언을 한 후에 '살인이 끝났다'고……"

사이토는 '~고'라는 발음이 잘되지 않은 상태로, 잠시 두 구절이 잘 이어지지 않고 뜸을 들였으며, "음…"하고 좀 큰 소리를 내면서 울음을 참으려고 필사적으로 삼키고 있었다.

"그 말을 들었을 때, '살인이 끝났다'는 말이요. 아버지도 사람을 죽였구나. 그것을 허용할 수 없었던 것이죠. 제 이름은 전쟁이 붙여준 이름이라고. 세이지征二라는 이름. 두 번이나 전쟁에 참가하지만 다시 돌아오라는 의미라고 했습니다."

돌아오지 않는 부친의 염원이 각인된 사이토의 이름. 자신의 이름을 바라볼 때마다, 돌아오지 않는 부친을 생각할 수밖에 없던 소년이 '피해자는 어머니와 가족'이라는 단언에 어떤 이상함도 없었다. 오히려 눈에 안 보이는 어떤 힘에 의해 운명이 황폐해진 자의 분노 표명이면서 동시에 돌아가신 아버지조차 '가해자'라고 단정해버리는 전쟁에 대한 강한 저주라는 생각이 들었다.

한 노동자가 해고되면서 노동조합을 만든 것은 다른 기업이라면 어떨지 모르겠으나, 핵발전소의 경우에는 상당히 이례적이었다.

"전쟁이란 무엇인가? 제 마음에 새겨진 신념으로 확고하게 정리하진 못했지만, 제가 핵발전소에서 해고되었을 때, 그때 비로소 다짐했습니다. 전쟁은 결코 일어나선 안 된다고."

전쟁과 핵발전소. 물론 두 단어를 동의어로 사용할 수는 없다. 그러나 한 사람 앞에 압도적인 강제력을 갖고 나타난 핵발전소 앞에서 사이토는 '전쟁'과 맞먹는 절대적인 지배 구조를 느꼈다. 눈에 보이지 않는 힘에 의한 억압을 거부하고, 주어진 생을 살아가는 것. 이것은 아버지의 부재를 짊어지고 살아온 사이토에게 돌아올 수 없었던 아버지에 대한 유일한 애정표현이 아니겠는가.

핵발전소 시공자가 지진을 두려워하는 이유

1940년에 태어난 사이토는 1981년에 조합을 설립한 후, 하마오카浜岡 핵발전소 5호기의 건설에 참여하여 2000년에 퇴직했다. 쓰루가 핵발전소 내부의 일은 주로 배관공으로 1970년대에 경험했지만, 지금도 걱정하는 것은 핵발전소의 콘크리트 강도가 열악해진 점이다. 핵발전소의 천정에는 무겁기로는 100~200 킬로그램 무게의 배관들이 달려 있다. 2012년에 발생한 사사고笹子 터널 사고[131] 때에도 화제가 된 케미컬 앵커는 콘크리트에 묻혀 있는 나사나 볼트의 한 종류이지만, 비틀어 박는 과정에서 접착제가 나와 고정시키는 타입이라서 핵발전소에서도 사용하고 있다.

---

131. 2012년 12월 2일 야마나시山梨 현 오오츠키大月 시 사사고초에 있는 터널에서 약 130 미터 거리 분량의 천장 콘크리트 판이 떨어져 주행 중이던 자동차에 타고 있던 9명이 사망한 사고이다. 터널 사고로서는 사망자가 일본 사상 최다 사고였다.

"핵발전소는 (콘크리트에) 철근이 아주 많이 들어갑니다. 그런 콘크리트에 케미컬 앵커를 박으려고 하면 무언가에 부딪혀서 잘 들어가지 않는 경우가 있습니다. 그러면 (앵커를) 자릅니다. 완전히 편의적 발상이죠. 부딪힌 철근을 절단하는 것은 절대로 가능하지가 않죠. 잘 박힌다면 좋겠지만, 대체로 되지 않는 경우가 많습니다."

케미컬 앵커 제조업체, '디콜럭스DECOLUXE'의 사이트를 확인해 보니, 콘크리트 등에 앵커를 박다가 철근에 부딪힌 경우에는 3가지 대처법이 있다고 한다. '철근을 피해서 다른 지점에 박거나', '철근을 절단하고 박거나', 강도는 떨어지지만 '철근에 막힌 시점에서 방향을 틀어 딴 쪽으로 구멍을 뚫는다.' 앵커를 절단하라는 방식은 어디에도 적혀있지 않았다.

도대체 철근을 잘라서 앵커를 확실하게 박는 것과, 앵커를 절단해서 철근을 유지하는 것은 어느 쪽이 더 안전한 것일까. 이런 점을 정확하게 검증한 바탕에서 '핵발전소의 철근은 절대로 잘라서는 안된다.'라는 규칙이 있는 것일까? 쓰루가 핵발전소 이외에도 이러한 방식이 횡행하고 있다면, 적절하게 시공하지 않은 앵커가 일본의 오래된 핵발전소에서 강도가 약해지고 있는 콘크리트의 천정을 지탱하고 있다는 이야기다. 사이토는 이런 시공에 관련된 당사자로서 지진을 가장 두려워하고 있다.

콘크리트의 강도 약화는 물론이지만, 원자로 용기나 원자로 구조물 자체의 취약성도 우려스럽다. 전 원자력 설비 설계기술자인 고토 마사시後藤政志[132]는 상태가 악화된 원자로 용기가 긴급 냉각 장치로 냉각시킬 때 깨질 수 있다면서[133] 다카하마 핵발전소 1호기, 2호기의 연장 이용에 경종을 울리고 있다. (2015년 4월 9일, 중의원 원내 집회 배포 자료)

리셋되고 있는 피폭선량

이 책에서는 주로 1990년대 이후부터 3 · 11 이전 '평상 시' 핵 발전소 노동에 대한 증언을 소개해 왔다. 물론 이 책에 핵발전소 노동의 전체적인 모습을 다 담을 수는 없다. 가장 어려운 부분, 예

---

132. 1949년생. 일본의 기술자. 1973년 히로시마 공학부 선박공학과 졸업. 1989년 도시바에 입사하여 원자로 격납 용기의 압력과 온도에 대한 강도 설계를 연구하였음. 2002년까지 도쿄전력 가시와자키카리와柏崎刈羽 핵발전소의 3호기, 6호기, 쮸부中部전력 하마오카浜岡 핵발전소 3호기, 4호기, 토호쿠東北전력 오나가와女川 핵발전소 3호기 설계 작업에 관여했다. 이때부터 원자로 격납 용기의 안전성은 기술로서 담보할 수 없다는 의문이 발생하여 2007년 7월 16일 니이가타 현 쮸에츠오키中越沖 지진에 수반한 가시와자키카리와柏崎刈羽 핵발전소의 일련의 사고 당시에 "이런 상태로는 안된다. 기술자로서 침묵할 수 없다."고 판단하였다. 2009년 도시바에서 정년 퇴직. 2011년 3월 11일 후쿠시마 제1 핵발전소 사고 다음 날 원자로의 용융(멜트다운)을 가장 먼저 지적했다. 한국에서도 강연을 한 적이 있다. 한국 강연은 유투브를 통해서 내용을 확인할 수 있다.
133. 전문용어로 '취성 파괴'라고 한다. 취성 파괴는 금속 물체에 음속 이상의 속도로 균열이 일어나는 현상을 말한다. 핵발전소의 경우 발전 과정에서 나오는 중성자를 압력용기에 쬐다 보면 금속 성분이 탄력을 잃어 취성 파괴가 일어날 수 있다. 원전의 압력용기처럼 두꺼운 금속일수록 온도가 낮아졌을 때 이런 현상이 일어나기 쉽다. 예컨대 고장이 나거나 정기 점검 차 가동을 멈춰 온도가 낮아졌을 때가 가장 위험하다. 취성 파괴에 대해선 우리나라 경우에도 고리1호기 연장과 관련해서 많은 논쟁이 있었다.
(참조 http://www.hani.co.kr/arti/science/science_general/556981.html)
핵발전소 원자로의 취성 파괴에 대해서는 히다찌에서 원자로 용기 설계를 담당했던 다나카 미쯔히코田中三彦가 그의 저서 『핵발전소는 왜 위험한가, 전 설계기사의 증언』(原発はなぜ危険か 元設計技師の証言, 岩波新書, 1990년)에서 자세히 서술하였다.

를 들면 원자로 내부의 작업과 같이 고선량 현장의 제염작업으로 인한 피폭 노동에 최근 관계했던 사람과는 만날 수 없었다. 그러나 그런 사람들의 존재는 증언 속에서 여러 번 나타났다. 사이토는 3천 개 정도의 가는 배관으로 구성된 증기 발생기의 구멍 때우기도 대량 피폭이 발생한다고 증언했다.

"가마가사키釜ヶ崎 같은 지역의 노동자나 일반인이 입사해서, 하루 3밀리시버트 정도 피폭하고, 1개월 정도 작업하고 교대합니다. 대신에 1년 치 임금을 받고 돌아갑니다. 증기는 순환하기 때문에 펌프도 대부분 방사선이 새고 있습니다."

1995년부터 3·11 이전까지 16년간, 주로 후쿠시마 핵발전소에서 근무하고, 현재는 사이타마埼玉에서 생활하는 오가와 가즈오大川一男도 2015년 3월 23일에 만났을 때, 전력회사마다 관리하고 있는 피폭량에 대해 증언했다. "23밀리시버트 이상 쬐면 다음 해는 도쿄전력 관할 안에서는 근무할 수 없습니다. 때문에 화력 발전소나 오나가와女川 핵발전소로 갑니다. 도호쿠 東北전력이기 때문입니다. (도쿄전력 관할 안에서) 쬔 피폭량은 도호쿠 전력에서는 신경 쓰지 않습니다. 회사가 다르기 때문에요. 전국을 돌며 일을 하는 사람들은 상당한 피폭자인 셈입니다."

도쿄전력에서 25밀리시버트 피폭한 노동자가 도호쿠전력에 가면 0에서 출발한다. 핵발전소를 가동하는 사람 입장에서는 아주 좋은 규칙이 엄연히 존재하는 이상, 정부에서 노동자의 피폭선량을 적절하게 관리한다고 할 수 없는 것이다.

외국인 노동자에 대한 증언

이상과 같이 이중, 삼중으로 피폭을 경험하고도 전국을 돌고 있는 노동자들 없이, 하루 수천 명을 동원하는 핵발전소의 '인해전술'은 불가능할 것이다. 고선량이 발생하는 현장 작업은 미즈노의 증언(제5장)처럼 외국인 노동자도 가세하여 유지되고 있다고 판단한다.

도시의 전설과 같은 외국인 노동자에 대해 오가와는 자신의 증언에서 놀랄만한 내용을 알려주었다.

"외국인은 아침에'굿모닝'하면서 인사합니다. 그렇지만 우리들은 영어가 안 되니까 일본어로 '오하요고자이마쓰'하면서 머리를 숙입니다. 백인도 있고 흑인도 있습니다. 아시아나 중동 쪽 사람은 없습니다. 대부분 미국인이 아닐까 생각합니다. 여성도 들어옵니다. 어떤 작업을 하는지 알 수 없습니다. 듣기로는 원자로에 들어가서 선량이 높은 곳에서 교환하는 작업을 한다고 합니다. MG라고 외국인 노동자를 지원하는 담당자가 있습니다. MG는 영어를 잘해야만 한다고 합니다. MG는 아침부터 대합실에 와서 그들과 함께 움직입니다."

도대체 MG가 무슨 약자일까 알 수 없으나, 'MG'가 상당히 월급이 많은 직종이라고 한다.

"제 처의 친구 남편이 그런 일을 한다고 합니다. 매월 60만 엔을 건네준답니다. 부인은 남편이 자신이 쓸 용돈을 얼마 제외하고는 60만 엔을 건네준다고 생각했습니다. 그런데 세무서에 가끔 부인이 신고를 하게 되는데, 서류를 보면 60만 엔이 아니라는 것이죠. 배 이상의 돈을 받았답니다."

외국인 노동자가 일하는 '현장'을 목격한 자는 없다. 그러나 그들이 '특별'하다는 것은 바로 이 MG에 대한 대우를 봐도 알 수 있다. 그들은 일본의 핵발전소에 필수적인 존재인 것이다. 가마가사키 등은 아직도 거리에 활기가 남아있다고 듣지만, 산야는 이미 고령자, 생활 보호 대상자의 거리다. 전국을 돌아다니며, 고선량 현장에서 돈벌이하는 핵발전소 노동자의 총 인원은 이전보다 줄어들었을 것이다. 부족한 구멍을 메우기 위해 대량 피폭이 발생하는 작업에 외국인 노동자를 쓰고 있는 것이 아닐까.

외국인 노동자가 핵연료 저장 수조에 잠수한다는 것에 대해 오가와는 지나치게 고선량 작업이라서 실제 시행에 대해 회의적이었으나, 물을 빼고 난 뒤에 청소를 하는 작업에 대해서는 있을 수 있다는 생각이었다.

"정기 점검 시에는 물을 뺍니다. 물이 빠진 후 이물질을 빼내는 것은 제가 아는 사람도 했었어요. 물을 뺀 후에도 선량은 상당히 높습니다."

고용보험도 없고 실업수당도 없다

오가와는 3·11 후, 4월 2일부터 4일간 현장에 들어갔다. 3호기와 4호기에 물을 주입하는 것인데, 지하에 고여 있던 물이 넘치고 있었기 때문에, 들어간 세탁소 건물 지하에서는 선량이 높은 물이 증발하고 있었다. 증기가 고이면 수소폭발을 일으킬 수 있었다. 이를 방지하기 위해 건물 천정 가까이에 알루미늄으로 된 주름 칸막이(자바라)를 설치하고, 증기를 내보내는 장치를 달아야 한다.

하루 4밀리시버트의 피폭으로 4일에 16밀리를 쬐었다. 전부 10일 정도 작업했지만, 선량 초과로 더 일할 수 없었다. 고용보험에 가입하지도 않았고, 따라서 실업수당도 나오지 않았다.

"보통은 (고용보험을) 회사에서 지불하잖아요. 그런데 사원을 나눠서 일부는 지급하지 않는 것이죠. 우리처럼 일반 작업자, 임시 사원에게는 지급하지 않습니다. 그러면 이런 문제가 발생합니다. 아무리 하청이라도 1개월 보험료가 계산상으로는 1,000엔 정도 나오는데 그중 절반 정도 내고 본인이 반 정도 내달라고 합니다.[134] 이러면 고용보험을 보장받기 때문입니다. 이런 식으로라도 가입하지 않으면 일체 보장 받지 못합니다. 도쿄전력 사람에게 이런 말을 했더니 (작업자는) 얼마든지 있으니 회사로서는 (고용보험 가입이) 필요 없다고 합니다. 한마디로 사람을 일회용으로 쓰다 버리는 겁니다."

---

134. 일본의 고용보험은 나중에 퇴직할 때 노동자가 한꺼번에 내더라도 효력을 발휘할 수 있어 이런 식의 발상이 가능하다.

오가와는 사이타마 현의 리쯔키사이(旧騎西) 고등학교로 피난했을 때, 변호사와 만나면서 고용보험이나 실업수당 신청 수속을 할 수 있었다. 핵발전소 노동자의 비참함을 느끼면서, 핵발전소는 원래 없는 쪽이 좋다고 생각한다. 신설도 하지 않는 게 좋다고 생각하면서 동시에 핵발전소는 아직 필요하다는 생각도 한다.

"어쨌든 현재는 가동하니까요. 구린 곳을 덮어버리는 방식은 고쳐야 하겠지만요. 도쿄전력이라는 곳은 독점 회사이다 보니 보상 문제만 해도 정부가 지원하고 있잖아요. 도쿄전력은 그만큼 돈이 많다고 봐야죠."

도쿄전력 사원들의 행태에 대해서는 예전부터 기가 막혔다. "아주 다양한 사람이 있습니다. 물론 좋은 사람도 있겠지만, 대부분 돈밖에 모르는 사람들입니다. 어떤 설계사를 알고 있는데, 도쿄전력에 견적을 내면 계속 퇴짜를 놓았다고 합니다. 과장급에 있는 사람이 안 된다며 계속 반려시킨답니다. 이유를 물어보면 모든 것이 다 안 된다고. 하나도 쓸 만한 내용이 없다는 겁니다. 이런 경우는 대개 리베이트를 바라는 것이죠. 회사가 돈이 많으니까, 리베이트 비용을 기대하는 것이죠. 담당 과장이거나, 주임 정도는 자기 집을 리베이트 비용으로 짓는답니다. 30대에 궁궐 같은 집을 짓는다는 거예요."

'궁궐 같은 집'이 전국에 얼마나 세워졌는지는 모르겠지만, 전력 회사 내에서 돈을 탐내는 인간이 있는 한편에, 핵발전소를 지탱해 온 것은 고용보험에도 가입하지 못하는 수많은 노동자이다. 변호사 미우라 나오코三浦直子[135]는 비정규 노동 문제에 관여해온 사람이지만, 3 · 11 후, 핵발전소 노동의 실태를 비로소 알게 되었다.

"갑자기 전국의 핵발전소를 떠도는 노동자들이 비정규 노동의 축소판과 같은 현실에 처해 있다는 사실을 알았습니다. 주변 사람들의 문제는 아니었지만, 원래 어떤 노동을 비정규 노동이라고 규정 할 때는 고용 불안정, 손쉬운 해고라는 두 가지 요소를 갖추고 있다면 동일한 문제라고 생각합니다."

미우라 변호사는 오가와의 신청 수속을 담당했다. 니찌벤렌日弁連(일본변호사연합회)의 빈곤문제대책본부[136]에서 노동 문제를 다루는 부서에서 활동했던 미우라는 니찌벤렌의 심포지엄에서 오가와를 소개받았다. 리쯔키사이 고등학교에서 만나보니 고용보험 수속을 원하는 비슷한 처지에 있는 핵발전소 노동자가 수십 명이나 있었지만, 마지막에 남은 것은 오가와 한사람뿐이었다고 한다.

"실업수당을 받게 해주려고 해도, 불과 몇 개월뿐 입니다. 때문에 '그보다 다시 일해야 하는 게 더 중요'하다면서 포기합니다. 항의하겠다는 사람은 거의 없습니다. 마지막 이유는 지역에 적을 만

---

135. 변호사. 니찌벤렌日弁連 빈곤문제대책본부 워킹 그룹 사무국 위원, 비정규노동자 권리 실현 전국회의 사무국 차장. 니찌벤렌 제58회 인권대회 제1분과 '여성과 노동 ~ 남성도 여성도 인간답고 풍요로운 생활을 위하여' 사무국 차장으로 활동 중.

136. 2008년 제51회 인권옹호대회에서 '빈곤의 사슬을 끊고, 모든 사람이 사람답게 일하고 생활하는 권리 확보를 요구하는 결의문'을 만장일치로 채택한 니찌벤렌은 노동 분야의 규제 완화를 개선하고 전체적인 안전망을 재구축할 필요가 있다면서, 생활 형편이 어려운 사람들을 지원하는 활동을 내외에 선포. 위의 결의를 바탕으로 2008년 12월에 빈곤과 인권 위원회를 설치하고, 조직을 강화하여 전국단위 규모에서 집중적인 활동을 추진할 수 있도록 동 위원회를 개편, 2010년 4월 빈곤문제대책본부를 설치했다. 본부 산하에는 1) 안전망 분과, 2) 워킹푸어 분과, 3) 여성과 아동 빈곤 분과 등 3개의 분과를 설치했다.

참조 https://www.nichibenren.or.jp/activity/human/poverty_issue.html#hinkon_05

들고 싶지 않다는 핑계를 대기도 합니다. 아무튼 일할 수 있는 상황에서는 '꿈쩍하지 않겠다'는 것이죠. 고선량이 발생하는 환경이라도 일자리가 없어지고, 또 다른 일도 없어질 때 비로소 '자 재판이라도 해볼까' 합니다. 일할 수 있는 한 절대로 문제 제기는 없습니다. 1만 3천 엔짜리 일을 할 수 있는 한 어느 쪽이 더 본인들에게 좋을 것인가에 대한 판단은 당사자만이 할 수 있는 것이죠."

도쿄도의 노동위원회에도 관여하거나, 후생노동성에도 의견을 물어볼 기회가 있었던 미우라 변호사는 이후에도 상담이 있다면 적극적으로 도와주겠다는 생각을 하고 있다. 다단계 하청은 법률 위반으로 노동청이 단속해야만 하는 사항이다. 그러나 상담 자체가 극히 적고, 원래 상담해야할 사람들은 위축되어 있거나, 매일의 노동에 쫓겨 생활하고 있다. 현실의 실태가 보도되면서 세상에 알려지자, 안전 대책이 조금씩 나아진다고 느끼지만, 3·11 직후 무성했던 보도는 이미 사라진 지 오래다.

"한때는 언론에서도 많이 다뤘는데, 지금은…… 이번에 인터뷰하자고 했을 때 깜짝 놀랐습니다. 지금? 하면서요."

나의 일

이 책은 이제 결말을 맞는다. 책을 통해 드러난 내용은 핵발전소 노동 전체적으로 본다면 부분적일 수도 있다. 하지만 히구치 켄지의 책을 읽으며 받았던 충격. 사람을 짓밟고 살아간다는 어떤 느낌. 세상 사람들이 이제 엄청난 충격을 준 지진에 대해서도 흥미를 잃고 있어 이런 느낌이 더 강해져만 간다.

지금 이 순간도 나는 사람을 짓밟고 살아가는 중이다. 내가 짓밟고 있는 사람은 얼굴이 없는 사람이거나, 의지가 없는 사람도 아니다. 웃고, 화내고, 참고, 행복을 바라는 보통의 인간인 것이다.

3·11 이후 현장에서 트위터로 정보를 제공했던 일명 '해피'Happy[137]는 2013년 2월 16일에 '생각'이라는 제목으로 다음과 같이 중얼거리는 듯한 내용을 적고 있다.

집, 생활, 가족, 아버지, 어머니, 아내, 아들, 딸, 할머니, 할아버지, 손자, 애인, 동료, 친구들, 침대, 동물, 회사, 보상, 보증, 보장, 돈, 수당, 고용, 보험, 술, 수면, 체력, 건강, 질병, 갑상선, 백내장, 암, 호기심, 기억, 트라우마, 공포, 불안, 스트레스, 안심, 후회, 절망, 불행, 희망... 수습, 선량, 오염, 핵종, 제염, 경계구역, 피폭, 폐로, 재가동, 공부, 자격, 숙지, 무지, 관심, 무관심, 무시, 신뢰, 신용, 거짓말, 배반, 사기, 날조, 진실, 현실, 안전, 위험, 발언, 묵언, 묵인, 오염수, 지구, 자연, 바다, 산, 강, 연료, 온도, 시간, 쓰레기, 체르노빌, JCO, 폭

---

137. 해피라는 인물은 2011년 3월 핵발전소 사고 이후 수습 현장의 작업 실태를 일반인을 향해 트위터로 계속해서 알린 현장 작업자이다. 그의 인터뷰에 따르면 지진 당일 후쿠시마 핵발전소에서 근무 중이었다. 그는 현장에서 대체로 10~15명 정도의 인력을 통솔하는 반장급의 인물이다. 작업경험은 20년 이상이다. 3·11 이후의 경험을 『후쿠시마 핵발전소 수습작업 일기 3·11부터 700일간』이라는(河出文庫) 책으로 발간하였다. 트위터 주소는 https://twitter.com/happy11311
해피의 인터뷰 기사 http://www.asyura2.com/14/genpatu36/msg/302.html(일본어)

발, 비, 바람, 눈, 태풍, 지진, 쓰나미, 운석, 이권, 압력, 정치, 활동, 일본, 세계, 에너지, 책임, 반성, 죄, 벌, 속죄, 과거, 현재, 미래, 행복, 지금도 1F의 작업자들이나 제염 작업자들, 그리고 이 몸은 다양한 생각을 계속 마음속에 감추면서 미래를 향해 뚜벅뚜벅 나아가고 있다.

내가 만일 핵발전소가 있는 거리에서 태어나 일을 하고 있었다면 아무런 고민 없이 핵발전소 노동을 선택했을까. 일이 없어서라고 하지만, 과연 사고 후에 후쿠시마 핵발전소에 들어갈 수 있는 용기를 갖고 있었을까. 나와 핵발전소 노동자들 사이에는 상당한 거리가 있다.

오해를 무릅쓰고 감히 한마디 하고자 한다.

내가 그들이고 그들이 바로 나다.

나는 눈앞에 앉아 있는 핵발전소 노동자 아저씨들에게 바로 이 점을 배웠다. 핵발전소 노동자를 어딘가 거리가 먼 사람들이라고 생각하는 한, 그것은 '남의 일'에 불과하다. '남의 일'을 '나의 일'로 느끼는 것. 생각해보는 것. 그런 과정에 이 책이 도움이 될 수 있다면 더 바랄 나위가 없겠다.

핵발전소와 핵발전소가 설치된 지역 문제에 대해서는 '사람들 입장이 다양해서……', '여러 문제가 걸려있어서……'라는 말로 본질을 흐리고 만다. 찬성파와 반대파로 양분된 핵발전소 문제에 대해 원래 필요한 것은, 문제에 개입하기 싫거나, 개입하고 싶지 않다는 생각보다는 바로 '나의 일'이라는 자세로 고민해야 하지 않는가 판단한다.

나는 이번 취재를 시작할 때, 1980년대부터 현재에 이르는 현장 노동자의 목소리를 담고, 실태를 파악한 다음, 핵발전소의 시시비비를 다시 한번 따져보고 싶다는 동기가 있었다. 하지만 노동자 아저씨들의 생생한 이야기 속에서 보게 된 것은 강자에 억눌린 약자로서 핵발전소 노동자들의 문제만은 아니었다. 내가 만일 도쿄 전력 사원이었다면, 상사의 부정에 분개하고, 또 혜택을 많이 받는 정규직 사원의 지위를 포기할 수 있었을까? 리베이트를 요구받는 설계사였다면 그런 유혹을 단호하게 거절할 수 있었을까?

사람의 아름다움, 추함, 약자와 강자. 핵발전소 설치 지역을 둘러싸고 나타나는 사람들의 모습을 가슴에 담고, 앞으로 이런 질문들에 어떻게 대답해야 할까. 우리 각자가 모두 '나의 일'로서 한번 생각해보고 답변을 해야 할 것이다. 남의 일을 나의 일로 생각하는 게 비현실적이라고 한다면, 하다못해 현장의 소리에 귀를 기울이고, 상황을 개선하기 위해 노력하는 사람에게 협조라도 해야만 한다. 도저히 변할 것 같지 않은 핵발전소 노동 구조나 핵발전소를 둘러싼 문제가 조금씩 호전된다면, 바로 이런 작지만 시야가 넓은 사람들의 유대가 살아날 때가 아닐까 생각한다.

마지막으로 가장 가혹한 현장에서 분투하고 있는 사람들의 목

소리를 담아 함께 걷는'피폭 노동자를 생각하는 네트워크'의 연락
처를 남긴다.

피폭 노동자를 생각하는 네트워크

우) 111-0021

도쿄도 타이도쿠 니혼즈쯔미 1-25-11

東京都台東区日本堤1-25-11

산야노동자복지회관

山谷労働者福祉気付

090-6477-9358(나카무라)/info@hibakurodo.net

郵便振替00170-3-433582

http://www.hibakurodo.net/

　일용 노동자에 대해 노래한다고 사회적인 노래만 부른다고 오해하는 분도 있지만, 어떤 사회 문제를 안다고 해서, 그대로 표현할 수 있는 건 아니다. '알다'는 내용이 그대로 '표현'으로 나올 수 없다는 말이다. 표현하기 위해선 역시 '알다'+'깊이 느끼다'라는 과정을 겪어야 할 필요가 있다. 나의 경우 이런 과정으로 이끌어준 계기가 사카모토板本와의 만남이었다.

　이 책이 단순히 '알다'는 내용 이상으로 어디까지 제시할 수 있을지 모르겠지만, 핵발전소 노동자들의 이야기가 당신의 마음을 울리고, 읽은 후에 가까운 사람에게 전달할 수 있는 문장으로 '표현'이 되었다면 필자에게 너무나 기쁜 일이 될 것이다.

　"사람을 짓밟고 살아간다"고 썼다. 그러나 짓밟는 쪽과 짓밟히는 쪽의 경계가 사실은 애매하다. 여하튼 사람은 이런 부조리가 심한 세상에서 살아갈 수밖에 없다. 극단적으로 말하면 스스로 애써 괜찮은 세상이라고 하면서 사회의 어두운 면에 전혀 관계없다고 생각한다면 미래의 자신에게, 혹은 자신의 후손들이나 가까운 사람이 그런 곳에서 고생할 가능성을 긍정하는 것이다. 매일 매일 우리의 가슴을 냉담하게 하는 뉴스를 보면서, 그래도 '나무를 심는 남자'처럼, 아니면 히구치 켄지처럼, 담담하게 자신이 해야 할 표현을 하면서 살아야겠다고 다시 한번 다짐한다.

이 책이 태어나는 과정에 도움을 주신 분들과 단체에 감사드린다.

사카구치 교헤坂口恭平, 후지이 유타카藤井豊, 후타스기 신二木信, 안도 모모코安藤桃子, 다카하시 아유미高橋步美, 와타나베 히로유키渡辺博之, 마쯔이 잇페松井一平, 미우라 나오코三浦直子, 나카무라 마유中村眞夕, 유니온(프리터 노조), 이미지후쿠시마(순서 없음. 경칭 생략)

증언자 여러분 특히 유바 다카키요弓場淸孝, 가와카미 다케시川上武志, 기무라 도시오木村俊雄, 다나카 데쯔아키田中哲明(가명)에게는 뒷날 메일로도 많은 정보를 받았기에 정말 감사드린다.

편집 담당자 가와지 호세川治豊成는 핵발전소 관련 주제가 출판 업계에서는 이미 '포화 상태'임에도, 이 책 출판의 의미를 깊게 이해해 주고 신속하게 이끌어 주었다. 마지막으로 딸들을 대신 돌봐준 어머니와 예전 남편에게 고맙다는 인사를 드린다. 일과 양육을 파워풀하게 잘 해나간다고 칭찬을 해주었지만, 언제나 이런 얘기가 나에겐 어울리지 않는다고 느낀다. 엄마인 나에게 아이들을 대신 돌봐주는 환경이 없었다면 취재는 도저히 생각할 수 없었다. 이런 의미에서 이 책은 정말 행운의 선물이다.

2015년 5월 테라오 사호寺尾紗穂

문제는
저선량 피폭이다

1. 한국의 핵발전소
노동자 현황과 선량 규제

3대 핵발전소 사고(스리마일, 체르노빌, 후쿠시마)를 통해 인류는 핵물질과 사람이 서로 공존할 수 없다는 점을 배웠다. 그러나 핵을 통해 이익을 얻고자 하는 세력은 '생활의 편리함'과 '국가안보'를 내세우며 계속해서 핵을 온존시키려 한다. 이들은 소위 '비용-편익(코스트-베네피트) 분석'이라는 틀을 이용해서 핵을 통해 얻는 이익이 사람의 생명이나 건강보다 훨씬 중요하다고 주장한다.

원래 비용-편익 분석이라는 프레임은 자본 투자를 시행하거나 새로운 사업을 시작할 때 쓰는 경영 기법이지만, 핵 추진론자들에게 이것은 사실상 금과옥조의 원칙으로 작용한다. 이들의 논리가 얼마나 허약한지는 비용의 내용만 살펴봐도 대번에 알 수 있다.

이들에게 비용의 영역은 예컨대 핵발전소의 경우 발전소 건설이나 운영에 필요한 내용은 포함해도, 사고 발생 시의 복구 비용이나 폐로 과정에 대한 비용, 각종 사회간접 자본에 대한 비용은 제외한다. 이미 핵으로 인한 방사선 피해로 수많은 사람이 숨진 상황에서도 비용으로 산정하지 않는다. 방사선 피폭으로 각종 질병이 발생해도 이를 치료하는 비용은 정부에 미루거나, 방사선과 관계가 없다고 주장할 뿐이다. 이들은 방사선 피폭에 대해 현재의 과학 수준으로 입증해야 할 책임을 피해자들에게 전가한다.

최근 한국원자력학회 등 핵 추진론자들은 이런저런 논리가 궁색해지자 핵발전소를 일자리로 강조하는 경향이 있다. 이들은 2018년 7월 9일 성명서를 발표하고 신월성 핵발전소 공사 진행과 관련하여 공론화 위원회에서 "신규 원전 4기 건설 계획이 백지화되면서 양질의 일자리가 많이 사라지게 됐다"고 주장했다. 이들이 주장하는 '양질의 일자리'가 구체적으로 무엇인지는 모르겠으나, 일본과 마찬가지로 한국의 핵발전소도 비정규직이 50%를 넘는다. 몇 년 전에 국회 자료에서 나타난 다음의 [표 1]을 확인해 보자.

단순히 비정규직의 문제만을 제기하는 것이 아니다. 핵발전소의 일자리가 다른 에너지 산업보다 일자리가 많은 것도 결코 아니기 때문이다. 국제재생에너지기구가 2014년 펴낸 『에너지를 다시 생각한다』를 보면, 같은 액수를 재생에너지에 투자할 때, 원전이나 화력발전에 투자할 때보다 훨씬 더 많은 일자리를 창출한다고 확

표 1. 고용형태별 핵발전소 노동자 현황(2015년 7월 기준)

		고리	한빛	월성	한울	계
인원 (명)	총원	4,225	2,917	4,142	4,461	15,775
	정규직	2,223	1,396	1,583	1,911	7,113
	비정규직	2,031	1,521	2,559	2,550	8,662
	기간제(직접고용)	25	22	23	15	85
	하청업체-1(간접고용)	1,371	955	1,337	1,574	5,237
	하청업체-2(파견/추가인력)	636	544	1,199	961	3,340
비중 (%)	정규직	52	48	38	43	45
	비정규직	48	52	62	57	55
	기간제(직접고용)	1	1	1	0	1
	하청업체-1(간접고용)	32	33	32	35	33
	하청업체-2(파견/추가인력)	15	19	29	22	21

자료: 수력원자력(주)

인했다.

2014년 현재 재생에너지 산업에 고용된 인력은 전 세계적으로 770만 명에 이르며 이는 전년도에 비해 18%나 늘어난 것이다. 특히 중국, 브라질, 인도 등이 이 분야에서 이룬 성과는 괄목할 만하다. 중국은 신재생에너지 분야에 340만 명을 고용하고 있으며 브라질도 100만 명 수준에 육박하고 있다. 핵발전소를 대체하고 신재생에너지를 육성한다면 일자리는 더 많이 늘어날 수 있다.

일자리 문제 외에 한국의 핵발전소 문제 중에서 가장 의아한 내용으로서 유독 우리나라만 공식적인 피폭 노동자가 별로 없다는 점에 있다. 피폭 노동자가 없으면 좋은 일이겠지만, 이것이 만일

은폐라면 문제가 심각하다. 상식적으로 일본과 비교해서 우리나라의 핵발전소 근무조건이 월등히 뛰어나고 방사선 피폭 관리를 아주 엄격하게 시행하고 있다고 누가 주장할 수 있을까? 한국의 원자력안전법이 규정하고 있는 방사선 피폭선량 한도는 일반인의 경우에는 연간 1밀리시버트, 방사선 작업 종사자들은 5년간 100밀리시버트를 기본적으로 적용하되, 특정 연도는 50밀리시버트까지 인정한다. 이외에 '수시출입자'에 해당하는 사람은 연간 6밀리시버트를 넘지 않아야 한다.

말하자면 같은 사람이라도 현장작업자는 5년간 100밀리시버트를 적용하고 수시출입자는 6밀리시버트를 적용한다. 현장작업자는 특정 연도의 경우에는 50밀리시버트까지 허용하기 때문에 상대적으로 열악한 상황임은 불을 보듯 뻔하다. 이런 기준은 어떤 의학적인 상태를 고려한 것이 아니다. 오직 비용을 줄이기 위함이다. 어차피 핵발전소 작업에서 피폭은 불가피하다는 점을 전제로 선량 한도를 설정하는 셈이다.

선량한도 설정에서 방사선이 많이 발생하는 구역에서 일하는 일반 노동자들(이들의 대다수는 하청 노동자다)은 현재의 과학수준에서 선량을 줄이려면 그만큼 돈이 많이 든다. 비용을 줄여야 핵발전소의 경영을 보장한다. 선량을 규제하는 기준은 어디까지나 사람의 안전이 아니다. 경영 안전이다. 위에서 제시한 표에서 나타난 바와 같이 핵발전소에 비정규직 노동이 많은 이유가 여기에 있다.

한국의 선량규제나 피폭 노동자 문제를 구체적으로 다루기 전에 독자 여러분들이 반드시 먼저 파악해야하는 것은 국제방사선방호위원회의 권고 내용이다. 대체로 핵발전소를 추진하는 국가들은 모두 국제방사선방호위원회의 권고를 받아들이고 있으며, 위의 선량 규제 내용도 물론 국제방사선방호위원회의 권고에 따른 것이다. 한국 정부와 핵발전소 찬성 집단은 여기에 한국만의 특유하고 사실상 해괴한 논리를 적용한다. 아니 논리라기보다는 거의 속임수에 가까운 작태를 보인다. 겉으로는 국제방사선방호위원회의 권고내용을 받아들이면서도 구체적인 내용에선 국제방사선방호위원회보다 더 심한 정책을 시행한다. 일단 국제방사선방호위원회 권고내용의 변화과정을 살펴보자.

2. 국제방사선방호위원회
권고 내용의 변화과정

국제방사선방호위원회의 권고 내용의 특징을 한마디로 정리한다면 '반핵운동의 세계적 고양이나 방사선의 유해성을 의도적으로 왜곡하면서 핵 산업의 기득권을 지키기 위해 필사적으로 노력하기'라고 할 수 있다. 그동안 국제방사선방호위원회가 추진했던 구체적인 내용을 간략하게 살펴보면 다음과 같다.

1928년 국제방사선방호위원회의 전신인 IXRPC(the International X-ray and Radium Protection Committee, 국제 X선 및 라듐방호 자문위원회)가 탄

생했다. 설립 계기는 1920년대 방사선으로 인한 업무상 재해가 세계적으로 많이 발생했기 때문이었다. 제1차 세계대전 중에 X선 장치와 라듐의 이용, 또 의학적 진단 • 치료 장비를 급속히 보급한 결과 방사선과 의사나 기사, 또 방사선을 쪼인 환자들 사이에서 방사선의 급성증상과 만성증상, 게다가 치명적인 암이 무수히 발생했다. 라듐의 경우에는 시계의 숫자판에 야광도료를 칠하는 작업에 종사했던 미국 여성 노동자 중에, 1924년경부터 골육종과 재생불량성 빈혈로 생명을 잃는 경우가 속출했다. 미국 노동부와 공중위생국이 전국적 조사를 진행해야만 할 만큼 큰 사회문제로 대두하였다.

IXRPC는 노동자들의 방사선 피폭으로 인한 직업병 방지를 주요 목적으로 탄생했다. 그러나 미국의 핵 개발 세력은 IXRPC를 핵 개발 추진 조직으로 만들기 위해 주요 핵 개발 찬성 인사들을 포함시켜 3분의 2가량을 확보하여 변질시켰다. 나카가와 야쓰오中川保雄는 그의 명저 『방사선 피폭의 역사』에서 이를 다음과 같이 평가했다.

"전신인 IXRPC는 방사선 관련 학회 협의를 중심으로 방사선으로 인한 직업병을 방지하기 위해 탄생했다. 일종의 피폭 방호를 위한 과학자들의 학술조직이라고 말할 수 있다. 그러나 국제방사선방호위원회는 미국을 중심으로 하는 3국 협의, 즉 맨해튼 계획의 전후(戰後) 진행 결과 중의 하나였다. 조직의 성격과 목적도 크게 변했다. 방사선 방호를 위한 전후의 국제 조직은 미국의 주도하에 핵무기와 핵 발전을 추진하는 사람들이, 추진과정에 적극적으로 호응하여 만들었다. 말하자면 국제방사선방호위원회는 예전 과학자의 조직이었으나, 핵발전소 개발 추진세력이 과학을 빙자하여 만든 국제적인 협조조직으로 변질되고 말았다." [138]

1950년 설립 이후 국제방사선방호위원회 권고는 총 6회가 있었다. 현재의 방사선 피폭과 관련하여 중요한 것은 1977년과 90년의 권고이다. 이 외에 가장 최근 권고인 2007년 권고안도 간략하게 검토해 보도록 하자.

설립 이후 소위 '리스크(유해성) 수용론'과 '허용선량'에 머물러 있던 국제방사선방호위원회는 1950~60년대를 거치면서 세계적인 반핵운동의 확산을 맞이한다. 아울러 세계의 여러 과학자들은 방사선의 유해성에 대한 문제를 지속적으로 제기했다. 국제방사선방호위원회는 이런 흐름에 대해 논리적 빈곤성을 면치 못했으며 떠밀리듯 몇 가지 쟁점 사항을 인정하지 않을 수 없었다. 1) 방사선과 암이나 백혈병의 상관관계에 대한 마지못한 인정, 2) 문턱선량은 없다는 주장에 대한 인정이 그것이다. 수세에 몰린 국제방사선방호위원회를 비롯한 핵 개발 세력은 민간분야의 '전문가'들을 동원하여 BEAR위원회[139] 를 만들고 한발 더 나아간다. 소위 '리스크-

---

138. 『增補 放射線被ばくの歷史—アメリカ原爆開発から福島原発事故まで—』, 中川保雄, 明石書店, 2011년, 35쪽.
139. BEAR(Committees on the Biological Effects of Atomic Radiation), 주) 86을 참조

베네피트론'[140]을 개발한 것이다. 그러나 1960년대에는 국제방사선 방호위원회의 핵심 철학이었던 이런 논리마저 유지할 수 없었다. 리스크를 수용해야 하는 사람과 혜택을 받아야 하는 사람이 왜 달라야 하는 가에 대한 문제제기에 답변할 수 없었기 때문이다.

핵 개발 세력은 1973년 새로운 알라라(ALARA : as low as reasonably achievable)원칙 발표와 함께 '리스크 - 베네피트론'을 '코스트 - 베네피트론'으로 변경하였다. '리스크 - 베네피트론'은 방사선으로 인한 '리스크'가 있다고 해도 핵 개발로 인한 '베네피트'가 더 크기 때문에 리스크를 수용해야 한다는 논리였다. '코스트 - 베네피트론'은 핵개발로 인한 방사선 리스크를 단순히 '코스트'로만 다루겠다는 의미다. 인간의 생명과 건강을 '비용'으로만 보겠다는 선언이었다. 이때부터 국제방사선방호위원회는 방사선 피폭자의 질병 발생이 교통사고 사망자보다 낮다는 식의 논리를 제기한다. '리스크'

---

140. 핵 개발 세력은 당시 이를 『사이언스』라는 잡지에 발표했다. 핵심내용은 다음과 같다. "핵무기와 핵 발전 개발로 얻어지는 이익을 수용한다면, 개발에 필연적으로 수반하는 방사선 피폭으로 인한 생물학적 리스크를 일정부분 받아들일 수밖에 없다. 허용 선량치는 이익과 리스크의 균형을 고려해 정할 필요가 있다. 사회경제적 이익과 방사선으로 인한 생물학적 리스크의 균형을 고려한다는 것은 현재의 제한된 지식으로는 정확하게 산정할 수 없으나, 결함을 순수하게 결함으로서만 인정한다면 현시점에서도 최선의 평가를 내릴 수 있다. 이런 의미에서 저선량 피폭의 리스크를 평가한다면, 리스크의 크기를 결정하는 요소로서 일반 대중의 허용선량에 대해서는 인류가 탄생이후 역사과정을 통해 지속적으로 피폭한 자연 방사선의 수준과 연관시켜 생각해 볼 수 있다. 리스크와 이익(베네피트)의 균형을 잡은 일반인의 허용선량은 자연방사선 연간 100밀리렘(1밀리시버트)을 초과하지 않는 범위이어야 할 것이다."(위의 책 116쪽)
그러나 이런 주장에도 여전히 생물학적 리스크가 불가피하다는 점만은 인정할 수밖에 없었다. 생물·의학적인 근거에서 방사선으로 인한 질병의 "실제 발생은 무시할 정도이다"라는 논리로 피폭을 정당화해 봐야 리스크가 있다는 점은 불변 하는 것이 체계의 핵심이다. 과학적으로는 자체가 모순된 설명이다. '사회 경제적 이익'과 '생명과 건강의 손실'이라는 대립구도가 엄청난 모순이었으나, 1960년대를 거쳐 핵 개발 추진세력의 핵심철학으로 작용하였다.

라는 말도 없애고, 핵발전소의 운영 비용도 더 낮추자는 의도가 배경임은 두말할 나위 없다. 맨 처음 "가능한 최저수준까지 낮게(to the lowest possible level)"라는 국제방사선방호위원회의 원칙은 "가능한 합리적으로 달성할 수 있는 수준에서 낮게(as low as reasonably achievable)"로 변경했다.

이런 상황에서 1977년 국제방사선방호위원회는 새로운 권고내용을 발표하였다. 1977년의 권고는 향후 핵 개발을 손쉽게 추진하고, 경제적 관점에서 방사선 피폭 방호를 관철하는 내용으로 채워졌다. 구체적으로 살펴보면 "허용선량 개념을 포기하고 '선량당량'(dose equivalent = 등가선량)을 사용할 것, 가장 민감한 특정 장기에 대한 선량으로 피폭을 제한하려는 '결정 장기'라는 종래의 견해를 포기할 것, 3개월 3렘(30밀리시버트)의 제한량 및 5렘(50밀리시버트)×(연령-18세)의 연령 공식을 포기하고 전신全身 5렘(50밀리시버트)로 할 것, 공중 피폭에 관해서는 알라라 원칙을 기초로 대폭 개정할 것" 등이다. 이상의 국제방사선방호위원회 권고가 갖는 문제점은 다음과 같다.

1) 방사선 피폭 방호를 비용 관점으로 변경
2) 방사선 피폭 인정이나 피폭 수준에 대해선 기존의 히로시마 나가사키 조사를 그대로 인정
3) 정당화, 최적화, 선량한도라는 3대 체계를 강요.
4) 피폭 기준의 완화.(대량 피폭 인정, 12개월 피폭기준을 '연간'이라는

표현으로 변경, 건강진단 횟수와 항목을 대폭 축소)

5) 허용선량 개념대신 유효선량(effective dose)이라는 개념을 도입

6) 방사선 피폭을 여러 위험요소 중의 하나로만 평가(가중 개념의 외면)

7) 성인만을 기준으로 선량을 설정

위 내용 중에서 우리가 유념해야 할 사항으로서 현재 한국 등 세계의 핵발전소 추진 국가들이 선량 개념으로 제한하는 소위 "유효선량"에 대한 문제이다.[141] 유효선량은 당초의 허용선량으로 계산했을 때보다 훨씬 줄어든다. 유효선량은 예컨대 망간의 경우 13배 과소평가, 스트론튬의 경우 11.5배 과소평가 한다. 이는 국제방사선방호위원회가 비용 때문에 피폭선량을 실제적으로 더 낮추기 어렵다고 보고 형식적이나마 피폭선량을 줄이기 위한 과학적 눈속임에 불과하다. 핵발전소 개발을 위해 국제방사선방호위원회는 처

---

141. 유효선량(effective dose)은 방사선 피폭으로 인한 전신영향을 의미한다. 전신을 1로 상정하고 인체의 각 장기와 조직의 등가선량에 조직가중인수를 곱해 산출하나 직접 측정할 수는 없다. 피폭관리를 위해서는 실효선량 대신 실제로 측정할 수 있는 선량당량(dose equivalent)을 사용한다. 선량당량은 인체의 피폭선량을 나타내는 선량개념의 하나로서, 피폭관리(환경 모니터, 개인 모니터링 등)를 위해 측정할 수 있는 양(실용량)으로 사용한다. 환경 모니터링을 위해서는 주변 선량당량이라는 개념을 이용한다. 주변 선량당량은 인체의 조직을 모방한 직경 30센티미터의 공의 표면에서 1센티미터의 깊이에 있는 선량(1cm 선량당량)으로 표시한다. 장기의 대다수는 인체의 표면에서 1센티미터보다 깊은 지점에 있기 때문에, 결과적으로 주변 선량당량은 늘 유효선량보다도 높은 값을 나타낸다. 따라서 피폭관리를 위해서는 실제로 측정할 수 있는 양(실용량)으로서 주변 선량당량(공간선량)과 개인 선량당량을 이용한다. 서베이미터처럼 공간 측정을 시행하는 기기에서는 주변 선량당량을, 개인 선량계에서는 개인 선량당량을 표시하도록 조정해놓고 있다. 이로 인하여 주변 선량당량을 이용하면 안전한 피폭 관리가 가능하다는 개념이 나왔다.

음으로 속임수를 동원했다.[142]

이후 국제방사선방호위원회는 1) 미국에서 중성자탄 개발 과정에서 나타난 히로시마 나가사키 피폭조사의 문제점[143]과 2) 핸포드 핵시설에서 일했던 노동자들의 사망률을 조사한 맨큐소 등의 연구 발표, 3) 1986년의 체르노빌 핵발전소 사고 등으로 인하여 기존 권고를 수정할 수밖에 없는 상황에 직면하였다. 결국 1990년는 새로운 권고를 발표하였다. 가장 중요한 특징으로서 노동자의 연간 선량한도를 5렘(50밀리시버트)에 그대로 놔두고, 5년간 10렘(100밀리시버트)의 누적 선량한도를 병행하는 점에 있다. 이것은 1년과 5년 합산한 피폭선량 제한 값 설정을 목표로 하는 이중기준의 적용이다. 핵발전소 피폭 노동자의 대부분이 불안정한 고용상태에 있는 사회적 약자임을 감안할 때 상당수가 1~2년, 길어봤자 몇 년 일을 한 후에 핵발전소를 떠난다. 이들 대부분이 방사능 피폭으로 건강을 잃기 때문이다. 이중기준의 적용은 핵개발 세력이 핵발전소 하청 노동자를 일회용품으로 사용하고 버리겠다는 국제적인 선언이나 마찬가지다. 하청 피폭 노동자에게 누적 선량 기준은 아무 의미가

---

142. 위의 책 156쪽

143. 특별히 당시부터 반핵운동에서 주장했던 히로시마 나가사키 피폭조사의 문제점은 다음과 같다.

① 1945년 9월 초까지의 급성사망 만을 대상으로 평가하고, 1945년 10월부터 12월까지 이어진 급성사망은 평가에서 제외

② 폭심지로부터 2km 이내의 사람만 조사하고 2km 이외의 사람은 제외

③ 급성사망을 핵폭탄 투하 후 40일로 제한하고 실제로는 무려 3개월간 지속된 여타의 급성사망 제외

④ 조사대상을 히로시마 나가사키 거주자로만 제한

⑤ 고선량 피폭자와 저선량 피폭자를 비교대조하는 잘못된 방법을 채택

없다. 만일 하청 노동자가 장기간 피폭 노동에 종사하게 되면, 그런 경우의 누적 선량 기준이란 피폭선량이 제한 값에 도달했을 때 해고시켜 버린다는 점을 의미한다.

국제방사선방호위원회의 2007년 권고는 사고가 발생할 경우에 해당하는 '긴급', 사고 수습과정인 '현존'과 평상시의 상황인 '계획'의 세 가지 범주로 구별한 피폭관리가 제일 중요한 특징이다. 체르노빌 사고로부터 교훈을 얻어 핵 개발 세력이 사고에서 평상시로 이행하는 동안에는 '고선량·대량피폭'을 전제로 '참고 레벨'(기준선량)을 설정하여 피폭을 관리한다. 말하자면 '긴급'은 사고 수습 과정에서 '500~1000밀리시버트'라는 고선량 상태를 합리화해준 것이며, '현존'에서는 "평상시보다 피폭 선량이 상대적으로 높지만 일정하게 장기간 지속중인 선량"을 합리화한 것이다. 즉 주민들은 '1~20밀리시버트/년'을 기준으로 오염지역에서 계속해서 생활할 수 있다고 제시한 것이다. 사고 때문에 발생한 오염지역의 고선량 피폭을 합리화하면서 생명은 경시하고 비용은 줄이려는 목적을 갖고 있다.

이럴 경우의 가장 큰 문제는 어린이나 임산부에 대한 사실상의 포기, 특별히 복구 작업에 참여하는 하청노동자들의 포기정책이라는 점에 있다. 국제방사선방호위원회는 '대표적 인물'의 피폭선량을 기준으로 해야 한다고 주장한다. 생물학적 사회적 건강 취약계층을 일체 무시하는 것이다. 사실 국제방사선방호위원회가 제시하는 참고레벨 20밀리시버트는 아무런 과학적 근거도 없는 수치에 불과하다. 국제방사선방호위원회의 2007년 권고는 2011년 후쿠시마 핵발전소 사고로 일본에서 현실화했다. 국제방사선방호위원회의 2007년 보고서에 대해 유럽방사선리스크위원회(ECRR, Eureopean Commission on Radiological Risk)의 평가는 '폐지'외엔 대안이 없었다.

"2007 국제방사선방호위원회 연구보고서에 대한 간략한 검토에 의하면, 이 모델이 1990년에 발표된 이후 본질적으로 아무런 변화가 없었고, 이 모델의 오류를 과학적으로 입증하는 새로운 증거와 주장들이 전체적으로 무시되고 있다는 것을 분명히 보여준다. 국제방사선방호위원회는 전리방사선 피폭에 대한 동일한 리스크계수를 계속 지지하고 있으며, 이 모델은 여전히 환경에 방출되는 한계량을 정하는 기초이다. 국제방사선방호위원회 2007 모델은 아래와 같은 증거를 논의하지 않는다: 이 모델은 선택적이고, 편협하다. 그리고 이 장에서 개진한 과학의 철학적 요구사항을 전혀 수용하지도 않는다. 부록에 있는 레스보스 선언문에서 요구하듯이, 국제방사선방호위원회 모델은 이제 폐기되어야만 한다."[144]

---

144. 『유럽방사선리스크위원회(ECRR) 2010년 권고사항, 전리방사선의 저선량 피폭에 따른 건강상의 영향들』, 송주현 번역, 39p.

3. 한국 피폭 노동자들의 선량규제

앞에서 언급했던 핵발전소 노동자들을 비롯한 방사선작업 종사자들은 다음 [표 2]와 같은 선량규제를 받는다.

표 2. 한국의 선량규제(원자력법시행령 별표1) (단위: 밀리시버트)

| 번호 | 구분 | 유효선량한도 | 등가선량한도 | |
			수정체	손·발 및 피부
1	방사선작업종사자	연간 50을 넘지 않는 범위에서 5년간 100	연간 150	연간 500
2	수시출입자, 운반종사자 및 법 제96조 단서에 따라 교육 훈련 등의 목적으로 원자력 안전위원회가 인정한 18세 미만인 사람	연간 6	연간 15	연간 50
3	제1호 및 제2호 외의 사람	연간 1	연간 15	연간 50

위의 선량 규제는 국제방사선방호위원회의 1990년 권고에서 제시한 내용임을 알 수 있다. 독자 여러분들이 위 표를 볼 때 유의해야 할 사항이 있다. '연간'이라는 개념은 매년 1월1일부터 12월 31일까지를 적용하는 것으로서, 예컨대 노동자가 2018년 3~4분기에 15밀리시버트에 피폭하고, 2019년 1분기에 다시 6밀리시버트에 피폭했다면 1년이 채 안된 3분기 동안 21밀리시버트나 폭로된 것이지만, '연간'이라는 개념으로 인하여 선량을 합산하지 않는다. 예전(1977년 이전)에는 '12개월'이었던 기간적용이 '연간'이라는 개념으로 변경되면서 발생한 속임수다. 이런 개념들은 전부 선량규

제로 인한 비용을 줄이기 위해 국제방사선방호위원회가 만들어낸 것이며, 특히 하청 노동자에게 불리한 것임을 알 수 있다.

이같은 국제방사선방호위원회의 논리를 한국 정부는 그대로 수용하면서 한발 더 나아가는 작태를 보인다. 예를들어 어쨌든 국제방사선방호위원회는 소위 LNT모델(Linear Non Threshold, 문턱값 없는 직선모델, 즉 방사선 피폭은 특정 수치 이하에서는 무해하다는 소위 문턱 값이 없다는 이론)을 형식적이나마 수용한다. 그러나 한국 정부는 사실상 LNT모델을 형해화시키고 있다. 저선량 이하에서는 인체에 대한 어떤 유해한 영향도 없다고 주장하는 것이다.

최근의 사례를 들어보자.

표 3. 월성에서 근무했던 피폭 노동자의 선량 사례

연도	분기별 누적피폭선량(mSv)				연누적 피폭선량(mSv)
	1/4	2/4	3/4	4/4	
2008	-	1.66	1.42	-	3.08
2009	-	기록준위 이하	10.27	5.16	15.43
2010	5.89	기록준위 이하	기록준위 이하	0.97	6.86
2011	-	기록준위 이하	기록준위 이하	기록준위 이하	기록준위 이하
2012	0.67	0.09	-	-	0.76

[표 3]에서 나오는 피폭선량 기록은 실제 발생한 피폭 노동자의 것이다. 그는 2009년 3분기부터 2010년 1분기까지 총 21.3밀리시버트로 5년간 100밀리시버트의 평균 선량을 초과했음을 알 수 있다. 그러나 선량규제 자체가 '12개월'의 개념을 적용하는 것이 아니라, 특정 일자(1월 1일부터 12월 31일까지)를 규정한 '연간'개념을 적

용하기 때문에 위의 피폭 노동자는 3분기 동안 총 21.3밀리시버트가 아니라 2009년도 15.43밀리시버트, 2010년도 1분기 5.89밀리시버트라는 식으로 각각 분리해서 계산한다. 위의 피폭 노동자는 이후 "호지킨스 림프종"이라는 암이 발병하여 위의 피폭기록을 근거로 산재인정 신청 소송을 제기했으나, 1심 담당 재판부는 '유효선량한도(연간 50밀리시버트를 넘지 않는 범위에서 5년간 100밀리시버트)에 훨씬 미치지 못하는 것으로 보이므로, 위와 같은 정도의 피폭방사선량만으로 이사건 상병이 발병하였다고 보기는 어렵다'고 판결하였다.

그렇다면 도대체 한국의 핵발전소 노동자들이 경험하는 피폭선량은 얼마나 되며, 몇 명이나 방사선 피해를 받고 있는가? 역자로서는 실태를 알 수 있는 자료를 찾을 수 없었다. 인터넷 검색을 여러 차례 해보아도 한국의 경우만 유독 구체적인 조사내용이 없다. 다만 한 가지 미루어 추정할 수 있는 자료가 있다. 한국원자력산업회의라는 곳에서 출간하는 연도별 『원자력 연감』이다. 일단 이 책에서 나타난 통계 자료를 이용하여 합리적인 추론을 해보자.

『원자력 연감』에 따르면 2010년부터 2016년까지 7년 동안 연간 피폭량이 10~20밀리시버트에 해당하는 노동자는 총 1,253명이다. 물론 평균선량인 20밀리시버트를 넘는 노동자는 극히 소수라고 나와 있으나, 이것은 '연간'이라는 개념으로 인하여 발생하는 현상일 뿐임은 이미 설명했다. 독자들은 이런 통계를 볼 때 한 가지 중요한 사실을 인식해야 한다. 핵발전소의 경우, 총 피폭선량의 압도적 부분이 비정규직 노동자(혹은 하청 노동자)에게 해당한다. 발전소 평균 선량은 아무런 의미가 없다. 미국 등 외국의 경우도 고선량 피폭 업무는 일시 고용 노동자나 소수 민족 노동자, 외국인 노동자에게 할당하고 있다. 일본의 경우는 본문에서 본 바와 같다.

표 4. 한국의 핵발전소 노동자 구간별 피폭 현황

연도별	1mSv 미만	1~5 미만	5~10 미만	10~20 미만	20mSv이상	합계
2016년	12,059	1,710	398	219	0	14,386
2015년	12,744	1,724	355	103	0	14,926
2014년	12,177	1,623	371	82	0	14,253
2013년	12,211	1,811	512	246	0	14,780
2012년	12,444	2,024	409	145	1	15,023
2011년	11,935	2,139	507	177	0	14,758
2010년	10,745	2,278	792	281	20	14,116

(단위 ; 명, 각 연도 [원자력연감]에서 취합)

불안정한 고용 상태에 있는 비정규직 노동자에게 연간 피폭선량 한도에 가까운 피폭을 시키고, 대다수는 1년 혹은 2년, 길어야 수년 근무한 후에 핵발전소 노동을 그만둔다. 이런 점은 통계 이면에 있는 현실이다. 구체적인 사례를 살펴보면 한겨레신문 2013년 10월 15일자 기사에서 "한수원 노동자 5,250명의 1인당 피폭선량은 0.14밀리시버트에 그쳤지만 가장 피폭선량이 많은 월성 1호기 압력관 교체 공사를 수행한 노동자들(4명)의 수치는 2.65밀리시버트로 18.9배인 것으로 나타났다."는 보도가 있었다. 이에 대한 한

수원의 변명은 "2.65밀리시버트는 방사선 작업 종사자의 연간 선량한도 20밀리시버트의 약 13%에 불과하며, 이는 자연에서 1년 동안 피폭 받는 수준의 선량"이라는 것이다.

만일 한수원의 이런 주장대로라면 우리나라 정부가 일반인들에게 적용하는 연간 1밀리시버트라는 기준은 황당한 기준이 될 수밖에 없다. 아울러 일반인과 작업 종사자의 물리적 육체적 차이가 무엇인지도 궁금하다. 이런 변명은 전문가 입장에서 절대 받아들일 수 없다. 특히 방사선 안전관리 업무는 한수원 정규직 대비 2.5배 이상을 하청 직원들이 담당하고 있는 현실에서는 더욱 그렇다.[145]

표 5. 방사선 작업 종사자 중 한수원 직원 대비 하청 직원의 1인당 피폭 방사선량 배수

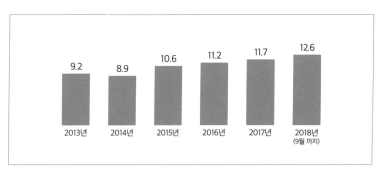

다만 우리나라에는 대단히 유감스럽게도 '판독 특이자'가 존재한다. 판독 특이자란 1) 선량한도를 초과하여 방사선에 피폭된 사람, 2) 선량계의 훼손·분실 등으로 인하여 선량 판독이 불가능하게

---

145. 출처 : http://www.hankookilbo.com/News/Read/201901141068050500?did=DA&dtype=&dtypecode=&prnewsid=

된 사람, 3) 개인 선량계 교체 주기를 2개월 이상 지난 후 개인 선량계를 제출한 사람 등이다. 판독 특이자는 2007년~2017년까지 총 1,132명으로서 매년 평균 100명을 넘는다. [표 6]를 확인해 보자.

연도별	2017	2016	2015	2014	2013	2012	2011
2007년	판독특이자 현황						77
2008년						165	165
2009년					149	149	149
2010년				109	109	109	109
2011년			15	15	15	15	15
2012년		87	54	54	54	54	
2013년	113	113	35	35	35		
2014년	119	119	183	183			
2015년	109	109	114				
2016년	110	113					
2017년	79						

(단위: 매년도 연감에 발표하는 판독특이자는 시간이 경과하면서 변하고 있음에 주의할 것)

눈치 빠른 독자들이라면 이미 짐작했겠지만, '판독특이자'는 최소한 선량한도 이상의 피폭 가능성이 농후한 사람이다. 그런데도 판독 특이자에 대해선『원자력 연감』에 발표하는 것 외에 특별한 정보공개가 없다. 아울러 시간이 경과하면서 판독특이자의 숫자가 달라지는 것도 대단히 의아한 일이다. [표 6]에서 연도는『원자력 연감』의 발행 연도이다. 통상 당해 연도 판독특이자에 대해선 잠정수치라서 다음 해에 수정되는 것은 있을 수 있다고 본다. 그

러나 이미 몇 년이나 경과한 연도의 판독특이자 수치가 변하는 것
은 납득이 가지 않는다. 또한 2010년에 109명이었던 판독특이자가
2011년에 15명으로 급격하게 감소한 사실 등도 의문점을 남긴다.
이런 점만 놓고 보면 판독특이자 관리가 적정한 것인지 신뢰성을
확신할 수 없다. 아울러 판독특이자에 대한 통계 자체도 위 가~다
항의 항목별, 각 기관별로 산출하는 것이 바람직하다. 이런 점들은
국회 차원에서 충분히 검증할 수 있으리라고 본다.

4. 한국의 핵발전소 노동자 직업병 인정기준

그렇다면 방사선 피폭으로 산재 인정을 받을 수 있는 구체적인
조건은 무엇일까.

핵발전소 노동자가 작업 중 방사선으로 인하여 질병이 발생하
였을 때 적용하는 직업병 인정기준에 대해선 원자력안전위원회(이
하 원안위)에서 고시한 '방사선작업종사자 등의 업무상 질병 인정범
위에 관한 규정'(이하 '원안위 인정기준')을 우선 적용한다. 대개의 국가
에서는 일반적인 업무상 질병 관련 기관에서 이를 담당하고 있는
것에 비하여, 한국의 핵발전소 노동자에 대한 '방사선 직업병 인정
기준'은 '원안위'에서 담당한다. 한국정부는 이를 일본의 후쿠시마
핵발전소 사고에 따른 안전강화대책을 위해서라고 밝히고 있다.
과연 이것이 노동자에게 유리한 것인지는 평가해봐야 한다.

'원안위 인정기준'은 총 11개 조항으로 구성한다. 이의 핵심내용은 5가지 내용이다.

1) '인과확률'이라는 계산식을 적용하고 있으며,

2) 대량의 방사선에 피폭한 경우(작업기간에 대한 규정이 따로 없음)

3) 백혈병의 경우엔 작업력 2년이 경과하고 인과확률이 33% 이상일 때 인정

4) 총 16개의 고형암을 나열하고 작업력 5년이 경과하고 인과확률이 50% 이상일 때 인정

5) 3개의 고형암(1. 악성중피종, 2. 호지킨스 림프종, 3. 흑색종)은 방사선 직업병에서 제외함.

4-1. 인과확률의 문제

복잡한 수식을 동반하는 소위 '인과확률'은 논리상 일반인들의 암 발생 확률을 바탕으로 방사선으로 인한 추가 확률을 구하는 것으로서 국제방사선방호위원회의 1977년도 권고부터 나타나기 시작한 "유효 선량"개념을 적용한 것이다. 직접적인 의미는 다음 그림에서 나타나는 바와 같이 노동자의 직업병이 방사선으로 인해 발생할 확률이 몇 %인가를 구하는 공식이다. 암을 유발하는 여러 가지 요인들, 예컨대 생활이나 흡연, 기존 질병, 연령 등의 변수를 고려하여 순수하게 방사선의 원인확률을 구해보자는 취지다.

표 7. 인과확률의 의미

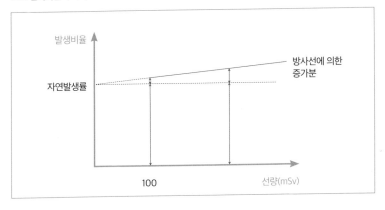

인과확률 공식은 국내에서는 2004년 임현술 등에 의한 『과기부 고시 '방사선 작업종사자 등의 업무상 질병 인정범위에 관한 규정'의 개선 연구』라는 연구보고서에서 구체적인 공식 등의 지침을 마련했다. 동 연구 보고서에 의하면 "방사선작업 종사자의 업무상 질병(특히 암) 인정 청구가 계속되고 있는 가운데, 몇 사례는 객관적 수준에 미치지 못하는 선량에서 방사선에 의한 업무상 암 발생으로 인정받은 바 있으며, 이를 통해 방사선작업 종사자의 업무상 질병 인정기준에 대한 부정적 인식이 확대되고 있는 실정"이라고 인과확률에 대한 필요성을 강조하였다.[146] 인과확률은 처음부터 노동자에 대한 업무상 암의 인정기준을 강화하기 위해 마련했음을 시사하는 표현이라고 할 수 있다.

---

146. 임현술 외, 『과기부 고시 '방사선작업 종사자 등의 업무상질병 인정범위에 과한 규정'의 개선 연구』 최종 보고서, 2004년 11월, 본문 1p.

가장 최근에는 2015년 '안전보건공단'에서 위 임현술 등에 의한 『방사선 노출에 의한 암 발생 가능성 추정을 위한 인과확률 프로그램 개발 연구』라는 연구 보고서를 통해 최근의 암 발생률 등을 고려한 인과확률을 개발했으나 원리는 대동소이하다.

인과확률의 논리적인 의미는 직업과 특정 질병의 발생이 직업을 원인으로 발생할 확률이다. 따라서 0%라면 모를까, 논리적으로 1% 이상이면 모두 인과성이 있는 것으로 보는 것이 맞다. 인과성이 10% 이상이면 이것은 사실 통계적으로는 엄청난 숫자라고 봐야 한다.

우리나라의 안전보건공단에서는 인과확률을 국제기구에서 권고했다고 하면서 채택을 정당화하고 있다. 그러나 안전보건공단에서 제시한 2010년 IAEA, ILO, WHO 국제공동권고(2010)를 구체적으로 살펴보면 인과확률 프로그램이 보상을 위한 프로그램이라는 것이다. 즉 인과확률은 현대의 질병 대부분이 직업과의 연관성, 즉 '업무기인성'을 분명하게 판단할 수가 없기 때문에, 보상하기 위해 개발한 프로그램이다. 따라서 50% 이상일 경우에는 전액보상, 대체로 10~50%는 부분보상을 하는 것인데, 이것을 우리나라에서는 인정기준으로 이용하는 것이 결정적인 문제이다. 국제기구에서는 보상에 활용하기 위한 프로그램으로 권고했는데, 우리나라에서는 사실상 인정 여부를 결정하는, 즉 직업성 유무를 판단하는 기준으로 적용한 것에 우선적인 문제가 있다.

일본도 원폭증 인정에 대해 인과확률을 우리처럼 질병 인정기준으로 적용한 사례가 있다. 일본의 경우 2001년 원폭증 환자를 인정하기 위한 도구를 개발하고 이를 '원인확률'(PC : probability of causation)이라고 명명했다. 원인확률은 "히로시마 • 나가사키 피폭자의 역학조사 결과에 근거하여, 질병이 원폭의 방사선에 기인한다고 생각되는 확률이며, 이 수치의 크기에 따라 원폭증인지 아닌지를 판단한다"는 의미를 갖고 있었다.[147]

원인확률이 50% 이상일 경우에는 방사선으로 인한 일정한 건강영향이 있다고 추정한다. 원인확률 10%미만은 가능성이 낮다고 추정한다. 다만 기계적으로 적용하여 판단하는 것이 아니라 신청자의 기왕력, 환경인자, 생활력 등도 종합적으로 감안한다. 문제는 여러 가지 논란이 있어서, 2008년 원인확률이라는 제도 자체를 폐지했다.

한국은 일본에서 이미 폐지한 공식을 아직도 운용하고 있는 상황이며, 그나마 50% 이상만 인정하는 규정만 적용하고 50% 미만 ~10% 이상자에 대한 심사를 원천적으로 봉쇄하고 있다. 이렇듯 인과확률 제도는 인정기준의 담을 높이는 것으로 활용해 왔다. 사람들은 복잡한 수식을 동원하면 그럴듯한 과학적 근거가 있는 것으로 착각한다. 앞에서도 밝혔지만 국제방사선방호위원회의 유효선량이라는 개념자체가 이미 속임수이다. 인과확률은 폐지해야 마땅하다. 이런 수식을 선호하는 사람들은 유럽방사선리스크위원회의 다음과 같은 주장을 되새겨봐야 한다.

---

147. 인터넷 야후라는 포털사이트를 통해 확인한 내용.

"과학적 객관성을 추구함에 있어서 수학적 모델링을 통한 작업에 의존하는 경향을 따르기 보다는'창문 밖을 보아야'look out of the window만 한다고 믿는다."[148]

4-2. 방사선이 유발하는 직업성 암 인정의 문제점

앞에서 언급한 바와 같이 '원안위 인정기준'에는 백혈병과 고형암 16개를 방사선을 원인으로 발생할 수 있는 암으로서 규정하였다. 백혈병의 경우엔 직업력 2년 이상의 규정과 고형암의 경우엔 직업력 5년 이상을 충족해야 한다. 이러한 규정이 갖고 있는 문제점은 다음과 같다.

첫째 방사선 피폭 때문에 암이 언제 발병할 것인가의 문제는 일률적으로 규정할 수 없다는 점이다. 일본의 경우는 백혈병의 인정 조건으로서 1) 방사선에 상당량 피폭을 확인(5밀리시버트×근무연수)하고, 2) 피폭 이후 최소한 1년이 경과하여 발병한 경우에 인정한다. 일본은 1년의 직업력이고 한국은 2년의 직업력이다. 이러한 차이가 어떻게 발생하는가의 문제는 충분히 검증된 의학적 기준이라기보다는 전적으로 행정 편의적인 기준이다. 백혈병은 2년, 고형암은 5년이라는 피폭기간을 규정한 것은 개별 노동자들의 방사선 감수성을 무시하고, 피폭량이나 연령 등을 전혀 고려하지 않은 비과학적인 규정이다. 산재보상의 취지에서 '개연성' 혹은 '상당인과관계' 개념을 적극 활용하여야 한다.

---

148. 위 ECRR권고 20쪽

둘째, 고형암의 종류를 16개로 확정하여 다른 암의 발생 가능성을 원천적으로 차단하였다. 히로시마 나가사키 원폭방사선의 영향 조사에서는 방사선이 모든 고형암에 일정한 영향을 주는 것으로 나와 있다. 미국이나 프랑스 등의 경우 우리나라에는 포함 안된 다수의 고형암을 포함시켰다.

셋째, 암 이외의 질병에 대해서는 사실상 인정하지 않고 있는 문제가 있다. 특별히 심장질환 등 순환기계통의 장애는 구체적인 연구 결과로서 인정하고 있다. 최근에는 성인 만성 질환의 발생이 방사선 노출로 증가한다는 주장도 많이 나타나고 있다. 하미나는 "방사선에 노출되지 않은 사람에 비해 노출된 사람의 만성질환 발생은 1.5배로 높은 수치가 아니지만, 만성질환자의 전체 숫자가 많기 때문에 그들 중 방사선이 원인이 되어 질환을 얻은 사람의 비율이 1%라 하더라도 실제 숫자는 많은 거다. 전체 사회의 공중보건학적 의미가 크다"고 주장했다.

2018년 7월 15일 한국반핵의사회가 주최한 세미나에서 일본의 오사카 의료생협 진료소 소장인 의사 마나베 유타카는 특별히 저선량 피폭 문제에 대해 발표했다. 마나베 소장에 따르면 일본은 현재 일반 주민들의 연간 방사선 폭로 상한선을 20밀리시버트로 설정하였다. (앞에서 봤지만 사실 이 수치는 우리나라 경우 방사선 관련 업무 종사자의 기준치와 같다. 즉 일본은 일반인들의 기준치를 다른 나라 방사선 노동자 피폭 수치와 같게 올렸다.) 이후 후쿠시마 주민들 사이에서는 저선량 피폭에 따른 방사선 관련 질병이 확산되고 있다. 더군다나 최근의 저선량 피폭에 의한 방사선 질병에는 심혈관계 질환, 고혈압이나 당뇨병, 고지혈증 등으로도 확산되는 추세라고 하였다. 흔히들 생활습관병으로 부르는 질병과 대단히 유사한 양상을 나타내고 있다. 다만 일본 정부는 이를 공식적으로 인정하지 않고 있으나, 세계보건기구나 유엔에서는 인정하는 추세라고 하였다. 마나베 소장은 국제방사선방호위원회 등 국제 핵추진 세력의 인정 유무에 상관없이 향후 방사선 관련 쟁점이 주로 저선량 피폭에 집중될 것임을 시사했다.

넷째, 인정기준 제10조에는 '제외되는 고형암'이라는 제목으로 3개의 고형암을 열거한다. 대상은 "1. 악성중피종, 2. 호지킨스림프종, 3. 흑색종"이다. 일단 호지킨스림프종에 대해서는 예를 들어 인터넷 포털사이트에서 검색해 보면 원인 중의 하나로 '방사선'을 언급하고 있다.[149] 이 병으로 현재도 소송 중인 방사선 노동자가 있다.[150] 해당 노동자가 소송하게 된 계기는 물론 주치의의 방사선 언급이었다. 다만 미국에서도 우리나라와 같이 호지킨스림프종을 방사선 고형암에서 제외하고 있다. 어쨌든 이렇게 구체적인 고형암을 제외할 경우 충분한 검토가 이루어져야 하지만 어떤 검토를 했는지 의문이다. 구체적으로 3개의 고형암을 제외할 수 있는지에 대해 전문가들의 정밀 검토가 있어야 한다고 본다.

149. http://100.daum.net/encyclopedia/view/35XXXH002105
150. https://nonukesnews.kr/1402

표 8. 방사선이 유발하는 암 리스트

구분	암의 종류	비고
산업재해보상보험법 시행령 별표 3 10항 버	1. 침샘암, 2. 식도암, 3. 위암, 4. 대장암, 5. 폐암, 6. 뼈암, 7. 피부의 기저세포암, 8. 유방암, 9. 신장암, 10. 방광암, 11. 뇌 및 중추신경계암, 12. 갑상선암, 13. 급성 림프구성 백혈병 및 급성·만성 골수성 백혈병	뼈암과 중추신경계암은 원안위 인정기준에 없음.
방사선작업 종사자 등의 업무상 질병 인정범위에 관한 규정 제8조 ~ 제9조	1. 간암, 2. 갑상선암, 3. 난소암, 4. 뇌암, 5. 다발성골수종, 6. 대장암, 7. 방광암, 8. 비호지킨스림프종, 9. 식도암, 10. 신장암, 11. 여성유방암, 12. 위암, 13. 췌장암, 14. 타액선암, 15. 폐암, 16. 피부암 17. 백혈병	간암, 난소암, 다발성골수종, 비호지킨스림프종, 췌장암은 산재보상법 시행령 별표 3에는 없음.

다섯째 산업재해보상보험법과의 내용상의 차이 문제가 있다. 우리나라의 직업병리스트 그중에서도 방사선으로 인한 직업성 암에 대해서는 산재보상보험법 시행령 별표 3과 '원안위 인정기준' 양쪽에서 규정하고 있다. 말하자면 방사선이라는 동일한 대상에 대해 인정기준이 두 개가 있는 셈이다. 방사선으로 인한 암에 대해서는 두 규정에서 차이가 있다. 아래 표를 참조하면 형식상 원안위 인정기준이 더 많은 암을 나열하고 있으나, 이러한 차이가 어떻게 발생하는지는 전혀 검토하지 않고 있다.

5. 기타 제도상의 문제들

5-1. 산업안전보건법의 적용배제

한국의 방사선 관련 노동자들 중에 핵발전소 노동자의 경우만

산업안전보건법(이하 산안법) 적용에서 제외된다. 핵발전소 노동자만 적용 배제되는 산안법은 총 23개 조항에 달한다. 대개의 조항이 원자력안전법 시행령 등에 별도 규정하고는 있으나, 특별히 노동자의 주체적 보건예방활동을 사실상 봉쇄하고 있거나, 유해작업 도급금지 조항 등을 포함시킨 것은 반노동자적 조치라고 할 수 있다.

예컨대 산안법의 산업안전보건위원회는 사용자와 동수로 구성하는 위원회로서, 해당 사업장의 안전과 보건을 증진시키기 위해 필요한 논의와 조치를 할 수 있다. 작업장의 위험요소에 대해서는 현장에서 일하는 노동자들이 제일 잘 알 수 있고, 제일 절박한 문제이다. 산업안전보건위원회의 적용 배제는 노동자가 주체적으로 참여하는 각종 안전 보건활동을 원천적으로 봉쇄한다. 아울러 유해작업은 도급을 금지하는 것이 산업안전법의 취지임에도 불구하고 핵발전소는 하청노동 없이는 운영할 수 없는 것이 현실이다. 핵발전소의 산업안전보건위원회 조항과 도급 금지 조항 적용배제는 철회해야 한다.

5-2. 건강관리수첩의 미교부

한국 정부는 방사선 관련 노동자들 중에서 비파괴업무에 종사하는 노동자들에게만 건강관리수첩을 적용한다. 핵발전소의 현장 노동자들에게도 똑같이 건강관리수첩을 교부하여 노동자들 본인이 자신의 피폭량을 늘 확인하면서 예방활동을 할 수 있도록 정책 지원을 해야 한다.

5-3. 피폭통계의 애매함

원안위는 노동자들의 피폭통계를 평균 수치만 발표하고, 기관별로도 평균 수치만 발표한다.

표 9. 최근 5년간 업종별 평균 피폭선량 현황 (2018년 말 현재, 단위:밀리시버트)

년도 업종별	2014년	2015년	2016년	2017년	2018년
	평균선량	평균선량	평균선량	평균선량	평균선량
산업체	0.09	0.09	0.14	0.10	0.08
비파괴검사	2.37	1.77	1.24	1.02	1.69
의료기관	0.55	0.45	0.38	0.41	0.39
연구기관	0.02	0.04	0.02	0.03	0.03
교육기관	0.06	0.04	0.02	0.02	0.02
공공기관	0.41	0.37	0.32	0.28	0.26
군사기관	0.08	0.01	0.01	0.08	0.11
발전소(원전)	0.58	0.59	0.76	0.51	0.57
합계	0.72	0.60	0.55	0.40	0.36

주) 합계의 종사자수는 업종별 중복 인원이 포함된 인원수임
(출처 ; 원안위 홈페이지)

방사선 관리에서 평균 선량이라는 것은 아무 의미가 없다. 개개인들의 업무 자체가 다를뿐더러 업무 장소에 따라서도 피폭량이 달라진다. 제대로 된 피폭선량을 구체적으로 확인하기 위해서는 작업영역별로 구분하고, 또한 원청-하청의 구분도 시행해야 한다. 이런 자료를 산출하기 어려운 것은 아니다. 다만 사회적 파장이 커질 것을 우려하여 숨기고 있는 것뿐이다. 노동자들은 자신의 근무 환경을 알아야 할 권리가 있고, 국민들 특히 핵발전소 지역 주민들도 이러한 피폭선량을 알아야 한다.

5-4. TLD착용의 문제

TLD는 Thermoluminescence Dosimeter의 약자로서 열형광 선량계라고 부른다. 핵발전소에서는 모두 이것을 착용한다. 당연한 것이지만 노동자 개인별로 착용한다. 원안위에서는 TLD에 기록된 수치를 근거로 연간 50밀리시버트 초과자를 선별하고, 또 연평균 선량인 20밀리시버트를 넘는 사람에 대해 통보하는 역할을 한다. 현장 노동자에게 TLD의 기록으로 인하여 통보를 받는다는 것은 곧 '해고'를 의미한다.

그리하여 노동자들에게 TLD는 자신의 선량을 알려주는 도구가 아니라 자신의 선량이 연간 한계치에 도달하지 않도록 수치를 조작해야 하는 도구이다. 예컨대 핵발전소의 노동자들은 방사선 관리구역에 들어갈 경우 반드시 자신의 TLD 수치를 확인해야 한다. 자신의 선량누적치가 연간 한계치에 도달할 가능성이 있으면 작업 전에 구석에다 떼어놓고 일을 해야 한다. 예방의 목적이라기보다는 공식적인 수치를 나오지 않게 하기 위해 TLD 수치를 관리해야 하는 것이다. 절대로 TLD를 뗄 수 없도록 관리해야 하나 실제로는 묵인한다.

원안위에서는 TLD를 착용해야 하는 방사선 관리구역의 기준을 연간 6밀리시버트 이상을 피폭할 가능성이 있는 곳으로 규정했다. 그러나 핵발전소 내의 비관리구역에서도 늘 방사선이 흐른다. 특히나 모든 핵발전소의 핵심 기능을 담당하는 냉각수가 흐르는 배관은 방사선 누출의 중요한 지점이라 할 수 있다. 일본의 피폭의사

히다 슌타로肥田舜太郎는 핵발전소를 가동하고 일정한 시간이 경과하면 "배관 속 열과 방사선으로 인해 부식되고 틈이 생기게 돼 이때부터 방사선이 스며 나온다. 이는 막을 수 없다. 완전하게 막으려면 그 관을, 안쪽은 놔둔다고 해도 바깥쪽만은 아주 두껍게 해버리면 가능할지 모른다. 그런 설비투자를 한다면 전기요금이 오를 수밖에 없다"고 주장했다.[151] 요컨대 배관을 가급적 안전하게 차폐하고자 할 경우 핵 개발세력들이 가장 중요하게 생각하는 '비용'문제가 대두하기 때문에 이를 무시한다. 이런 문제는 노동자들에게 뿐만 아니라, 지역주민들에게도 일정하게 영향을 준다. 대체로 모든 핵발전소의 배관 유지보수는 하청 노동자들이 맡는다. 일상적인 배관 유지보수 작업에는 TLD를 착용하진 않는다. 직경이 큰 배관은 사람이 직접 배관 안으로 들어가 물때를 씻어낸다고 노동자들은 증언한다. 사람의 생명과 건강을 우선한다면 핵발전소 내의 모든 현장 작업자에 대해서는 TLD를 착용하도록 제도를 변경해야 한다.

5-5. '고시'체계의 문제

대체로 직업성 질병의 인정기준에 대해서는 산업안전보건법 시행령이나 시행규칙에 세부 내용을 정해 놓고 있다. 후쿠시마 핵발전소 사고 이후 한국 정부는 원자력안전법을 제정하였다. 명분은

---

151. 히다 슌타로 외, 『생명을 살리는 반핵』, 박찬호 옮김, 건강미디어협동조합, 168쪽

원자력을 더 안전하게 운영하기 위해서다.[152] 그러나 일반적인 직업병에 대한 인정기준은 법률의 형태로 규정하고 있으나, 유독 방사선에 대한 인정기준만을 따로 떼 내어 원안위의 고시 형태를 채택하는 것은 비판받아 마땅하다. 이는 원자력 행정의 비밀주의, 일방주의, 행정편의주의 때문이다.

고시는 '법령이 정하는 바에 따라 일정한 사항을 일반에게 알리기 위한 문서'이다. 그러나 법령의(대통령령이나 국무총리령) 제정이나 개정은 일정한 절차를 거쳐야 한다는 점에서 고시와 다르다. 현행 「행정절차법」 제46조에 따라 국민의 권리 · 의무에 사실상 많은 영향을 미치고, 법원에서도 법규 명령적 효력을 인정하고 있는 훈령은 인터넷 홈페이지 등에 20일 이상의 행정예고를 하고 의견제출 절차를 거쳐야 한다. 고시는 이러한 형식을 전혀 거치지 않는다. 국민의 이해가 상충되는 사항에 대해 의견수렴조차 하지 않는다는 것은 심각한 문제이다.

6. 피폭자는 있으나 산재 인정은 드물다

노동부에 따르면 방사선으로 인한 직업병 인정자는 2013년부터

---

152. 원자력안전법의 최초 제정 이유에 대해서는 '원자력 안전관리에 관한 사항은 원자력안전위원회가 주관하도록 하여 원자력의 안전규제체제와 원자력 이용 및 진흥체제를 효과적으로 분리함으로써, 국제규범을 이행함은 물론 원자력 안전규제의 독립성을 확보하여 방사선에 의한 재해의 방지와 공공의 안전을 도모하려는 것'이라고 서술하고 있다.

2018년까지 모두 2 9 명이 신청해서 12명이 인정받았다. [표 10]은 이를 나타낸 것이다.

표 10. 한국의 방사선 피폭 노동자 산재처리 현황

구분	계		2013년		2014년		2015년		2016년		2017년		2018년	
	승인	불승인	승인	불승인	승인	불승인	승인	불승인	승인	불승인	승인	불승인	승인	불승인
계	12	17	1	2	1	7	3			3	2	5	5	
갑상선암		5				3				1		1		
폐암	2	1				1							2	
유방암	1	1										1	1	
직장암		1				1								
백혈병	5	5	1	1	1	1	1			2		1	2	
비호지킨 림프종	1	1					1					1		
재생 불량성 빈혈	1	1				1					1			
혈소판 감소증		1		1										
다발성 골수종	1										1			
흉터 탈모증		1										1		
남성불임	1					1								

(단위: 건) 근로복지공단 최초 1회차 결재일 기준

여기서 주의할 점은 비록 5년간이지만 신청자의 41%가 인정을 받았다. 다만 인정된 사람 중에 공식적으로 핵발전소에 근무하는 노동자인지에 대해선 역자로서는 확인할 수가 없었다. 그러나 어쨌든 많은 사람은 아니라도 방사선작업 종사자의 경우에 산재신청을 하는 사람과 신청자 중에서 인정을 받고 있는 사람이 꾸준하게 발생하고 있다는 점이다. 물론 이들의 산재 인정이 전적으로 방사선 때문인 것인지에 대해서는 구체적으로 확인할 수는 없으나 어쨌든 위 표의 신청자와 인정자는 방사선과 유관한 사람들이다.

유독 우리나라의 통계 중에서 방사선 관련 통계가 이런 식으로 상황을 제대로 파악할 수 없는 상태는 적정한 것인가? 한국의 핵발전소 노동자는 안전한 상태인가? 삼성의 백혈병은 공식적으로 위험한 환경이라서 발생한 것이 아니다. 역자로서는 원자력 정책의 비밀주의가 오히려 피해를 더 확산시킬 것으로 확신하지만, 현재로선 이를 입증하지 못한다. 한국사회는 구체적인 노동자의 피폭 문제에 무지하거나 많은 사실을 감추고 있다.

앞으로 한국의 반핵운동은 핵발전소 지역주민들의 피폭 문제만이 아니라 직접 근무하는 노동자들에게도 많은 관심을 기울여야 피폭의 피해를 최소화할 수 있을 것이다. 다시 한번 강조하거니와 단기적으로는 방사선 업무 종사자들의 피폭선량 기준을 가급적 최대한 낮추는 것이 대단히 중요하다. 모든 핵발전소의 가동 중단을 목표로 삼아야 하지만 단기적으로는 핵발전소에서 일하는 노동자들의 건강이나 주변 주민들의 건강에 우리들의 모든 노력을 다해야 할 것이다.